网络舆论教程

胡 钰　陆洪磊　虞 鑫 著

清华大学出版社
北 京

版权所有，侵权必究。举报：010-62782989，beiqinquan@tup.tsinghua.edu.cn。

图书在版编目（CIP）数据

网络舆论教程/胡钰，陆洪磊，虞鑫著．—北京：清华大学出版社，2020.12（2023.11重印）
ISBN 978-7-302-56998-5

Ⅰ．①网… Ⅱ．①胡… ②陆… ③虞… Ⅲ．①互联网络－舆论－教材 Ⅳ．①G206.2

中国版本图书馆 CIP 数据核字（2020）第 237996 号

责任编辑：纪海虹
封面设计：傅瑞学
责任校对：王荣静
责任印制：丛怀宇

出版发行：清华大学出版社
    网 址：http://www.tup.com.cn，http://www.wqbook.com
    地 址：北京清华大学学研大厦 A 座 邮 编：100084
    社 总 机：010-83470000 邮 购：010-62786544
    投稿与读者服务：010-62776969，c-service@tup.tsinghua.edu.cn
    质量反馈：010-62772015，zhiliang@tup.tsinghua.edu.cn
印 装 者：三河市铭诚印务有限公司
经 销：全国新华书店
开 本：185mm×235mm 印 张：10.5 字 数：213 千字
版 次：2020 年 12 月第 1 版 印 次：2023 年 11 月第 3 次印刷
定 价：35.00 元

产品编号：087386-01

目 录

第一章 舆论与网络舆论 / 1

  第一节 舆论的概念 / 1
    一、舆论的兴起 / 1
    二、舆论的特点 / 4
    三、舆论的分类 / 5

  第二节 网络舆论的形成 / 8
    一、网络舆论形成阶段 / 8
    二、自发网络舆论与自觉网络舆论 / 12
    三、网络舆论的特点 / 13

  第三节 网络舆论与意识形态 / 15
    一、意识形态 / 15
    二、网络意识形态工作的开展 / 17

  思考题 / 21

第二章 网络新闻舆论工作 / 22

  第一节 新闻传播与舆论引导 / 22
    一、形成对中国经济和社会发展的稳定社会预期 / 22
    二、形成植根中国的主流价值观 / 23
    三、形成面向全球的良好中国国家形象 / 25

  第二节 新闻舆论工作的"党性和人民性相统一" / 26
    一、从历史的维度看 / 26
    二、从理论的维度看 / 27
    三、从实践的维度看 / 28

  第三节 马克思主义新闻观的时代内涵 / 28
    一、新闻舆论工作的使命观 / 28
    二、新闻舆论工作的政治观 / 29

三、新闻舆论工作的人民观 / 31
四、新闻舆论工作的真实观 / 32
五、新闻舆论工作的创新观 / 33
第四节 媒体融合环境中的新闻舆论工作 / 35
一、变革媒体融合环境中的新闻生产手段和机制 / 36
二、树立媒体融合环境中的新闻观念 / 36
三、在媒体融合环境下讲好故事 / 38
思考题 / 39

第三章 网络空间主要思潮分析 / 40

第一节 文化帝国主义 / 41
一、历史起源与实质辨析 / 41
二、网络表现与特征分析 / 42
三、主要影响与措施建议 / 44
第二节 民族分裂主义 / 46
一、历史起源与实质辨析 / 46
二、网络表现与特征分析 / 47
三、主要影响与措施建议 / 48
第三节 新自由主义 / 49
一、历史起源与实质辨析 / 49
二、网络表现与特征分析 / 51
三、主要影响与措施建议 / 54
第四节 消费主义 / 57
一、历史起源与实质辨析 / 57
二、网络表现与特征分析 / 58
三、主要影响与措施建议 / 59
思考题 / 60

第四章 数字时代的网络内容建设 / 62

第一节 新闻和历史传播 / 62
一、网络新闻传播 / 62
二、网络历史传播 / 67
第二节 观点和理论传播 / 71
一、观点的表露与流动："舆论"的形成机制 / 71

二、观点的传播与演化路径 / 72

第三节　文学和影视传播 / 76

一、网络文学的传播特性 / 76

二、网络影视传播：内容创新与监管 / 77

三、网络文学与影视批评 / 78

四、跨界与合作：网络文学与影视的有机互动 / 79

第四节　短视频传播 / 81

一、纵向发展：阶段变化对角色定位的影响 / 81

二、横向延展：移动化、场景化、社交化 / 83

三、角色定位：成为头部竞争者 / 83

第五节　创意传播 / 84

一、事实类信息的创意传播 / 85

二、理论类信息的创意传播 / 88

三、虚构类信息的创意传播 / 89

四、未来网络内容传播的新趋势 / 90

思考题 / 92

第五章　全媒体时代的舆论工作 / 93

第一节　全媒体时代舆论生态的特征与趋势 / 93

一、全球性 / 93

二、多样性 / 94

三、复杂性 / 95

四、不确定性 / 95

第二节　全媒体环境中舆论引导的新观念 / 96

一、多样的一致 / 96

二、正向的批评 / 97

三、理性的讨论 / 97

四、动态的发布 / 98

五、创意的内容 / 99

第三节　全媒体传播格局中的舆论引导力量 / 99

一、政府的舆论引导力量 / 100

二、媒体的舆论引导力量 / 100

三、技术的舆论引导力量 / 101

四、国际的舆论引导力量 / 102

        五、青年的舆论引导力量 / 103
    思考题 / 103

第六章　网络传播的法治与伦理 / 104

　　第一节　网络传播的法治 / 104
        一、中国现有的政策法规体系 / 104
        二、《网络安全法》/ 106
        三、网络谣言治理 / 109
    第二节　网络传播的伦理 / 114
        一、传统新闻伦理在新媒体传播中面临的挑战 / 114
        二、社交媒体传播伦理的基本理念 / 115
        三、社交媒体传播伦理的传播与形成 / 117
    第三节　数字时代新闻伦理的最大挑战 / 119
        一、新闻推送技术化与新闻质量下降 / 119
        二、新闻获取社交化与新闻质量下降 / 121
        三、新闻形态视听化与新闻质量下降 / 123
        四、新闻消费快餐化与新闻质量下降 / 124
    第四节　向上向善的网络秩序 / 126
        一、何为"向上向善"？/ 126
        二、网络秩序的威胁因素 / 129
        三、网上网下构建同心圆 / 130
    思考题 / 134

第七章　网络空间的治理观念与体系 / 135

    第一节　变革的互联网治理体系 / 135
        一、传统的单边治理体系 / 136
        二、未果的尝试：世界新闻与传播新秩序 / 137
        三、"四项原则""五点主张"打造"新型互联网治理体系"/ 140
    第二节　构建网络空间命运共同体 / 144
        一、概念阐释与演化 / 144
        二、网络空间为何需要命运共同体 / 148
    第三节　形成网络空间新生态 / 149
        一、网络空间新生态的多样性 / 150
        二、网络空间新生态的共享与治理 / 151

三、网络空间新生态进化的四大需求 / 152
第四节　新时代网络空间治理观 / 153
　　一、网络空间的存在实质 / 154
　　二、网络舆论治理的真实观 / 155
　　三、网络舆论治理的责任观 / 156
　　四、网络舆论治理的生态观 / 156
　　五、网络舆论治理的青年观 / 157
思考题 / 158

第一章 舆论与网络舆论

导读：什么是舆论？这是一个在讨论网络舆论议题之前必须厘清的概念。舆论是怎样形成的？有什么特点？网络舆论又是什么？网络舆论与意识形态又有何勾连？这些都是本章所要回答的问题。

第一节 舆论的概念

我们在日常生活中经常听到"舆论"一词，舆论会成为我们认识社会的重要信源，成为决定我们行为的重要依据。而舆论到底是什么呢？舆论是怎样形成的呢？

一、舆论的兴起

舆论的定义非常多样化，人们可以意识到舆论的重要性，却未必能说清楚舆论是什么。在中国古代，很早就有了"舆论"这一概念。中国的舆论概念是先有"舆"再有"舆人"，"舆人"的议论变成"舆人之论"，"舆论"就是"舆人之论"的缩写。《周礼·考工记·舆人》中提到："舆人为车。"[①]舆人是造车的人，后来成为驾车的人，再后来成为普通民众的代名词。由此，"舆论"也就成为"众人之论"。

西方舆论概念源于其政治理念，其最早出现在18世纪末，起初作为"公众意见"来使用。法国启蒙思想家卢梭在1762年出版的《社会契约论》中首次在书面语中把拉丁文的"公众"和"意见"两个词联系起来使用，创造了"Opinion Publique"（法语）。[②] 这一概念诞生后，得到资产阶级启蒙思想家们的普遍认同，在资产阶级反对封建专制的资产阶级革命中广为人知并发挥重要作用。从19世纪初期开始，西方的新闻媒体对民意进行定量化的测量，逐渐形成了舆论研究的社会科学方法。

从20世纪20年代以来，西方出现了"舆论学"这一学科，舆论研究日益专业化、系统化。1922年，美国传播学者李普曼出版了《公众舆论》一书，被认为是第一本初具体系的舆论学著作，它标志着舆论学的诞生。

---

① 李亚明.《周礼·考工记》车舆词语系统（上）[J]. 西华大学学报（哲学社会科学版），2007(04)：7-15.

② 卢梭. 社会契约论[M]. 北京：商务印书馆，1980，35.

 **小 贴 士**

沃尔特·李普曼(Walter Lippmann,1889—1974),美国新闻评论家和作家,传播学史上具有重要影响的学者之一,在宣传分析和舆论研究方面享有较高声誉。这位世界上最有名的政治专栏作家在其1922年的著作《公众舆论》中,开创了今天被称为议程设置理论的早期思想。

改革开放以后,中国的舆论学研究也从20世纪80年代开始逐渐出现和发展,为研究中国舆论传播规律提供了学理依据。刘建明教授在1988年出版了《基础舆论学》一书,被认为"这一专著的出版,填补了我国舆论学基础理论研究的空白,对我国的舆论界作出了贡献,取得了可喜的成绩"①。1989年和1990年刘建明的舆论学专著《当代中国舆论形态》和《当代舆论学》相继出版,"三部专著以基础学科、应用学科和专题著作融为较为完整的、具有中国特色的舆论学"②。

李普曼认为:"他人脑海中的图像——关于自身、别人、他们的需求、意图和人际关系的图像,就是他们的舆论。对人类群体或以群体名义行事的个人产生影响的图像就是大写的舆论。"③甘惜分强调了舆论的阶级性:"舆论是社会生活中经济、政治地位基本接近的人们或社会集团对某一事态大体相近的看法。"④刘建明则更加强调舆论的多数性:"舆论,是显示社会整体知觉和集合意识,具有权威性的多数人共同意见。"⑤

小 贴 士

甘惜分(1916—2016),中国新闻教育家、新闻学者,中国新闻学界泰斗。1938年赴延安,在抗日军政大学和马列学院学习,同年加入中国共产党;1945年任新华通讯社绥蒙分社记者,后参加《绥蒙日报》的创办工作;1947年任新华社晋绥总分社编辑;1949年任新华社西南总分社采编部主任;1954年任北京大学中文系新闻专业副教授;1958年起,任中国人民大学新闻系教授、博士研究生导师、舆论研究所所长。⑥

要给出一个舆论的清晰概念,就要看到,舆论是指在一定社会范围内,融合个人意见差异、反映社会知觉和集合意识的共同意见。它是在特定的时间和空间里,公众对特定的

---

① 甘惜分.新闻舆论与社会控制——读《基础舆论学》[J].中国图书评论,1989(3):23-25.
② 姚建红.拓荒者——刘建明博士和我国舆论学[J].新闻实践,1990(11):35-36.
③ 李普曼.公众舆论[M].上海:上海人民出版社,2006,21.
④ 甘惜分.新闻学大辞典[M].郑州:河南人民出版社,1994,37.
⑤ 刘建明.基础舆论学[M].北京:中国人民大学出版社,1988,3.
⑥ 甘险峰.甘惜分新闻学观点述评[J].新闻知识,2006(12):3-5.

社会公共事务公开表达的、基本一致的意见或态度。① 舆论是社会认识或社会评价的一种体现，也是社会心理的反映。简单来说，舆论就是社会中特定群体对特定事件表现出来的特定意见。②

在现当代社会，随着大众传媒、网络媒体、社交媒体的兴起，以新闻舆论为代表的社会舆论越来越重要，成为关乎社会稳定与发展的最重要力量之一。

"坚持正确舆论导向"是历任国家领导对新闻舆论工作的重要指示。早在中华人民共和国成立初期，毛泽东同志便曾对时任《人民日报》总编辑兼新华社社长的吴冷西提出，"新闻工作，要看是政治家办，还是书生办"③。这也是中华人民共和国成立后，毛泽东关于报纸工作最重要的指示之一。

邓小平同志也曾在主持中央书记处专门讨论新华社工作的会议上指出："新华社的性质不变。如《人民日报》，既是党报，也代表国家。新华社不同于资本主义国家的通讯社，不是有闻必录。"④

江泽民同志在1991年到新华社视察并发表重要讲话指出，新闻宣传工作面临的重要任务，就是引导广大人民群众充分认识党的基本路线代表着人民的根本利益。⑤

2008年，胡锦涛同志到人民日报社考察并发表重要讲话："做好党和国家工作必须统筹国内国际两个大局，同志们办报纸也必须统筹国内国际两个方面。希望同志们立足国内，面向世界，不断提高《人民日报》国际新闻报道的质量和时效。"⑥

2016年2月19日，习近平同志在北京主持召开党的新闻舆论工作座谈会上强调，做好党的新闻舆论工作，事关旗帜和道路，事关贯彻落实党的理论和路线方针政策，事关顺利推进党和国家各项事业，事关全党全国各族人民凝聚力和向心力，事关党和国家前途命运。这标志着中国共产党对舆论工作的认识达到了新的高度。⑦

---

① 董志博，王紫璇，陈立颖.国内网络舆论与媒介审判的审视——基于社会历史和认识论视域的探究[J].今传媒，2019，27(03)：28-30.
② 胡钰.新闻与舆论[M].北京：中国广播电视出版社，2001，118.
③ 中共中央文献研究室，新华通讯社.毛泽东新闻工作文选[M].北京：新华出版社，1983，215.
④ 张舒.历任国家领导人去央媒[N/OL].法治周末，2016-02-26 [2017-09-30].http://www.legalweekly.cn/article_show.jsp? f_article_id=11835.
⑤ 张舒.历任国家领导人去央媒[N/OL].法治周末，2016-02-26 [2017-09-30].http://www.legalweekly.cn/article_show.jsp? f_article_id=11835.
⑥ 张舒.历任国家领导人去央媒[N/OL].法治周末，2016-02-26 [2017-09-30].http://www.legalweekly.cn/article_show.jsp? f_article_id=11835.
⑦ 杜尚泽.习近平在党的新闻舆论工作座谈会上强调：坚持正确方向创新方法手段 提高新闻舆论传播力引导力[N/OL].人民网，2016-02-20 [2017-09-30].http://cpc.people.com.cn/n1/2016/0220/c64094-28136289.html.

二、舆论的特点

舆论从何而来呢？考虑到舆论产生于人们对事物的看法和意见，答案自然显而易见：舆论来自于信息的传播和意见的产生。

信息传播是指人类个体、组织之间的信息传递和交流。具体来看，针对某一特定事件形成一个信息，之后，信息在个体、组织间传播。在传播中，人们对于信息产生了不同的看法，脑海中形成不同图景，最终形成了特定群体对特定事件的特定意见。这一意见就是舆论。

舆论的形成可以分为两类：一类是无目的的自发形成；另一类是有目的的引导形成。在前一种情境中，当社会出现某一事件时，社会中的不同个人，自发地、分散地表示出对这一问题的意见。持有类似意见的人逐渐增多，相互影响、持续传播，就会凝聚成某种社会舆论。在后一种情境中，政治领导、资本力量或意见领袖，提出某种主张或号召，引起社会广泛共鸣，也可形成某种社会舆论。[①]

无论舆论是公众自发形成还是源于有目的的引导形成，舆论作为一种社会意识，实质上都是对社会存在的反映，是公众对普遍关注的客观社会事件或社会问题表达的主观认识。

新闻舆论在反映社会舆论和引导社会舆论过程中有很大作用。社会舆论若只在街谈巷议中存在，或仅记载于小范围，其力量是有限的。只有经过报纸、广播、电视、通讯社、网络等新闻传播工具的广泛传播，才能把某种特定意见放大开来，影响人们的思想和行动，形成显性的、强势的社会舆论。因而，新闻界又被全世界公认为"舆论界"。[②]

新闻舆论与社会舆论关系密切。新闻报道形成新闻舆论，新闻舆论引导社会舆论，社会舆论决定社会行为。在当代社会发展、特别是政治领域，新闻舆论工作已经成为治国理政、定国安邦的大事。

舆论形成后有两个突出特点：一是倾向性；二是集合性。

第一，倾向性。舆论作为人们对客观事物、社会事件的评价和议论，必然包含着明确的倾向性，通常舆论中形成的对事物的看法不会是模棱两可的，而是或支持或反对，或批评或表扬。之所以会有这种强烈的倾向性出现，是舆论的形成过程决定的。人都是有主观倾向的，针对一个特定事件，不同的人群必然会产生不同的看法，或支持，或反对，或模糊。而当每个个人意见交汇集中成为集体的意见时，模糊不清的观点会被忽略，矛盾的观点会产生分歧，不管最终分歧的观点是达成一致还是保持己见，总会形成一种强势观点和一种弱势观点。而舆论就是强势观点群体的意见体现，因此舆论在表现形式上总是有鲜

---

① 崔景茂. 新编公共关系教程[M]. 北京：北京大学出版社，2005，75.
② 崔景茂. 新编公共关系教程[M]. 北京：北京大学出版社，2005，75.

明的倾向性的。

第二，集合性。舆论不是个人的意见，而是集体的意见。个人的意见可以很强烈，但只有当其意见得到群体认同时，才能被称为舆论①。即便是一个具有强大魅力、强大个人权力的个体，都不能忽视个人意见的群体化，因为简单的个人意见只代表个人认识，而舆论却代表群体意愿。

舆论是各种意见的集合，但这种集合不是简单地叠加，往往是交锋或者妥协的结果，当冲突强烈时，就只能以数量、力量来对比来决定哪种意见能够成为代表舆论的意见。在当代社会，民意调查是反映群体意见集合最普遍的一种手段。这一手段建立在承认个体地位平等、话语权均等的前提下，以持有某种观点的人的多数为选择舆论意见的标准。承认舆论的集合性可以促使我们认清个人意志与群体舆论的差别。

习近平同志谈新闻舆论工作的职责和使命。2016年2月19日，习近平同志在北京主持召开党的新闻舆论工作座谈会上强调，在新的时代条件下，党的新闻舆论工作的职责和使命是：高举旗帜、引领导向，围绕中心、服务大局，团结人民、鼓舞士气，成风化人、凝心聚力，澄清谬误、明辨是非，联接中外、沟通世界。要承担起这个职责和使命，必须把政治方向摆在第一位，牢牢坚持党性原则，牢牢坚持马克思主义新闻观，牢牢坚持正确舆论导向，牢牢坚持正面宣传为主。

三、舆论的分类

舆论的分类方法很多，按照不同的分类标准得出的种类不同。依照舆论的涉及内容、存在形态、表现形式、形成过程、产生效果进行以下几种分类。

（一）按照舆论的涉及内容分类

按照舆论的涉及内容不同，可以将舆论分为四类：政治舆论、经济舆论、文化舆论、社会舆论。

"政治舆论"涉及国家或政府的意识形态建设及制度、政策、法规和重大政治活动。政治舆论是舆论中表现最强烈、对社会进程影响最大的一种舆论。政府在推行一项新政策时，要通过各种方式营造和引导舆论，以便于新政策的深入人心。同样，民众希望改革某项政治制度时，也是通过各种方式形成舆论，促使管理者意识到这种舆论并予以回应。任何制度下，政府为了管理好国家、保持国家的稳定，都非常注意观察、分析、引导政治舆论。

"经济舆论"涉及经济活动的运作规律、利益主体以及相关观念。经济活动已经成为

---

① 陈星，杨惠林.媒体在突发性事件中的舆论引导——以汶川地震为例[J].新闻世界，2010(12)：107-108.

现代社会生活的主要活动,围绕这一活动形成的舆论很多:有涉及经济运行方式的,到底是依据市场需要来安排生产还是按照计划来安排生产;有涉及经济观念的,到底是竞争好还是垄断好;还有干脆涉及企业等经济行为利益主体、通过广告和公关活动形成的产品与公众形象。

"文化舆论"涉及思想理论、科学文化艺术等的建设。一个社会的思维方式、科学精神的树立与相应的舆论之间有着紧密的联系。是勇于创新还是因循守旧,是崇尚科学还是轻视科学,不但在舆论中表现出来,而且会培养、强化与之一致的舆论。

"社会舆论"涉及社会道德、社会风气等。对于一般百姓来说,这种社会舆论的亲近感最强,对其中的参与感也最强。举一个典型的舆论转变例子:30年前,一个离婚的女性会遭到大环境的排斥,迫使许多婚姻并不幸福的女性不敢反抗;30年后,女性结束自己并不满意的婚姻被认为是一件正常的事情。在这样的舆论转变中,每一个女性既是建设者,又是受益者。

(二)按照舆论的存在形态分类

按照舆论的存在形态来分,可以将舆论分为两类:显性舆论与隐性舆论。

"显性舆论"是指公开表现出来的舆论,比如,通过新闻、出版、社会活动等表现出来的各种舆论;"隐性舆论"是指没有公开表现出来,但在特定群体内流传的舆论,比如,小道消息、政治传闻,等等。

隐性舆论常常受到舆论主体之外某种强制力量的限制而不敢表现出来,只能在一定小范围内传递。区分显性舆论与隐性舆论的最有效办法是看舆论的形成与传播手段。"显性舆论"会充分利用大众传媒来制造、传递舆论;而"隐性舆论"的主要传播手段就是人际传播、社交媒体传播。

(三)按照舆论的表现形式分类

按照舆论的表现形式,可以将舆论分为两类:语言表达舆论与非语言表达舆论。

语言是传递信息的主要载体,语言有口语与文字两种形式,都是人们传递信息依赖的基本手段。不论是在传播媒介不发达的过去——社会的传播行为主要表现为人际传播,人们依靠口头与书面语言面对面传播信息,还是随着传播媒介的发展——广播延伸了人的耳朵,电视延伸了人的耳朵和眼睛,语言都是最重要的意义载体。舆论形成的前提就是意见的传递与统一,一旦形成了舆论,充分利用报纸、广播、电视的语言是表达舆论的主要手段。

作为对语言表达舆论的一种补充,非语言表达舆论也广泛存在于舆论现象中。比如,有人在台上演讲,漏洞百出,台下观众尽管想议论,但碍于演讲者的面子,不便表现出来,于是这个特定群体中的成员并不说话、写字,彼此之间只是会心一笑,这同样表达了一种舆论。非语言表达舆论中最激烈的方式是游行。游行中,人们可能喊口号,也有可能什么也不说,或者会有特定的手势,这都表现了一种舆论。

非语言表达中另一种常见方式是使用具有象征意义的物质载体来塑造舆论。比如,学校里多修建有本校校友中出类拔萃者的塑像,以此形成激励学生奋发向上之舆论;城市、国家多建有为争取民族解放而献身的英雄塑像,以促成社会敬仰英雄、珍惜存在、努力工作的舆论。刘建明把这种舆论的物质载体称作"崇拜物像",认为"凡是具有象征崇高意义的物像,都是精神的凝固体,它们能随时随地唤起人们的思索,使社会出现舆论波……各国世世代代都给自己的伟人竖立塑像,使他们的形象、业绩、语言永远浮现在人们的心里,借以巩固一定的舆论,激发新的舆论。这些塑像能令人们回想起伟人的号召、信条的纲领,如果历史重新需要,这些号召、信条或纲领都会转化为新的现实舆论。"①

(四)按照舆论的形成过程分类

按照舆论的形成过程来分,可以将舆论发为两类:自发舆论与自觉舆论。

"自发舆论"是指舆论主体在未受外界诱导、影响下自行形成的共同意见。这类舆论是特定群体在不知不觉中由于具体的现实存在而形成的一致观念。比如,随着经济发展,人们对女性的审美也在发展,明清社会以瘦为美,崇尚阴柔美;现在,人们的审美向着健康、阳光、现代的方向变化,于是,逐渐形成一种舆论即新时代的女性应该具有健康美,女性不应该只是养在深闺弱不禁风的形象,热爱运动、健康阳光的女性形象受到大家欢迎,荧幕上常出现的演员、明星也逐渐注重健身、运动。这就是一种自发的舆论行为。

"自觉舆论"则是舆论主体在外界的引导、影响下逐步形成的共同意见。这类舆论是舆论主体在受到外界的动员影响下自觉形成的。比如,中国共产党在战争年代发动农民起来推翻"三座大山",组织起来、武装起来与地主作斗争,农民阶级在党的指导和动员下,认清了压迫和剥削的本质,形成了一致反抗压迫的舆论。这就是一种自觉的舆论行为。

(五)按照舆论产生的效果分类

按照舆论产生的社会效果来分,可以将舆论分为积极舆论与消极舆论两类。"积极舆论"弘扬社会正能量,引导社会走向积极、正面的发展方向;"消极舆论"则传递社会负能量,对社会发展起到阻碍作用。

对于当代网络传播条件下、市场经济环境下的新闻舆论工作来说,不论媒体形式如何变化,媒体内容如何调整,舆论导向问题始终至关重要,要贯穿到所有媒体传播形式与内容中。正如习近平同志指出的,新闻舆论工作各个方面、各个环节都要坚持正确舆论导向。各级党报党刊、电台、电视台要讲导向,都市类报刊、新媒体也要讲导向;新闻报道要讲导向,副刊、专题节目、广告宣传也要讲导向;时政新闻要讲导向,娱乐类、社会类新闻也要讲导向;国内新闻报道要讲导向,国际新闻报道也要讲导向。团结、稳定、鼓劲,正面

---

① 刘建明. 宣传舆论学大辞典[M]. 北京:经济日报出版社,1993,353.

宣传为主,是党的新闻舆论工作必须遵循的基本方针。①

第二节 网络舆论的形成

"网络舆论"是指在一定的网络空间内,公众对各类社会问题形成看法的集合。网络舆论作为当代社会舆论中最普遍、最具传播力的一种表现形式,对于整个社会舆论和现实生活都具有较强的影响力。

网络舆论本质上是以网络为载体,以事件为核心,是广大网民情感、态度、意见、观点的表达、传播与互动。② 网络舆论形成迅速,对社会影响巨大。随着互联网和社交媒体在全球范围内的飞速发展,网络媒体已被公认为是继报纸、广播、电视之后舆论的最前沿和主战场,网络成为反映当代社会舆论的最主要载体。

网络舆论是社会舆论在互联网空间的反映,是社会舆论的直接反映。传统的社会舆论存在于大众的思想观念和街头巷尾的日常议论之中,前者难以捕捉,后者稍纵即逝,舆论的获取只能通过社会明察暗访、民意调查等方式进行,获取效率低下,样本少,而且容易流于偏颇,耗费巨大。③ 而随着互联网的发展,大众往往以信息化的方式发表各自看法,网络舆论可以采用基于大数据技术的各种手段方便获取且高效。

互联网的发展,使网络舆论受到人们普遍重视,并成为新的社会舆论形式。近年来,网络舆论迅猛发展,网络热点事件频发,网络舆论爆发出强大的能量。

一、网络舆论的形成阶段

网络舆论的形成具有一定的规律,从网络事件缘起到意见形成,再到意见扩散,最终舆论形成,其间的发展并非无章可循。为了了解网络舆论形成的规律,以下选取了在2013年发生在 A 市的"二甲苯(P-Xylene)化工项目"(以下简称 PX 项目)事件作为个案来分析。这一事件之所以具有典型性,是因为该事件发展过程的信息传播主要依赖网络,同时,在整个事件发展过程中,网络舆论的影响并未局限于网络上,而是迅速转化为网下的群众活动。

事件缘起:A 市"PX 项目"是一项大型化工产品生产项目,于 2008 年启动了项目选址、环境评估等方面的研究论证,于 2013 年 1 月获得国家核准。项目核准通过后,2013年 3 月 29 日,A 市政府召开新闻发布会,称"项目经过了最严格的审核,在生产工艺技术

---

① 杜尚泽. 习近平在党的新闻舆论工作座谈会上强调:坚持正确方向创新方法手段 提高新闻舆论传播力引导力[N/OL]. 人民网,2016-02-20 [2017-09-30]. http://cpc.people.com.cn/n1/2016/0220/c64094-28136289.html.
② 陈雨桐. 自媒体时代下我国网络舆情的引导研究[J]. 学理论. 2018(10).
③ 邰淅琳. 新媒体背景下高校网络舆情的内涵与特征[J]. 传播力研究,2019,3(25):278-279.

上符合安全、环保、节能、智能、清洁、资源循环综合利用等方面的国家标准和要求,项目将建设成为国内领先、世界一流的大型炼油厂"。

意见形成:4月18日,"绿色流域"等非政府组织到该项目工地实地调查,向当地政府要求公开项目环评报告,要求该项目举行公开听证会,并在微博等社交媒体上发布该信息。4月22日,经济观察网以此项目为题发布新闻,自此引起全国性广泛关注。A市民众由于担心PX项目开工后污染环境,影响民众健康,强烈反对项目建设。

意见扩散:5月4日,在网民通过社交媒体倡议下,于A市中心的某商场门口发生了抗议活动,当天在现场亦发生了大规模的线下群体性事件,约有3 000人参与。当天,A市市委通知当地各高等院校,要求高校教工、学生签署承诺书,"不参与有关该炼油项目的集会游行活动;不通过网络手段转发、传播相关内容;不在公众场合发表相关言论;本人家属不参加以上活动"。5月6日,A市相关负责人再度重申,该炼油项目环保标准符合国家标准,PX项目是其下游配套项目,并未确定建设。5月10日,A市召开新闻发布会,市长表示:"大多数群众说不上,市人民政府就决定不上。"

舆论形成:在伴随A市市长试图沟通协商的同时,A市市政府也在此后采取了维稳措施,5月25日,当地工商局要求市民购买口罩必须实名登记。5月27日,A市的多个市辖区实行"打字复印实名制",同时禁止销售白色T恤。这些措施成为新一轮网络抗议的剧目,比如,"♯围观♯【口罩实名制】今年5月,A市成了舆情的风暴中心,而争议的焦点正是PX炼油项目。买个口罩,居然要实名?不仅要登记购买者的名字、身份证号码,连购买口罩的类型、数量、购买日期也要详细登记,这听起来是笑话,实际上是A市现实上演的真实一幕"。此举也遭到了中央及外地媒体的批评,比如《A市"实名制":维稳已黔驴技穷?》《"口罩实名制"能罩住什么》。至此,关于A市"PX事件"在全国范围内的网络舆论风向基本确定,舆论形成。

在网络舆论的形成过程中,各阶段具有不同的特征,对舆论的形成发挥着不同的传播功用。

事件缘起阶段是网络舆论的事实源头。能够成为这样的事实一般具有几个特点:(1)接近性,即事件接近网民大众的生活,容易产生关注和共鸣;(2)重要性,即事件本身值得被讨论,对社会具有很大的影响力;(3)反常性,即事件的发生不是按照正常的预期进行的,具有新闻点;(4)模糊性,即事实并不在主要的信息传播渠道中得到报道。

一个成为网络舆论缘起的事件不一定具备上述全部特点,但不具备任何一项上述特点的事件不可能成为值得大家在网上议论的话题。特别要指出的是,由于互联网与报纸、广播、电视、组织传播等渠道不同,具有浓厚的、非正式色彩的传播渠道,因此其中的舆论焦点事件常常是在正式渠道上未得到反映、未得到重视处理的内容。这也就突出了网络舆论缘起事件的模糊性。换言之,一个在传统的大众传播渠道中没有传播的消息极易成为网络中大众关注的焦点。

同时，在互联网时代，信息具有更多交互性。网民在对某一问题或事件发表意见、进行评论的过程中，常常有许多网民共同参与讨论，网民之间经常形成互动场面。往往舆情发生不在主帖里面，而在跟帖或回复之中。而在移动互联网时代，这种互动变得更加高频。因此，网民对某一舆情的互动会产生新的舆情走势。在这种情形之下，一个舆情事件很容易失控，甚至导致经过网民发酵过的舆情事件已经跟原始事件大相径庭。

意见形成阶段的意见是舆论的初级形态。在这个阶段，少数意见领袖的观点迅速占领舆论空间的空白点，成为他人议论与思考的基础。早期意见发表依据的是有限的、片断的事实，因此其意见并不是客观、深入的，甚至连基本的事实依据也无法清楚掌握。但由于自发形成的网络舆论具有表层性的特点，即网络舆论大多不是深思熟虑的意见集合，而是一种情绪表达。在网络空间中，情绪传播比事实传播更快捷，这就导致网络传播中，当整个舆论空间一片空白的条件下，任何填入其中的东西都会引人注目，即使是一些明显带有情绪色彩的意见也会引发舆论空间的震荡，甚至共鸣。

意见扩散阶段的意见是舆论的中级形态。在这个阶段，少数意见领袖的意见扩散开来，引发广泛的关注和议论，众多用户在基本事实和早期意见的基础上发表自己的看法。这些看法的立场、观点、方法是大相径庭的，但由于"先入为主"的意见形成优势与事实的非全面提供，因此早期意见依然成为意见扩散阶段的强势引导力量。这些意见互相激荡、融合，成为意见扩散与最终舆论形成的热潮。

在上述案例中，直到5月4日线下群体性事件发生的6天之后，也就是5月10日，A市市长才进行回应，称"大多数群众说不上，市人民政府就决定不上"，并且，A市市政府给出的回应方式也比较粗糙，在表达了尊重大多数民众的意见之后，并没有对PX项目该如何处置给出确切方案，因此错过了该项目的意见形成和意见扩散的重要时期，导致最终形成了不利于当地政府和PX项目的网络舆论。

舆论形成阶段的意见是舆论的高级形态。在这个阶段，各种意见经过碰撞、共振、逐渐向稳定的集体意见形态发展。在这个阶段，如果能够有客观的事实和权威理性的思考介入，会让最终形成的舆论避免情绪化，具有相当的克制、疏导作用。反之，此阶段意见则有可能成为早期意见的放大化与系统化。值得注意的是，舆论形成阶段的意见形态是稳定的，并且会随着时间的推移固化成为多数人对某一事件的评判总结。

在5月16日A市发生了第二次线下群体性事件之后，A市政府采取的一系列维稳措施再次引发了网络舆论。当地政府一系列想要"堵"的措施，却由于社交媒体信息的传播，反而起到了更加负面的效果。这也部分解释了为什么在A市"PX事件"后期，虽然网络舆论逐渐转向认为PX项目本身的技术进步以及政府引进该项目是为了当地经济发展的动机，但是最终却没有形成有利于政府和PX项目继续进行的舆论。

当一个群体中的少数人具有强有力的权力或威望时，尽管少数人的意见与多数人的意见不相符，但多数人并不会表示出自己的意见以反对少数人。比如，对某个问题，由于兴趣或文化的原因,当一个群体中少数人有认识而多数人没有认识时,从整个群体来看,表现出来的共同意见并不是多数人的意见,但外界会将这少数人的意见作为群体的、多数人的意见,也就是整个群体的舆论来看待。

在现实中,尽管决定一个群体中主导意见的因素很多,比如,社会关系、社会群体等因素,但由于大众媒介与社会主流及主要控制力量的密切关系,大众媒介传递的信息往往决定了什么样的观点占优势。这就形成一种螺旋,当大众媒介提出并支持某种观点时,持有与之相反意见的公众会保留自己的观点,随着螺旋的力量不断增强,大众最终会逐渐接受媒介的观点。尤其在网络传播中,人人都能成为知识的生产者、传播者和获取者。网络传播颠覆了传统理念中的受者与传者的概念,大众对于舆论也具有更强的颠覆能力。

"沉默的螺旋"理论揭示了大众媒介所具有的强大舆论权力。现实中,具有趋众心理的公众会按照占据强势的意见来调整自己的观点,而媒介意见常常作为社会的强势意见出现,因此,大众媒介的观点往往会引导社会舆论。在网络中,这一理论仍有其现实意义。由于网络中的舆论具有少数性的特征,即少数人的意见形成网络中的强音,其他在数量上占据多数的用户只是旁观者,只是"沉默的大多数",因此沉默的螺旋依然存在。

小贴士

"沉默的螺旋"理论:1974年,德国社会学家伊丽莎白·内尔-纽曼在《传播学刊》发表文章《沉默的螺旋——一种舆论学理论》,提出了"沉默的螺旋"(Spiral of Silence)理论。该理论以人的趋众心理为依据,认为人们总是害怕处于孤立位置,当自己的意见与大多数人的意见不相符时就不会说出自己的观点来,"因此,占支配地位的或日益得到支持的意见就会甚至更得势:看到这些趋势并相应地改变自己的观点的个人越多,那么这一派就显得更占优势,另一派则更是每况愈下。这样,一方表述而另一方沉默的倾向便开始了一个螺旋过程,这个过程不断把一种意见确立为主要的意见"[①]。

在"沉默的螺旋"中,舆论的强势影响力表现在三个方面:(1)对何种意见是主导意见产生影响;(2)对何种意见正在增强产生影响;(3)对何种意见可以公开发表而不会遭受孤立产生影响。在网络中,充当舆论制造者的是少数积极用户,这些人对网络中舆论形成的作用也体现在这三个方面。

比如,在上面提到的A市"PX事件"案例中,最初在互联网上呼吁反对PX项目上马的网民可能只是大众中的一小部分人,随后,具有趋众心理的大众逐渐接受了PX项目危害环境、影响市民健康的观点,并逐渐助推其成为主流舆论观点。最终,形成了全民反对PX项目的网络事件。

---

① 赵红艳.媒介权力与网络媒介权力[J].新闻知识,2012(02):28-30.

二、自发网络舆论与自觉网络舆论

按照网络舆论形成中积极用户的作用,可以把网络中的舆论形成分为两类:一种是自发网络舆论,即积极用户反映多数人意见;另一种是自觉网络舆论,即积极用户引导多数人意见。

在"自发网络舆论"中,反映舆论是少数人意见依附多数人意见的状态。在这种状态下,网络中的积极用户抓住多数用户关注的热点、焦点,反映大家共同关心的问题,表达他们的意见。在形成舆论时,积极用户选择多数人的意见进行谈论,这使得起初就已隐形存在的舆论更加强大,按照"沉默的螺旋"理论,原本就居于劣势位置的少数人会更容易按照网络上的谈论来调整自己的观点。

在"自觉网络舆论"中,引导舆论是一部分人意见依附另一部分人意见的状态。当舆论处于纷繁甚至激荡状态时,网络舆论引导者必须选择一种意见进行传播。引导舆论是传播者带有目的性地改变另一部分受众某种观点的行为,其所依据的社会心理学基础正是这种"沉默的螺旋"理论。比如,当许多大学生认为大学生恋爱只是游戏时,网络中的一些用户提出严肃对待感情的话题,力图打消、改变许多人的这种念头。

值得注意的是,在政治斗争以及国际舆论战中,引导舆论乃至控制舆论更强调某种目的性、强制性。从现代政党诞生之日开始,新闻媒介就成为一种斗争的工具。作为政党"喉舌"的报纸、广播、电视到现在的互联网全媒体平台,都担负着传达政党的政治主张任务。在媒介化社会与媒介化政治日趋凸显的今天,舆论的影响和作用越来越大,直接关乎社会的稳定和发展,关乎政治的稳定和政权的巩固。因此,积极的舆论引导越来越成为一种社会常态。

"我们正在进行具有许多新的历史特点的伟大斗争,面临的挑战和困难前所未有,必须坚持、巩固、壮大主流思想舆论,弘扬主旋律,传播正能量,激发全社会团结奋进的强大力量。"习近平同志强调,"很多人特别是年轻人基本不看主流媒体,大部分信息都从网上获取。必须正视这个事实,加大力量投入,尽快掌握这个舆论战场上的主动权,不能被边缘化了。"[1]这种"主动权"就是要积极引导网络舆论向推动社会稳定和发展的方向去发展。

从网络舆论形成的规律上看,在网络舆论形成过程中主动发布事实和观点就是一种引导,对已有的网络内容进行有组织、有目的的评论也是一种引导,这些引导就是为了形成正向的网络舆论。

自觉网络舆论的形成具有很强的方向性。正如习近平同志所说,对当代中国的网络

---

[1] 杨振武. 做好新形势下舆论引导工作的科学指南——深入学习贯彻习近平同志关于舆论引导的重要论述[J]. 新闻战线,2014(6):4-7.

舆论引导来说，核心方向就是加强爱国主义、集体主义、社会主义教育，引导中国人民树立和坚定中国特色社会主义信念，坚持道路自信、理论自信、制度自信和文化自信，坚持正确的历史观、民族观、国家观、文化观，增强做中国人的骨气和底气。

三、网络舆论的特点

网络空间的信息传播与舆论形成具有属于自己的特点。网络信息传播比起传统传播方式，具有速度快、范围广、形态多的特点。"速度快"是指网络信息传播是以几乎同步的速度在传播信息；"范围广"是指网络信息的传播突破各种地理界限无远弗届地进行全球传播；"形态多"是指信息传播的多媒体形式包括文字、声音、影像、图片、数据等各种内容。[①]

对网络信息发布者的管理相较传统媒体信息发布者的管理也宽松许多。互联网采用账号管理办法，以网民账户作为用户代码，网民发布的文章、评论、回复、推荐、反对、与其他用户交流等操作，也都是通过网络账户进行的。

虽然现在很多网站对于用户管理采用实名登记制，即要求用户在注册账户时留下详细的真实信息，包括姓名、联系方式等，但用户的个人真实资料只有该网站管理者知道，除国家授权执法机构外，不接受任何单位对资料的查询。这种保密制度又最大限度地保证了用户的自由度，只要不违反国家的政策法规，不至于承担法律责任，什么言论都可以发表。这种网络信息传播的环境带来了网络舆情的众多特点。

第一，直接性。通过论坛、门户网站、新闻客户端和微博、微信等平台，网民可以立即发表意见，民意表达更加畅通。网络舆情还具有无限次即时快速传播的可能性，在网络上，只要复制粘贴，信息就能得到重新传播。相比较传统媒体若干次传播的有限性，网络舆情具有无限次传播的可能。

第二，多样性。"网络社会"所具有的虚拟性、匿名性、无边界等特性，使网络舆论在价值传递、利益诉求等方面呈现多元化、非主流的特点。与传统媒介相比，网络传播中的"把关人"作用被削弱，各种文化产品、思想意识、价值观念、生活准则、道德规范都可以找到立足之地，既有积极健康的舆论，也有庸俗和灰色的舆论，以致网络舆论的内容五花八门，异常丰富。[②]

第三，爆发性。网络传播打破了时间和空间的界限，重大新闻事件在网络上的即时传播和无界传播也会迅速成为网络舆论热点。许多针对突发事件的网络舆论已经成为传统媒体舆论形成的信源，也成为整个社会舆论的信源。2016年的里约奥运会上，傅园慧在8月8日早上里约奥运会女子100米仰泳半决赛中，获得第三名晋级决赛。在接受央视记者采访时，她开心地说："哇！我以为是59秒，我很满意，我已经用了洪荒之力了。"率真

---

① 胡钰. 新闻与舆论[M]. 北京：中国广播电视出版社，2001，171.
② 马军. 怎样编辑网络舆情信息[J]. 秘书工作，2012(9)：30-31.

的表情和搞笑的回答让她在网上也一炮而红。这段采访视频在很短时间内就在微博上发酵,4个小时播放量就达到1570万次,傅园慧一下子成为新晋"网红",微博粉丝从几万激增到几百万。这一事件就充分体现了网络舆论的爆发性,舆论形成只需要很短的时间,影响却十分巨大。

第四,表层性。自发形成的网络舆论其最大特点是表层性,即这种舆论大多不是经过深思熟虑、有根有据的意见集合,而是处在"自由"空间中的一种情绪表达及其合成。虽然移动互联网日益成为实名网络,但因为发言者并非处在面对面、人对人的交流空间中,而是相对身份隐蔽、表达自由,并且缺少规则限制和有效监督,网络空间容易成为情绪汇聚的空间。由于网络空间中法律道德的约束较弱,如果网民缺乏自律,就会导致某些不负责任的言论,如热衷于揭人隐私、谣言惑众、反社会倾向、偏激和非理性、群体盲从与冲动,等等。① 比如,2015年10月发生的"B市天价虾事件",起因是一位网友发布新浪微博称,在B市一家大排档吃饭,结账时发现大虾不是38元一份,而是38元一只!该事件10月5日在网络上迅速发酵,新闻媒体官方微博、地方政府官微、网络大V等跟进,对此进行了大量报道、转发和评论,引起全国范围的关注,各种恶搞段子、消息在社交媒体上疯狂传播,对B市城市形象造成了极大的负面影响。这起网络舆论事件就是由于网络舆论的表层性导致舆论快速形成,且缺乏足够依据,使负面影响被迅速扩大。

第五,发散性。网络舆论传播具有发散性的特点。在互联网上,网络舆论的发散比现实生活中表现得更加迅速,不论是市民相关的市井新闻,还是国际关系纷争等天下大事,只要有一种声音变得足够响亮,就可以在短时间内让更多的人重复它,让它变得更加响亮。网络舆论的发散性是由两个因素决定的:其一,互联网在发布最新的社会新闻、时事动态等方面具有很高的时效性,这使得互联网成为越来越多的人了解社会动态的首选地;其二,互联网在判断意见正误、信源真假时比较滞后,这使得一些情绪化,甚至不符合事实的意见成为舆论源头。

第六,鼓动性。网络舆论在突发事件中成为舆论起点,表层性的内容在大自由度的传播空间里,多采用口语化或极具感情色彩的文字、图片和视频扩散,这使得其他网络用户可以直接地受到该意见的情绪激发。这种鼓动性不仅表现在就相关主题的内容有大量回帖讨论和转发,还可能引发从网上讨论到网下行动的转移。2014年9月6日,中华人民共和国迎来65周岁生日前夕,正在澳大利亚国立大学攻读博士学位的留学生雷希颖在微博发起"我和国旗合个影"活动,倡议大家拍张与五星红旗的合影,写下对祖国的祝福,引起网友的热烈响应。倡议一出,网民特别是青年人和海外留学生纷纷响应,国庆节期间,更是有很多网友贴出自己在天安门广场等地与国旗的合影。截至2014年10月6日,"我和国旗合个影"新浪微博话题阅读量已突破4亿,相关讨论24万余条。来自世界各地的

---

① 郭小安.从政治传播学视角看网络舆论的结构性缺陷[J].电子政务,2012(8):59-66.

中国网民上传自己与国旗的合影,将爱国之情"大声说出来",传递爱国正能量。这类网络事件爆发之快、影响之大、能量之强,是传统的舆论事件所不具有的,体现了网络舆论极强的鼓动性。

2014年2月27日,习近平同志在主持召开中央网络安全和信息化领导小组第一次会议时指出,做好网上舆论工作是一项长期任务,要创新改进网上宣传,运用网络传播规律,弘扬主旋律,激发正能量,大力培育和践行社会主义核心价值观,把握好网上舆论引导的时、度、效,使网络空间清朗起来。

第三节 网络舆论与意识形态

一、意识形态

"意识形态"是观念的合集,可以理解为对事物的理解、认知,是观念、观点、概念、思想、价值观等要素的社会总和。意识形态不是人脑中固有的,而是源于社会存在。意识形态受思维能力、社会环境、信息传播、价值取向等因素影响。不同的意识形态,对同一种事物的理解、认知也不同。可以说,意识形态就是集体化、普遍化、系统化的世界观、价值观。世界观、价值观是意识形态最基本的内容,是意识形态构成的基础。

案例

1857年印度吃牛油大起义。印度于1757年就被英军入侵,经过100多年的扩张,英军于19世纪50年代统治了整个印度。1857年,英军部队换装了新式毛瑟枪。毛瑟枪装子弹时,必须用牙咬开子弹底部橡胶,才能把子弹装进毛瑟枪。由于毛瑟枪子弹制造粗糙,为了咬开子弹的底部橡胶,于是在底部位置加入一种油性物质。当初设计毛瑟枪子弹时,子弹底部使用的是鲸鱼油,而鲸鱼油价格昂贵,英军就想到了印度众多的牛,于是就使用牛油替代鲸鱼油用于毛瑟枪子弹上。

在印度,牛这种动物在印度教民众的信仰中具有很高的地位。印度教民众一直以来把牛当成神一样供奉,牛不能随意宰杀,只能任其慢慢老去。牛在路上随意走动,处处受到印度教民众的顶礼膜拜。当沾满圣物牛油的子弹咬在印度士兵嘴里的时候,印度教士兵觉得这是对圣灵的不敬,对自己人格的羞辱。印度士兵面对英军教官的任意羞辱,终于忍无可忍,枪杀了英军教官。

于是,一场因为牛油引起的军事哗变开始了,印度教民众把复仇的怒火射向了英军。随即一场席卷整个印度全境的大起义爆发了,英军面对全国的大起义焦头烂额,付出了很大的代价才把这场起义镇压下去。

对于印度教民众,长期尊敬牛、供奉牛的世界观和价值观让他们形成了牛神圣不可冒犯的意识形态,而英军由于与印度教民众的世界观、价值观差异巨大,无法理解他们的这种意识形态,导致了一场因牛油引起的大起义。

"意识形态"这一概念是随着社会历史条件的变化而不断发展变化的。马克思主义产生之前的西方社会,意识形态概念被认为是社会科学领域里最有歧义的概念之一。一般认为,特拉西是第一个使用意识形态概念并将其引入思想史的学者。特拉西由于受到当时法国启蒙精神的影响,主张建立"属于理性的观念学"(意识形态),他在19世纪初所著的《意识形态概论》一书中把"意识形态"界定为"观念的科学"[1],认为意识形态是考察观念的普遍原则和规律的学说。

在马克思主义者看来,意识在任何时候都只能是被意识到了的存在,而人们的存在就是他们的现实生活过程,不是意识决定生活,而是生活决定意识。[2] 意识形态是与一定的社会经济和政治直接联系的观念、观点、概念的总和,包括政治法律思想、道德、文学艺术、宗教(神秘特殊的意识形态)、哲学和其他社会科学等意识形式。意识形态的内容,是社会的经济基础和政治制度,以及人与人的经济关系和政治关系的反映。意识形态的各种形式起源于以生产劳动为基础的社会物质生活,随着经济基础的变化而变化。政治思想、法律思想、道德、艺术、宗教、哲学和其他社会科学等,各以特殊的方式,从不同侧面反映现实的社会生活。它们相互联系、相互制约,构成意识形态的有机整体。

意识形态按其阶级内容和它所反映的社会经济形态即生产关系可分为:奴隶主意识形态、封建主意识形态、资产阶级意识形态、无产阶级意识形态。

"一个阶级是社会上占统治地位的物质力量,同时也是社会上占统治地位的精神力量。支配着物质生产资料的阶级,同时也支配着精神生产资料,因此,那些没有精神生产资料的人的思想,一般地是隶属于这个阶级的。占统治地位的思想不过是占统治地位的物质关系在观念上的表现,不过是以思想的形式表现出来的占统治地位的物质关系。"[3] 不管是什么样的意识形态,都往往具有以下五个特点。

第一,现实性。意识形态是一种抽象的理论,但并不是纯粹空洞的源于观念的东西。它有指向性,总是指向现实。无论是占统治地位的政治思想,还是居非统治地位的思想、学说,要么是为了维护现存的政治制度,要么是为了批判现存的政治制度。

第二,总体性。意识形态是由各种具体意识形成的政治思想、法律思想、经济思想、社会思想、教育、艺术、伦理、道德、宗教、哲学等构成的有机思想体系。

第三,阶级性。意识形态具有鲜明的阶级属性,不同的社会集团和阶级由于其利益的差异而有不同的意识形态,而不同的意识形态在社会中所处的地位是由其所代表的阶级

---

[1] 俞吾金. 意识形态:哲学之谜的解答[J]. 求是学刊,1993,(1):3-7.
[2] 马克思. 德意志意识形态[M]. 北京:人民出版社,2003,30.
[3] 马克思,恩格斯. 德意志意识形态[M]. 北京:人民出版社,2003,24.

地位决定的。

第四，相对独立性。意识形态虽为社会存在所决定，但它有自身特有的发展规律，它是相对独立的。

第五，依赖性。意识形态不是人脑中固有的，也不是从天上掉下的，归根结底来源于社会存在。

二、网络意识形态工作的开展

党的十八大以来，习近平同志对做好意识形态工作提出了一系列新思想、新观点、新论断，强调"意识形态工作是党的一项极端重要的工作"。2013年8月19日，在全国宣传思想工作会议上，习近平同志指出，"能否做好意识形态工作，事关党的前途命运，事关国家长治久安，事关民族凝聚力和向心力"[1]。这充分揭示了意识形态工作的根本性、战略性、全局性意义，凸显了意识形态工作在全局工作中的重要地位、重要作用、重大责任。

之所以要重视意识形态，是因其重要功能决定的。意识形态的重要功能，是预设人们观察世界、分析事物的立场和方法，并建构共同社会信仰。表现为指导、教育、激励、批判等方面，意识形态既可以作用于经济、社会、文化，更可以作用于政治。

建设社会主义意识形态是建设中国特色社会主义事业的重要组成部分，对社会主义政治、经济、文化建设具有基础性、指导性意义。在网络传播的新形势下，信息的传播速度、覆盖范围与表现形式发生了空前深刻的变化，发达资本主义国家依靠自身的经济、科技优势，借助信息化的浪潮推进资本主义意识形态的全球化。

葛兰西认为："同东方国家相比，西方资产阶级强大得多，它们不仅拥有'前沿阵地'——反动政权，而且拥有众多的、坚固的'堡垒和战壕'——思想、文化的优势，以及学校、教会、道德观念、习惯势力等。"[2]"无产阶级要注意开展文化和意识形态的斗争，在成为统治者之前，首先要成为文化领导者。"[3]

新形势下，建设社会主义意识形态面临严峻的挑战与可贵的机遇。面对各种复杂思想文化的激荡，要做好这项工作，关键是要把握建设社会主义意识形态的马克思主义实质，用科学的方法来观察、分析并解决社会实践中及意识形态领域的矛盾，推进社会主义意识形态阵地建设。

一定时代的意识形态的性质一般是由当时占据统治地位的阶级性质决定的。在社会主义国家里，意识形态是由占统治地位的无产阶级创造的，其他阶级都受这种意识形态指

---

[1] 许京跃，华春雨. 习近平：意识形态工作是党的一项极端重要的工作[N/OL]. 新华网，2013-08-20 [2017-09-30]. http://news.xinhuanet.com/politics/2013-08/20/c_117021464.htm.

[2] 葛兰西. 狱中札记[M]. 曹雷雨译. 北京：中国社会科学出版社，2000，161.

[3] 葛兰西. 狱中札记[M]. 曹雷雨译. 北京：中国社会科学出版社，2000，161.

导。由于无产阶级代表了先进生产力的发展要求,因此社会主义意识形态具有本质的先进性。只要社会主义国家能够运用科学理论,认清矛盾性质,就会让信息技术、互联网等工具成为推进社会主义意识形态的建设力量,有效防止网络上的资本主义意识形态渗透。只有坚持马克思主义,做好意识形态工作,才能利用互联网等新的传播方式让先进的信息技术服务于先进的意识形态建设。

一方面,必须坚持马克思主义在一切意识形态领域的指导地位,占据互联网上的思想制高点。在当前高科技、信息化、全球化的浪潮中,国际、国内的意识形态斗争日趋复杂化,坚持马克思主义在社会主义意识形态领域的指导地位,关键在于坚持以人民为中心的立场和实事求是的思想方法,这对保证社会主义改革方向具有不可忽视的现实意义。

另一方面,要加强利用互联网进行社会主义意识形态培养。社会主义思想不能自发产生,在网络时代的意识形态斗争中,必须加强利用互联网进行社会主义意识形态的培养。中国的社会主义现代化建设进程中,人们的思想观念进入空前活跃阶段,国内外各种思潮此起彼伏,以所谓民主、自由、平等、多元为幌子,要求放弃、淡化马克思主义指导地位的声音也不时出现。而随着互联网的兴起,这类声音得到了进一步增强。

在今天的中国,让人民群众自觉按照中国特色社会主义理论进行实践还需要一个长时间的过程,这个过程需要来自外部有意识、潜移默化的正确理念引导。在网络传播时代条件下,网络舆论工作成为当代意识形态工作的重中之重。互联网已经成为一个社会信息大平台,亿万网民在上面获得信息、交流信息,这会对公众的求知途径、思维方式、价值观念产生重要影响,特别是会对他们对国家、对社会、对工作、对人生的看法产生重要影响。①

在网络舆论中,一定要强调共同的奋斗目标和共同理想,网上网下要形成同心圆。实现"两个一百年"奋斗目标,需要全社会方方面面同心干,需要全国各族人民心往一处想、劲往一处使。如果一个社会没有共同理想,没有共同目标,没有共同价值观,整天乱哄哄的,那就什么事也办不成。这种混乱的舆论环境既不符合人民利益,也不符合国家利益。

在网络传播的新时代条件下,做好网络舆论工作,服务社会主义意识形态建设,要从以下几个方面入手。

(一)树立通过互联网提升执政水平的理念

习近平同志指出:"网民来自老百姓,老百姓上了网,民意也就上了网。群众在哪儿,我们的领导干部就要到哪儿去。各级党政机关和领导干部要学会通过网络走群众路线,经常上网看看,了解群众所思所愿。"②这是新形势下领导干部做好工作的基本功,一定要

---

① 习近平. 在网络安全和信息化工作座谈会上的讲话[N/OL]. 新华社,2016-04-25 [2017-09-30]. http://news.xinhuanet.com/zgjx/2016-04/26/c_135312437.htm.

② 习近平. 在网络安全和信息化工作座谈会上的讲话[N/OL]. 新华社,2016-04-25 [2017-09-30]. http://news.xinhuanet.com/zgjx/2016-04/26/c_135312437.htm.

不断提高这项本领。同时,习近平同志提出:"要让互联网成为我们同群众交流沟通的新平台,成为了解群众、贴近群众、为群众排忧解难的新途径,成为发扬人民民主、接受人民监督的新渠道。"①这就意味着,网络意识与走进网络,是党政机关和领导干部是否坚持群众路线的检验标准和重要尺度,而这种新标准、新尺度的确立,必然内含或奠基于新网络舆论观。

处在网络时代,要有网络思维。所谓"网络思维",就是充分认识网络的巨大作用,真切理解网络正在深度改变世界、改变中国。换言之,今日之世界已经网络化,不管主动和被动接入网络,很少有人能够真正远离网络。特别是中国已有7.51亿网民,主流或主体人群已经在网上。人在上网,民意就上网,社会情绪也上网,舆论场随之移到网上。能不能有效引导,有没有主导能力,直接反映党在新时代背景下的执政能力,反映领导干部的思维方式和价值判断,进而折射出党是不是和能不能保有先进性与创新能力。

(二)培养全新的网络执政思维

习近平同志指出:"对广大网民,要多一些包容和耐心,对建设性意见要及时吸纳,对困难要及时帮助,对不了解情况的要及时宣介,对模糊认识要及时廓清,对怨气怨言要及时化解,对错误看法要及时引导和纠正。""对网上那些出于善意的批评,对互联网监督,不论是对党和政府工作提的还是对领导干部个人提的,不论是和风细雨的还是忠言逆耳的,我们不仅要欢迎,而且要认真研究和吸取。"②哪怕错误的批评,也要理性对待,因为"网民大多数是普通群众,来自四面八方,各自经历不同,观点和想法肯定是五花八门的,不能要求他们对所有问题都看得那么准、说得那么对"。③ 这些思想观点极富方法论意义,有很强的现实针对性。真正落实好这些思想和理念,对于引导网络观,优化网络舆论生态,实现管理者与网民的良性互动极其重要,极其必要。

(三)建立有效的网络舆论管理体系

习近平同志指出:"网络空间天朗气清、生态良好,符合人民利益;网络空间乌烟瘴气、生态恶化,不符合人民利益。"④这里既有对广大网民的期待,也有对网信战线的要求。

中国的网络要比西方的网络更复杂。互联网出现前,中国普通民众发声渠道有限,一

---

① 习近平. 在网络安全和信息化工作座谈会上的讲话[N/OL]. 新华社,2016-04-25 [2017-09-30]. http://news.xinhuanet.com/zgjx/2016-04/26/c_135312437.htm.
② 习近平. 在网络安全和信息化工作座谈会上的讲话[N/OL]. 新华社,2016-04-25 [2017-09-30]. http://news.xinhuanet.com/zgjx/2016-04/26/c_135312437.htm.
③ 习近平. 在网络安全和信息化工作座谈会上的讲话[N/OL]. 新华社,2016-04-25 [2017-09-30]. http://news.xinhuanet.com/zgjx/2016-04/26/c_135312437.htm.
④ 习近平. 在网络安全和信息化工作座谈会上的讲话[N/OL]. 新华社,2016-04-25 [2017-09-30]. http://news.xinhuanet.com/zgjx/2016-04/26/c_135312437.htm.

进入社交媒体时代,人人都能够到网上发声,一种强烈的表达欲望,甚至发泄欲望被激发出来,所以出现了网络舆论,而且是非理性网络舆论的爆发。尤其是互联网的高度自由,使得互联网承载的消极思想道德观念的信息数量要比其他媒介形式多得多,且这些消极信息会以极大的覆盖面、极高的速度进行传播。这在一定程度上,助长了社会转型期人们的道德评价混乱、道德精神迷失,直接影响了社会主义精神文明建设的效果。

人人都可以发声,这是社会的进步,有利于民众在自主活动中成熟起来。但也应当看到,由于网络舆论管理体系不成熟而导致目前较为严重的网络"暴民"现象,任其发展下去是很危险的。这也正是习近平同志为什么要求"本着对社会负责,对人民负责的态度,依法加强网络空间治理,加强网络内容建设,做强网上正面宣传"的原因。

要解决网络世界的乱象,根本在于网民走向成熟,而这个成熟过程离不开引导和约束。正是基于这样的原因,网信战线正在承担起和必须承担起更大的网络舆论与意识形态工作责任。这个责任反映在两个方面:一方面,是工作在网络舆论第一线,肩负起体现党中央治国理政的新思想,这项工作做得好不好,直接关系到引导民众、凝聚正能量的效力;另一方面,网信战线有责任把网络民意上达中央,为中央科学决策提供支持。是否有效获得网络民意,直接影响着中央决策的科学度,意义重大。①

(四)善于通过互联网增强国际话语权

互联网消除了国际间交往的自然障碍,但也使得传统的基于国家疆土的国家安全概念受到了冲击。互联网提供给所有使用者一个开阔的技术平台,发达国家可以借此推行自己的意识形态,发展中国家也可以借此表达自己的声音。在全球化时代,执政党的意识形态话语权强弱,在很大程度上取决于国际话语权强弱。提高国际话语权,实际上就是在全球意识形态领域中、不同的思想舆论较量中争夺话语权和领导权。习近平同志指出,网络舆论工作要提升国际话语权,关键在于要"引导人们更加全面客观地认识当代中国、看待外部世界",既要能够引导人们准确地"解读中国",也要引导人们辩证地"看待世界"。②我们的主流意识形态必须阐释清楚当代中国社会的发展道路,尤其是我们独特的制度模式,必须全面、理性阐述清楚中国与世界的关系,等等。

要达到这一目标,构建中国特色的话语体系是必不可少的,也是非常重要的。只有构建、使用中国特色的话语体系,才能阐释好中国的独特性。西方国家常对中国进行意识形态渗透,我们需要揭露其背后的意识形态意图,在国际比较中,增强"四个自信"——中国特色社会主义道路自信、理论自信、制度自信、文化自信。我们必须通过有效的话语体系,

---

① 公方彬.【专家谈】习近平"4·19"讲话确立新网络舆论观[N.OL].人民网,2016-04-29. http://theory.people.com.cn/n1/2016/0429/c40531-28315737.html.

② 许京跃,华春雨.习近平:意识形态工作是党的一项极端重要的工作[N/OL].新华网,2013-08-20[2017-09-30]. http://news.xinhuanet.com/politics/2013/08/20/c_117021464.htm.

回击西方意识形态对中国现实的解构,要通过加强话语体系建设,着力打造融合中外的"新概念""新范畴""新表述",讲好中国故事,传播好中国声音,增强在国际上的话语权。①

2016年4月19日,习近平同志在网络安全和信息化工作座谈会上指出:"网信事业代表着新的生产力、新的发展方向,应该也能够在践行新发展理念上先行一步。"要做到这一目标,就要坚持党性和人民性相统一,把党的理论和路线方针政策变成人民群众的自觉行动,及时把人民群众创造的经验和面临的实际情况反映出来,丰富人民群众的精神世界,增强人民群众的精神力量;就要研究把握现代新闻传播规律和新兴媒体发展规律,强化互联网思维和一体化发展理念,推动各种媒介资源、生产要素有效整合,推动信息内容、技术应用、平台终端、人才队伍共享融通;就要科学把握新网络舆论观,更加深刻感知人类文明的前进方向,在不断提升世界观、方法论的同时,跟上互联网时代网络舆论与意识形态工作的更新步伐,做到与时代同行。

思 考 题

1. 什么是舆论?它有哪些特点和类别?
2. 网络舆论分为哪几个形成阶段?每个阶段分别有何特点?
3. 新时代开展网络意识形态工作可以从哪些方面入手?

 延伸阅读

1. 新华通讯社课题组. 习近平新闻舆论思想要论[M]. 北京:新华出版社,2017.
2. 刘建明. 舆论传播[M]. 北京:清华大学出版社有限公司,2001.
3. 沃尔特·李普曼. 公众舆论[M]. 上海:上海世纪出版集团(原著出版于1997年),2006.
4. 新华社. 习近平在网络安全和信息化工作座谈会上的讲话("4·19"讲话)[N]. 2016-04-19.

---

① 唐爱军. 坚定"四个自信"增强意识形态话语权[J]. 唯实,2016(11).

第二章 网络新闻舆论工作

导读：网络新闻舆论已经成为新时代中国经济社会文化发展的一块重要阵地。如何令新闻传播与舆论引导二位一体协调发展、如何认识新闻舆论工作中的党性和人民性问题、如何理解马克思主义新闻观的时代内涵、如何在媒体融合的大环境下创新新闻舆论工作，都是未来新闻舆论工作者不得不思考的问题。

随着网络传播的日益普及，网络舆论对全社会的舆论引导和观点认知作用日益突出。从舆论的形成角度而言，网络舆论主要包括以下三类：(1)新闻舆论，也可以认为是事实类信息，包括新闻、历史、科技信息；(2)观点舆论，也可以认为是理论类信息，包括评论、学术研究、电子商务网站的点评口碑；(3)娱乐舆论，也可以认为是虚构类信息，包括网络文学、影视、综艺节目等。而在上述三类网络舆论中，新闻舆论在形成社会价值观、影响个体认知等方面具有最为重要的作用。做好网络舆论工作，既要遵循网络传播的特殊规律，也要遵循新闻舆论工作的普遍规律。

第一节 新闻传播与舆论引导

当代中国的发展进入一个崭新的历史阶段，一方面，中国的经济水平、物质条件更加雄厚，提出了"两个一百年"的奋斗目标和民族伟大复兴的中国梦正在迈上新的征程；另一方面，经济全球化、社会信息化、传播自主化带来社会思潮的空前多样、活跃，不同的意见聚集在中国大地上，形成影响社会发展的不同力量。历史经验表明，要有革命的行动，必须先有革命的舆论。同样，在当代中国，要实现国家的伟大发展目标，必须有强大、正面的舆论支持。新闻报道形成新闻舆论，新闻舆论引导社会舆论，社会舆论影响社会行为。对于新闻舆论业界和学界来说，要意识到自己在推动中国发展中的重大使命，把建构支持中国发展的新闻舆论生态作为核心目标。

一、形成对中国经济和社会发展的稳定社会预期

在经过30多年的高速增长后，中国成为世界第二大经济体，与此同时，经济社会发展中的结构性矛盾、发展动力缺失等问题也逐步显露。在这种情况下，新

闻舆论工作的力量就在于能够提供给公众全面的信息,引导公众理性地看待形势,形成对中国经济和社会发展前景的稳定预期。

社会预期在当代经济和社会发展中具有不可低估的作用,同样的形势,不同的观察角度形成不同的社会情绪,就会引发不同的社会反应。比如,对于传统产业中的落后产能问题,从消极层面看,就会认为是中国经济下滑的标志,而从积极层面看,就会认为是中国经济结构调整的选择;又比如,对于高考制度的评价,从消极层面看,就会认为是中国高等教育选拔机制的单一,而从积极层面看,就会认为这一制度保证了基本的教育公平。两种判断引发的社会舆论不同,带来的社会预期不同,形成的行为效果也不同。

当代经济的一个重要特征是信心经济,社会舆论对于经济前景的信心决定了公众的消费行为,也决定了投资者的投资行为。当代社会也是一个信心社会,社会舆论对于社会发展阶段和社会模式的信息,也决定了公众的幸福感和获得感。这种信心很大程度上来自于新闻舆论的引导。当前,在全球经济下行大势下,国际上存在着"唱衰"中国经济的舆论,这更需要国内新闻舆论及时矫正、引导。这种新闻舆论引导要及时、有力,既要立场鲜明,又要以事实说话,平衡消极舆论,形成对中国经济发展的市场信心和稳定预期。

事实上,加强宏观调控预期管理已经成为当代新闻舆论工作的重要任务。《人民日报》2015年5月25日刊登的《五问中国经济》、2016年1月4日刊登的《七问供给侧结构性改革》、2016年5月9日刊登的《开局首季问大势》,通过权威人士在中共中央机关报的问答来传递党和政府对中国经济的预期与信心,这正是围绕党和国家的中心任务、适应人民时代需要的创新举措。

开展网络舆论引导,很重要的方式之一就是开展网络评论工作,这是符合网络舆论传播规律的有效举措。实施网络评论,要体现平等的态度、鲜明的观点、真实的事实和活跃的表达,通过理性的、持久的讨论、对话来引导舆论导向。

二、形成植根中国的主流价值观

一个社会的凝聚力从深层次上看,源于全社会形成具有最大共识度的主流价值观。这种共识的覆盖面越广、稳定度越高,社会的凝聚力就越强、稳定度就越高。不容回避的是,当代中国社会价值观的多样化越来越强,反映在社会思潮中的对立也屡见不鲜。按照马克思主义的观点:社会存在决定社会意识。这种价值形态差异的根子在于经济形态的差异,加之西方各种非社会主义、反社会主义思潮的渗透,更加剧了这种多样化的价值取向。

新闻舆论作为社会意识形态、上层建筑的重要组成,对于引导全社会形成主流价值观、认同主流价值观极其重要。越是价值观多样化的社会形态,越需要新闻舆论发挥"定盘星"作用。经济形态是社会存在,价值形态是社会意识,舆论形态是社会表达。当前,新常态下的经济形态是公有经济与非公有经济并存、发达地区与欠发达地区并存、传统产业与新兴产业并存；全球化下的价值形态是爱国主义与全球主义并存、集体主义与个人主义并存、社会主义与资本主义并存；网络化下的舆论形态是主流媒体与非主流媒体并存、传统媒体与新型媒体并存、国内媒体与国外媒体并存。按照马克思主义的观点：社会存在决定社会意识。面对喧嚣繁杂的社会思潮，新闻舆论工作的导向意识时刻不能放松。这种导向应是覆盖新闻舆论工作全方位的，应是全体新闻舆论工作者必须遵循的。

当代中国的主流价值观就是在马克思主义指导下，扎根于中国优秀传统文化、广泛吸收西方文明形成的当代中国价值观，具体看就是社会主义核心价值观。对这种价值观，新闻舆论工作者要有自信。道路自信、理论自信、制度自信、文化自信，其根子在于价值观自信。对这种价值观，新闻舆论工作要始终坚持，善于引导，以"润物细无声"的方式潜移默化地渗透在各类新闻报道中。

值得关注的是，近年来，在中国的网络上，对于如何理性看待历史和现实都发生了更为理性的趋势，以知乎为代表的社交媒体上，大多热门回答都是能够全面、客观地把握历史，而非像微博时代只言片语地谣言四起。在这样一个过程中，公众对于"公知"这一称谓的态度转变是一个非常有趣和具有典型性意义的现象。

2011年以来，公共知识分子在互联网开始被简称为"公知"；进入2012年，"公知"问题伸至现实空间，引发媒体讨论风暴。有学者通过对三类媒介相关报道的分析发现，当"公共知识分子"被简称为"公知"的一刻起，这一名称就被严重贬低了，网络空间与媒体空间内的"公知"所代表的人群和形象也与最初的"公共知识分子"大不相同。此时的"公知"已和"叫兽""砖家"等词汇一样，形成了某种对知识分子、专家权威的"异化"。

这一现象源于深刻的社会背景。20世纪80年代以来，美国为走出经济滞胀，大力推行新自由主义经济政策，这在给美国资本主义经济运行注入新活力的同时，也造成了资本主义自身更加深刻的矛盾，最终演变成一场更加深刻的经济危机。美国要真正走出危机，须建立一种在国家和企业层面上新的经济治理模式，重新调整政府和企业的角色，使之有利于劳动人民。"占领华尔街运动"便是这种变化的重要表现之一。人们也逐渐认识到，美国是世界历史上最富有的国家，也是世界主要发达国家中贫富分化最严重的国家。原来自称自由主义者的美国人开始拥抱社会主义，且人数与日俱增。2011年，皮尤调查显示，30岁以下的美国人中49%积极看待社会主义，对资本主义积极评价的人只有47%；2015年11月《纽约时报》民调显示，56%民主党人称自己对社会主义持正面评价。① 从包括美国在内的世界社会主义运动史来看，社会主义运动与其说是受物质多寡影响，不如说同经济危机所带来的贫富差距拉大更为直接相关。换言之，当资本主义生产关系成为社会生产力发展的严重桎梏时，社会主义运动就会到来。这也是影响美国政治钟摆走向的

---

① 轩传树，谭扬芳. 从桑德斯的"社会主义"看"美国社会主义例外论"[J]. 红旗文稿，2017(2)：36-37.

一个重要原因。

在没有秘密的互联网时代,"和平演变"已经不再是秘密,这一具有文化侵略性的他国战略,必然会使本国人民的民族意识被激发起来。此外,事实也证明,在突尼斯、叙利亚、埃及等地区的"阿拉伯之春",以及在东欧国家发生的"颜色革命"非但没有给那些国家的人民带去经济发展和生活水平的提高,反而加剧了国内社会的动荡和不稳定,使得中东出现了大量难民,反过来涌入欧美发达国家后导致了各种问题。

中国的主流价值观愈发表现出对经济社会健康发展的自信追求。中国能够连续30多年保持高速的经济发展,中国的综合国力和国际地位能够不断地提升,中国国内的政治、经济、文化、社会生态建设在中国共产党的领导下与时俱进地向前发展,这些都极大地形成了支持中国发展的主流价值观。

三、形成面向全球的良好中国国家形象

当代中国的发展已经不是囿于一国的发展,而是深度参与全球化、融入全球的发展。在全球舞台上实现中国发展,不仅需要中国的经济、科技等硬实力,还需要文化、传播等软实力,后者集中表现为国家形象。值得关注的是,由于国际传播体系中长期的"西强我弱"局面,中国的国家形象还没有很好地在国际上树立起来,中国在国际上的美誉度与贡献度严重不匹配,模糊、负面还是许多国际公众对中国国家形象的认知。

新闻舆论工作在树立国家形象中具有重要作用。国际公众对中国的印象既可以通过亲身接触等直接渠道获得,也可以通过新闻传播等间接渠道获得,而后者是主要方式。国际新闻传播的重要功能,就是为国际公众描绘出良好的中国形象。

在网络传播时代,国内的新闻报道可以成为国际舆论关注的热点,国际的新闻报道可以成为国内舆论传播的依据。这种无国界的新闻传播格局,要求当代中国新闻舆论工作者必须树立全球视野下的国家形象意识,以具有时代感、国际化的思维方式、表达方式来赢得国内外受众。中国不缺好的故事,缺的是如何向世界讲好中国故事。

《人民日报》海外版专门推出"中国故事工作室",不仅在传统的纸质媒体上出版,而且还通过海外网、"你好,一带一路(视频图文)"等网络平台和多媒体形式进行传播。"中国故事工作室"在其宗旨中说道:这是一个故事纷呈的时代。有人说,全面建成小康社会,是最吸引世界目光的"中国故事";"一带一路",则是中国与世界共同创作的"跨国故事"。只是在过去的很多年里,我们习惯讲道理而非故事,重逻辑而非细节。习近平同志指出,讲故事是国际传播的最佳方式。一句嘱托,是鞭策,也是方向。

与此同时,《人民日报》提出在媒体融合中担当主流,实现有新闻的地方就有《人民日报》,有用户的地方就有《人民日报》。2012年《人民日报》法人微博上线,现已成为中国排名第一的媒体微博账号,总粉丝量超过8 000万;2013年《人民日报》开通微信公众号,在目前1 000多万个微信公众号中,《人民日报》微信公众号影响力排名第一;2014年《人民

日报》客户端开通后，累计下载量很快过亿。更值得关注的是，《人民日报》海外社交媒体账号的粉丝数超过1 800万，在全球报纸类媒体中排名第一。这样的"新技术红利"，使中国媒体有可能在全媒体时代群雄逐鹿中打破长期以来西方媒体称霸全球的格局。在纷繁芜杂的网络舆论场中，做"有品质的新闻"，为人民群众提供真实信息和精神力量，这正是围绕党和国家的中心任务、适应人民时代需要的创新举措。

第二节　新闻舆论工作的"党性和人民性相统一"

"党性和人民性相统一"是中国共产党新闻舆论思想的基本原则，具有丰富的历史内涵、科学的理论内涵和鲜活的实践内涵，准确把握这一原则的基本内涵，对于更好地坚持和发展这一原则具有重要意义。

一、从历史的维度看

"党性和人民性相统一"，从中国共产党革命时期开始就成为新闻舆论工作的基本原则。中国共产党作为近代中国兴起的一支政治力量，之所以能从"一大"时的12个代表开会，到28年后夺取政权，靠的就是党的利益和人民利益的高度统一、党性和人民性的高度统一。这种统一性表现在包括新闻舆论工作在内的党的全部工作中，表现在中国共产党新闻舆论工作的全过程中。1930年8月，中国共产党中央机关报《红旗日报》在刚刚创刊的社论中就指出："本报是供给广大劳苦群众阅读的，它是一切被压迫的人所能了解的言论机关，成为他们自己的喉舌。"1944年，延安《解放日报》在创刊1 000期的社论中鲜明地指出："我们的报纸是中国共产党的党报，是人民大众的报纸，这是我们这个报纸的第一个特点。""我们与有些报纸不同，不是为着少数人的利益，或者为着他们的趣味，而去卑躬屈节。"这就是中国共产党新闻舆论工作的第一个特点。

中国共产党从成立之日起，就是以人民的利益为自己的利益，带领人民为实现自己的利益而奋斗，正如《共产党宣言》中指出的："在无产阶级和资产阶级的斗争所经历的各个发展阶段上，共产党人始终代表着整个运动的利益。"在中国共产党新闻舆论工作中，坚持以人民为中心的工作导向，是一以贯之的。对新闻舆论工作者来说，"为了谁、依靠谁、我是谁"，始终是做好新闻舆论工作的根本问题。

1945年10月，《新华日报》发表社论指出："本报创刊八年来，一贯就是以人民的报纸为方针，为努力目标。"针对有人问："《新华日报》既是共产党的机关报，怎么能够成为人民的报纸呢？"社论作了明确回答："共产党所要求于它的全党党员的，不是别的，就是忠实地为人民服务，虚心地做人民的勤务员。因此，作为共产党机关报的《新华日报》，为了执行党的主张政策，就要使它自己真正成为人民的报纸。"

1948年，毛泽东在对《晋绥日报》编辑人员的谈话中指出："马克思列宁主义的基本原则,就是要使群众认识自己的利益,并且团结起来,为自己的利益而奋斗。报纸的作用和力量,就在它能使党的纲领路线、方针政策、工作任务和工作方法,最迅速、最广泛地同群众见面。"这一论断,是对马克思主义新闻观的精辟阐释,也是对党新闻工作的作用、职能的纲领性要求。

这些历史脉络是认识"党性和人民性相统一"内涵的重要起点。习近平同志在2016年2月19日主持召开党的新闻舆论工作座谈会时强调:"党的新闻舆论工作坚持党性原则,最根本的是坚持党对新闻舆论工作的领导。党和政府主办的媒体是党和政府的宣传阵地,必须姓党。党的新闻舆论媒体的所有工作,都要体现党的意志、反映党的主张,维护党中央权威、维护党的团结,做到爱党、护党、为党;都要增强看齐意识,在思想上、政治上、行动上同党中央保持高度一致;都要坚持党性和人民性相统一,把党的理论和路线方针政策变成人民群众的自觉行动,及时把人民群众创造的经验和面临的实际情况反映出来,丰富人民精神世界,增强人民精神力量。新闻观是新闻舆论工作的灵魂。要深入开展马克思主义新闻观教育,引导广大新闻舆论工作者做党的政策主张的传播者、时代风云的记录者、社会进步的推动者、公平正义的守望者。"①

二、从理论的维度看

"党性和人民性相统一"是中国共产党在马克思主义基本原理与中国革命建设、改革实践相结合过程中提出的基本规律。1948年10月,刘少奇在对华北记者团的谈话中指出:"列宁说,党要通过千百条线索和群众联系起来。是的,我们党要通过千百条线索和群众联系起来,而你们的工作、你们的事业,就是千百条线索中很重要的一条。"这就充分说明了新闻舆论工作重要性的核心缘由,说明了新闻舆论工作的突出作用。这一认识成为中国共产党新闻舆论工作的基本规律:什么时候坚持了,新闻舆论工作就能取得成绩,什么时候违背了,新闻舆论工作就会犯错误。

这一规律不但是中国共产党新闻舆论工作的规律,也是中国特色新闻学的重要组成。习近平同志指出:"我国哲学社会科学应该以我们正在做的事情为中心,从我国改革发展的实践中挖掘新材料、发现新问题、提出新观点、构建新理论"②,在"打造具有中国特色和普遍意义的学科体系"中提到了"新闻学"等11个学科。事实上,要从建构中国特色新闻学的视角来看待"党性和人民性相统一"的原则,就会更好地深化其理论认识,把握其规律性。

---

① 杜尚泽. 习近平在党的新闻舆论工作座谈会上强调:坚持正确方向创新方法手段 提高新闻舆论传播力引导力[N/OL]. 人民网,2016-02-20 [2017-09-30]. http://cpc.people.com.cn/n1/2016/0220/c64094-28136289.html.
② 习近平. 在哲学社会科学工作座谈会上的讲话[N]. 新华每日电讯,2016-05-19.

三、从实践的维度看

"党性和人民性相统一"是在新时期做好中国新闻舆论工作的基本指引。这是在新的历史时期对"党性和人民性相统一"的重申。在当前社会思潮多样化、信息选择自主化的社会环境中,新闻舆论工作要发挥积极作用,就要始终坚持并且创造性地实践这一原则,要建构党和人民需要的舆论生态,要切实成为党和政府与人民群众联系的"千百条线索中最重要的一个",发挥治国理政、定国安邦的作用,推动建立坦诚、透明的现代政府,发挥舆论监督作用,守护公平正义,推动社会进步。

当然,今天的时代条件已经发生了重大改变,以互联网、自媒体为标志的信息传播格局和社会舆论生态已经与过去大相径庭。因此,习近平同志在网络安全和信息化工作座谈会上的讲话中指出:"各级党政机关和领导干部要学会通过网络走群众路线,经常上网看看,潜潜水、聊聊天、发发声,了解群众所思所愿,收集好想法好建议,积极回应网民关切、解疑释惑。善于运用网络了解民意、开展工作,是新形势下领导干部做好工作的基本功。"①这是创新中国共产党新闻舆论工作"党性与人民性相统一"的基本原则,这种创新也是坚持。

"党性和人民性相统一"是具有丰厚理论与现实意义的思想,在实践中须臾不可离开,在理论上需要不断丰富。

第三节 马克思主义新闻观的时代内涵

新闻观预设人们观察事实、分析事实的立场和方法。新闻观是新闻舆论工作的灵魂,马克思主义新闻观是中国社会主义新闻舆论工作的灵魂。在新的历史阶段,如何认识马克思主义新闻观的时代内涵,既坚持基本观点,又反映当代变化,做到历史和逻辑的统一、理论和现实的统一,成为思想理论战线和新闻舆论工作必须回答的重大课题。

一、新闻舆论工作的使命观

新闻事业的社会功能源于新闻、舆论与社会的紧密关系。新闻可以反映舆论、引导舆论乃至制造舆论,而舆论是社会公众观察外界的重要窗口,是社会公众行为决策的信息基础。在当代社会中,舆论对政治运行、社会进步、文明传承具有重大影响,作为舆论工具的新闻成为不可替代的社会公器。

在距今近100多年前的1919年,被称为"中国新闻界最初的开山祖"的徐宝璜教授出

---

① 习近平. 在网络安全和信息化工作座谈会上的讲话[N/OL]. 新华社, 2016-04-25 [2017-09-30]. http://news.xinhuanet.com/zgjx/2016-04/26/c_135312437.htm.

版了中国第一本新闻学专著《新闻学》,书中明确列出"新闻纸之职务"一章,提出"新闻纸应立在社会之前,导其入正常之途径,故提倡道德,亦为新闻纸职务之一"。这种提倡道德,对于当时的新闻界很有针对性,因为近代的西方资产阶级大众报时期,许多报纸为了吸引读者购买,就大量刊登煽情性新闻,而报纸传入近代中国后,为了获得商业上的成功,许多报纸也是将商业需求摆在社会责任之前,徐宝璜在书中就批评了"花国新闻"、某某艳史等内容。徐宝璜对新闻社会功能有着准确的把握,"至学术之介绍,思潮之输入,新闻之正当,均足使阅者注意于正当之事业,亦为事实"。明确提出,新闻的道德职责就是一种使命感的体现。

从中国共产党建立之日起,利用报纸和各类新闻媒体宣传自己的主张,用马克思主义理论武装群众,就成为党新闻工作最重要的责任。1948年,毛泽东同志在对《晋绥日报》编辑人员的谈话中指出:"办好报纸,把报纸办得引人入胜,在报纸上正确地宣传党的方针政策,通过报纸加强党和群众的联系,这是党的工作中一项不可小看的、有重大原则意义的问题。"①毛泽东同志的这些论断,指出了报纸在社会动员、教育群众方面的功能,也是一种使命感的体现。

习近平同志在党的新闻舆论工作座谈会上指出:"做好党的新闻舆论工作,事关旗帜和道路,事关贯彻落实党的理论和路线方针政策,事关顺利推进党和国家各项事业,事关全党、全国各族人民凝聚力和向心力,事关党和国家前途命运。"这"五个事关"将新闻舆论工作的社会功能、社会职责提高到了前所未有的高度,充分体现了当代新闻舆论工作应该具备的使命感。

把握新闻舆论工作的使命观,关键要始终把握新闻舆论工作的导向性。按照习近平同志的要求,新闻舆论工作各个方面、各个环节都要坚持正确的舆论导向。各级党报、党刊、电台、电视台要讲导向,都市类报刊、新媒体也要讲导向;新闻报道要讲导向,副刊、专题节目、广告宣传也要讲导向;时政新闻要讲导向,娱乐类、社会类新闻也要讲导向;国内新闻报道要讲导向,国际新闻报道也要讲导向。

在当前的新媒体格局与复杂舆论生态下,每一个媒体,无论任何类型——传统媒体、新媒体、党报党刊、都市类报刊、财经类报刊等,每一篇新闻报道,无论任何领域——政治的、经济的、文化的、社会的,等等,都应意识到自身的责任,意识到自己的新闻报道对普罗大众的引导作用,都应以传递正能量为主要目标。这种导向既是外在的要求,更是内在的责任。这种使命观,是新形势下马克思主义新闻观的重要组成。

二、新闻舆论工作的政治观

新闻是传播、形成社会意识形态的主要工具之一,而意识形态是政治上层建筑的主要

---

① 毛泽东著作选读(下册)[M].北京:人民出版社,1986,644-645.

构成之一，两者在意识形态方面的交集使得新闻与政治的关系极其紧密。自有近代新闻事业以来，新闻舆论工作就成为政党活动的重要内容，不论资产阶级政党还是无产阶级政党，在其争取政权、巩固政权期间尤其如此。

在资产阶级革命时期，"政党报刊成为报刊的主体，即使是商业性的报刊，也带有明显的政治倾向投入到各自选择的政治宣传和讨论中"①。在英国，1720年托利党创办《新闻日报》，成为最早的政党报纸，而辉格党则通过支持《每日新闻》使其成为实际上的党报。在美国，从独立战争爆发时起到19世纪末，进入"政党报刊时期"，民主党、共和党都有各自的机关报。

值得注意的是，西方资本主义国家在19世纪后期相继进入"商业报刊时期"，这个时期的报刊日益廉价化、规模化、商业化，政党不再直接控制报刊。出现这种情况，是与资产阶级政党获得稳定的统治权以及新闻媒体实际上由大资本家控制有关。今天的西方媒体呈现出集团化、垄断化的趋势，少数传媒企业控制了大众传媒，比如，美国最大的传媒集团有时代华纳集团、默多克新闻集团等。在这种媒体的权力格局下，西方新闻媒体的政治性主要体现在对大资本家利益、垄断资产阶级利益的维护，以及在全球传播中对资产阶级国家利益的维护、对社会主义国家的排斥。

在中国，自19世纪国人自己办报刊开始，就以"办报立言、传播政见"为主要目的之一。从"甲午战争"到"戊戌变法"的几年中，由于国势日衰、政府软弱、外敌入侵，引起民众激奋，维新派在力求变革方面，主要斗争手段之一就是开设报馆，出版报纸，发表言论，引导舆论，在他们的带动下，中国掀起了第一次自办报纸的高潮。1896年，维新派创办《时务报》，梁启超亲任主笔，在初期，他一人每天要撰写4 000多字的评论。②梁启超最早提出报纸的"耳目喉舌"作用，得到维新派的认同，"去塞求通"成为维新派办报的基本宗旨。

1905年，"中国革命同盟会"在东京成立，当年11月，创办《民报》作为自己的机关报。孙中山亲自撰写该报创刊号的发刊词，首次明确提出"民族主义""民权主义"和"民生主义"的政治纲领，并将宣传这一政治纲领定为办刊宗旨。孙中山对报刊的作用看得很高，在"辛亥革命"胜利后，他公开宣称："革命成功，全仗报界鼓吹之力。"甚至认为，"革命成功极快的办法，宣传要用九成，武力只可用一成。"③

无产阶级从开始夺取政权之日起，就高度重视新闻舆论的政治动员功能。也是在1905年11月，列宁撰文指出：新闻出版事业"应当成为整个无产阶级事业的一部分，成为由整个工人阶级的整个觉悟的先锋队所开动的一部巨大的社会民主主义机器的'齿轮和

---

① 陈力丹，王辰瑶. 外国新闻传播史纲要[M]. 北京：中国人民大学出版社，2014，7.
② 方汉奇. 中国新闻传播史[M]. 北京：人民出版社，1987，72-73.
③ 孙中山选集(第1卷)[M]. 北京：人民出版社，1956，491.

螺丝钉'。"他还激动地说,"无党性的写作者滚开!超人的写作者滚开!"列宁认为,"我们要创办自由的报刊,而且我们一定会创办起来。所谓自由的报刊是指它不仅摆脱了警察的压迫,而且摆脱了资本,摆脱了名位主义,甚至也摆脱了资产阶级无政府主义的个人主义。"①

1925年12月5日,时任国民党中央宣传部代理部长的毛泽东同志在国民党机关报《政治周报》的创刊号上撰写文章,指出:"为什么出版《政治周报》?为了革命。""我们要开始向他们反攻。'向反革命派宣传反攻,以打破反革命派宣传',便是《政治周报》的责任。"②这篇文章是毛泽东同志在中国共产党成立后公开论述新闻工作的第一篇文章,从中可以清楚地看到他对新闻与政治关系的观点。在之后的革命斗争中,毛泽东同志一贯强调利用新闻舆论工作推动各项工作,在延安时期,他号召"全党办报",发挥报纸对工作的指导作用,同时,强调新闻工作要增强党性,克服宣传人员中闹独立性的倾向。

中华人民共和国成立后,毛泽东同志非常重视利用新闻工作推动党和政府工作。1958年1月,在南宁会议期间,毛泽东看了一些《广西日报》,觉得编得不够好,就专门给广西领导写信,提出:"一张省报,对于全省工作,全体人民,有极大的组织、鼓舞、激励、批判、推动的作用。"③"第一书记挂帅,动手修改一些最重要的社论,是必要的。"在此之后,毛泽东同志又数次谈到"政治家办报"的要求,强调要使新闻工作配合国家政治形势,为党和国家工作的大局服务。

习近平同志指出,党的新闻舆论工作必须把政治方向摆在第一位,牢牢坚持党性原则,牢牢坚持马克思主义新闻观,牢牢坚持正确舆论导向,牢牢坚持正面宣传为主,新闻舆论工作者要增强政治家办报意识。这是对新时期新闻舆论工作坚持马克思主义新闻观的具体要求。

对新闻与政治关系的正确理解是坚持马克思主义新闻观的重要基础。那种以为新闻可以离开政治、新闻舆论工作可以坚持价值中立的认识,不论从历史看还是从现实看,不论从国内看还是从国外看,都是不切实际的。无论时代如何改变,只有准确把握新闻舆论工作的政治观,才能积极践行马克思主义新闻观。

三、新闻舆论工作的人民观

马克思、恩格斯在《共产党宣言》中提出了一个问题:"共产党人同一般无产者的关系是怎样的呢?"他们在文中回答,"共产党人并不是同其他工人政党相对立的一个特殊政

---

① 列宁全集(第12卷)[M].北京:人民出版社,1987,92-97.
② 毛泽东文集(第1卷)[M].北京:人民出版社,1993,21-22.
③ 毛泽东文集(第7卷)[M].北京:人民出版社,1999,338.

党。他们并没有任何同整个无产阶级的利益不同的利益。"①事实上,中国共产党从成立之日起,就是以人民的利益为自己的利益,带领人民为实现自己的利益而奋斗,"在无产阶级和资产阶级的斗争所经历的各个发展阶段上,共产党人始终代表着整个运动的利益"②。在中国共产党的新闻舆论工作中,坚持以人民为中心的工作导向,是一以贯之的。习近平同志在新闻舆论工作座谈会讲话中指出:新闻舆论工作者要"不断解决好'为了谁、依靠谁、我是谁'这个根本问题。"

回答这个根本问题,可以用刘少奇同志在1948年给华北记者团讲话中的一句话:"你们是人民的通讯员,是人民的记者,要全心全意为人民服务。"在这篇重要的讲话中,刘少奇反复强调新闻舆论工作的人民观:"你们是给人民办报,是人民的记者、通讯员""如果你的事业建筑在人民利益与真理上面,那才是可靠的""人民的呼声,人民不敢说的、不能说的、想说又说不出来的话,你们说出来了。如果能够经常作这样的反映,马克思主义的记者就真正上路了。"③

如何理解新闻舆论工作的人民观呢?到底新闻舆论工作与人民是怎样的关系呢?被誉为中国新闻学界泰斗的甘惜分教授在其《新闻学原理纲要》中有过精辟的表述:"在新闻工作中,什么是要考虑的第一个要素呢?可以肯定地回答:是人民。""我们的新闻事业既是群众的朋友,又是群众的学生,更重要的是群众的导师。"④"朋友"意即新闻舆论工作要服务人民,"学生"意即新闻舆论工作要向人民学习,"导师"意即新闻舆论工作要参与指导人民。其中,"更重要的是群众的导师"表明,新闻舆论工作要做人民群众的引导者,而不是迎合者。

甘惜分教授还有一段论述形象地阐释了新闻工作的党性与人民性:"党的新闻工作者任何时候都要有这样一个信念:党是我们的领导,而人民是我们的母亲。没有党,我们将迷失方向,而抛弃生我、养我、育我的母亲,我们就会灭亡。"⑤

人民观体现了社会主义新闻舆论工作的根本立场,是马克思主义新闻观始终坚持的根本原则。新闻舆论工作要践行这一观念,就要坚持走群众路线。具体说,新闻舆论工作要深入群众,不能闭门造车;要服务群众,不能高高在上;要引导群众,不能人云亦云。

四、新闻舆论工作的真实观

真实性是对新闻报道的第一要求,在马克思主义新闻观里,真实观的要求不仅是报道的原则,更是科学的方法,即坚持用辩证法和唯物史观来看待事物发展并给予全面反映。

---

① 马克思恩格斯全集(第4卷)[M].北京:人民出版社,1958,479.
② 马克思恩格斯全集(第4卷)[M].北京:人民出版社,1958,479.
③ 刘少奇.刘少奇选集(上卷)[M].北京:人民出版社,1981,396-407.
④ 甘惜分.甘惜分文集(第1卷)[M].北京:人民日报出版社,2012,232-241.
⑤ 甘惜分.新闻理论基础.[M]北京:中国人民大学出版社,1983,145.

习近平同志在新闻舆论工作座谈会上指出：真实性是新闻的生命。要根据事实来描述事实，既准确报道个别事实，又从宏观上把握和反映事件或事物的全貌。

新闻传递的是对客观事实的主观认识。在一般事实向新闻事实的转化过程中，原本大量自在的事实发生了规则化、目的化的重组，具体表现在：无限向有限的转化，无序向有序的转化，自在向为我的转化。在这种转化过程中，新闻工作者的立场、观点、方法就成为影响新闻质量的根本因素。能够全面认识世界的记者与片面认识世界的记者，在看待事物的方法上不一样，给出的报道也不一样。这对公众准确认识世界的影响显然是不同的。掌握马克思主义，就可以避免形而上学的思想方法，避免片面性的思想方法。

新闻真实性的问题在新闻理论中是最具历史性的研究领域之一，不论中国新闻学界还是西方新闻学界，真实性始终是研究的焦点。新闻是对事实的报道，新闻的本源是事实。陆定一同志在1943年发表的《我们对于新闻学的基本观点》一文中明确提出："事实是第一性的，新闻是第二性的，事实在先，新闻（报道）在后。这是唯物论者的观点。"①

新闻真实性的内涵是：本质真实（整体真实）与现象真实（局部真实）的统一。理解这个内涵，有两层意义：一方面，任何新闻报道细节应该是真实的，时间、地点、人物、事件等都应该是真实的；另一方面，所有新闻报道应该完整地反映事实，从不同的角度、不同的时间反映出事物的全貌。这一内涵所体现的基本原理就是马克思1843年在《摩泽尔记者的辩护》一文中提出的："只要报刊生气勃勃地采取行动，全部事实就会被揭示出来。"②

在理解新闻真实性上，要避免片面性认识：一种是只强调本质真实，这就带来主观捏造、合理想象等问题，新闻彻底失去了微观的事实基础。早在延安时期，新闻界就反对过"客里空"现象，即记者根据主观意愿捏造新闻。而在许多正面报道中，对许多细节的所谓合理想象也使得新闻失去真实性基础。

另一种是只强调现象真实，这就带来有闻必录、唯客观性等问题，新闻彻底失去了对世界的宏观把握能力，会带来"攻其一点、不及其余"的问题。甘惜分教授认为："反映了事实的真相并不等于反映了时代的真相。"在这里，"事实的真相"指"一个一个局部的真实"；"时代的真相"指"全局的真实"。"一个一个事件的局部真实固然重要，全局的真实却更加重要。"③

五、新闻舆论工作的创新观

新闻舆论工作中始终有一对矛盾：动机和效果的矛盾。有了正确的立场和目标，并不能保证必然办好新闻媒体，取得最好的传播效果。从动机到效果还有一个过程，这个过

---

① 中国社会科学院新闻研究所. 中国共产党新闻工作文件汇编（下卷）[M]. 北京：新华出版社，1980，188.
② 马克思恩格斯全集（第1卷）[M]. 北京：人民出版社，1995，358.
③ 甘惜分. 甘惜分文集（第1卷）[M]. 北京：人民日报出版社，2012，89.

程就要靠新闻舆论工作者的报道方式、传播方式等的持续创新。对社会主义新闻舆论工作者来说，绝不能仅仅满足于报道动机的正确性，还要追求传播效果的最大化。

毛泽东同志在1957年同新闻出版界代表谈话时就指出了新闻的传播效果问题："文章的好坏，要看效果，自古以来都是看效果作结论的。""报纸是要有领导的，但是领导要适合客观情况。马克思主义是按客观情况办事的，客观情况就包括客观效果。群众爱看，证明领导得好；群众不爱看，领导就不那么高明吧？"对社会主义新闻舆论工作来说，以马克思主义为指导思想，以受众接受效果为衡量标准，始终是两条紧密联系的重要原则，任何一条都不能偏废。

当前的新闻舆论工作面临着全新的媒体格局和舆论生态。移动互联网环境下的新闻传播表现出许多与以往不同的特征：新闻发布的全民化、新闻内容的视觉化、新闻推送的精准化、新闻终端的移动化、新闻平台的社交化、新闻阅读的碎片化。可以说，从新闻的生产到新闻接收的全流程都发生了重大变化。

在传统媒体新闻时代，新闻的发布权是掌握在专业媒体和专业记者手中，任何机构、个人想要向大众发布新闻，都要通过专业媒体和专业记者。而在移动互联网环境下，这种新闻发布权的垄断被彻底打破。社交媒体作为重要的新闻发布平台，其新闻提供者也发生了重大改变，从少数的专业记者提供新闻，到全民的新闻发布，社交媒体用户逐渐成为新的趋势。

以智能手机、平板手机和平板电脑为主要内容的移动智能终端已经成为高度普及的个人配置，也成为当代公众离不开的"器官"。受众在移动终端上获取新闻的入口，一是新闻客户端；二是社交媒体。由于社交媒体是关系媒体，基于社会关系的交流让公众产生更大的行为依赖性，也产生更多的内容信任度。

在2016年视察中央媒体过程中，习近平同志在人民日报社新媒体中心亲手点击键盘，在人民日报"两微一端"发布了问候语音，向全国人民致以元宵节问候。在新华社新闻客户端，按动"为全国新闻工作者点赞"页面，屏幕上立即闪现"点赞＋1"。在党的新闻舆论工作座谈会上，再次强调新媒体新闻的导向问题。这些都进一步凸显了新媒体新闻工作的重要性。按照习近平同志的要求，党的新闻舆论工作必须创新理念、内容、体裁、形式、方法、手段、业态、体制、机制，增强针对性和实效性。要适应分众化、差异化传播趋势，加快构建舆论引导新格局。要推动融合发展，主动借助新媒体传播优势。

当前，国际传播秩序不平衡与中国国家形象不佳的问题依然突出。"据统计，美联社、合众社、路透社、法新社这四大西方通讯社的新闻发稿量占全球总量的80％，以美国为首的西方发达国家媒体传播的世界各地新闻站全球总量的90％以上。""总体来看，短时间内西强我弱的新闻传播格局还很难扭转。"新闻传播是意识形态很强的社会行为，在国际传播中，这种价值观决定的报道立场很鲜明，"在美国，只有符合它们的价值观的新闻才能被报道。"①

由于新闻传播在塑造国家形象中具有重要作用,因此当前国际新闻传播秩序的不平衡就带来了中国国家形象的扭曲。在一些全球范围的国家声誉调查中,中国的排名往往很靠后,远低于德国、日本、美国等国家。我们做了很多好事情,但别人不说我们好,中国在国际上的美誉度与贡献度严重不匹配。一项在越南的民意调查表明,越南18~35岁的年轻人中对美国"抱有强烈好感"的达到73%,而对中国"抱有强烈好感"的仅有17%。②这种国际传播现状和国家形象问题会影响中国"一带一路"倡议的实施,会影响中国成为有影响力的全球大国。对这些问题怎么解决?只有创新国际传播手段,积极构建国家形象。按照习近平同志的要求,加强国际传播能力建设,增强国际话语权,集中讲好中国故事,同时优化战略布局,着力打造具有较强国际影响的外宣旗舰媒体。

1987年,甘惜分教授在接受采访时说:"中外新闻事业发展史表明,新闻事业的发展变化,朝晴暮雨,昨是今非,莫不与阶级、政党、集团之间的分化离合相关联,都只能运用马克思主义这一思想武器才能解释其奥秘。""可以说,新闻学研究离开了马克思主义,必将一事无成。"③2006年,有采访者问已经90岁高龄的甘惜分教授:"能谈谈您对当前中国新闻理论界的希望吗?"甘老迅速回答:"十个字:立足中国土,回到马克思。"④

今天的中国发展已经进入了一个崭新的历史阶段,全球的目光注视中国,既给我们鼓励,也给我们质疑,新媒体的发展激发了全社会的活力,既给我们新平台,也给我们新困惑。在这一崭新的时代环境中,新闻舆论工作肩负着治国理政、定国安邦的重大使命,尤其需要思想定力、创新能力与传播效力。新的历史挑战需要马克思主义新闻观,新的历史机遇也必将发展马克思主义新闻观。

第四节 媒体融合环境中的新闻舆论工作

去中心化和去中介化成为媒体融合环境中新闻传播体系的主要特征。过去新闻传播依托主流媒体,中国、世界均如此,传播依靠一个大的中心,一个点到一个面往下走。现在不再如此,现在是社交媒体用户、社交媒体的时代,传统机构媒体在信息获取和传播上不再具有优势,每个人都是一个媒体,每个企业、政府机关等组织都是一个媒体。所以,去中心化、去中介化是当代新闻传播体系很重要的特征。当下媒介环境中传播主体发生了变化——小众变成大众,专业记者变成社交媒体用户,传播对象发生了变化——大众变成小

---

① 史安斌,郭云强,李宏刚.清华新闻传播学前沿讲座录:续编[M].北京:清华大学出版社,2012,48-49.
② 史安斌.全球传播与新闻教育的未来[M].北京:清华大学出版社,2014,6.
③ 甘惜分.甘惜分文集(第3卷)[M].北京:人民日报出版社,2012,486.
④ 甘惜分.甘惜分文集(第3卷)[M].北京:人民日报出版社,2012,584.

众,大众传播变成朋友圈传播、粉丝圈传播。

一、变革媒体融合环境中的新闻生产手段和机制

在媒体融合不断加剧的条件下,新闻生产手段和机制应进行大变革。

(一)运用新技术生产新闻

无人机技术的兴起带动了无人机新闻的发展,相比过去记者只能在新闻现场架起照相机和摄像机拍摄,无人机让记者有了更开阔、更灵活的拍摄视角,能获得更好的新闻场景。传感器技术正在成为获得信息的重要方式,而将传感器应用到新闻报道中,使得记者更快捷、更准确地获得数据,并在此数据基础上形成报道。虚拟现实技术给用户创建了逼真的虚拟世界,在报道中运用这一技术可帮助记者更生动地还原事件,使受众获得"亲临现场"的浸入式体验。

(二)推动新闻生产流程再造

传统的报社以单一的报纸为载体,新闻生产流程完全以报纸出版为中心,即使报社的网站也是以报纸出版的节奏为依据,而在全媒体条件下,一家新闻媒体可以拥有报纸、杂志、网站、手机报、微博、微信、客户端、电子屏等多终端,为此,新闻生产流程要进行改造才能使各种媒介深度融合。

(三)突出新闻内容的视觉化

在移动化、碎片化的新闻阅读行为中,视觉化的传播内容越来越有吸引力,一图胜千言,可视化新闻制作成为新闻生产中的一大亮点。许多原本需要大量文字表达的复杂的事实、观点等,通过"一张图看清"的方式,做到了简洁、清晰地传播。

(四)打造移动新闻终端的制高点

以智能手机、平板手机和平板电脑为主的移动智能终端已经成为高度普及的个人配置,也成为当代公众获取新闻的"器官"。因此,围绕移动终端打造有吸引力的新闻客户端成为新闻生产方式变革的重要手段。

二、树立媒体融合环境中的新闻观念

"新闻观念"是对于新闻现象的认识与看法。按照杨保军教授的说法,"新闻观念"主要是"新闻是什么"和"新闻应该是什么"的观念。前者是新闻的"实然",后者是新闻的"应然"。从哲学上看,新闻观念还要关注新闻的"本然",也即"新闻的内在规定"。

新闻观念的重要性在于不同的新闻观念带来不同的新闻实践,一定的新闻实践总以一定的新闻观念作指导。在媒体融合日趋活跃、复杂的当代社会,能否提出有效的新闻观念决定了网络新闻舆论工作能否有序发展。

从全球范围看,当代的社会特征是:变化、多元、冲突。具体来说,政治、经济、技术等的变化速度越来越快,不同国家、民族、阶层的主体意识越来越强,由利益之争、价值观之争引发的冲突越来越多。新闻作为世界图景的描绘者、社会进步的推动者,要履行好自己的职责,就不能比谁的声音大,而要比谁的思考深、效果好,这就需要开展前瞻性、规律性的新闻观念研究。

对于当代社会的新闻观念系统,杨保军教授认为有三种:宣传新闻主义、专业新闻主义和商业新闻主义。这很好地描述了新闻实践的"实然"类型。"宣传新闻主义"是适应政党斗争需求而出现的;"专业新闻主义"是适应行业发展需求而出现的;"商业新闻主义"是适应市场竞争需求而出现的。这三种新闻主义都有其存在的合理性,但显然,又都有很明显的局限性。

那么,"应然"的主义是什么呢?新闻作为一种社会存在,既构成了社会,更影响了社会。从新闻承担社会责任的视角看,可以研究提出社会新闻主义,也即以推动社会进步为己任、以关注社会效果为原则的新闻观念。

新闻作为社会意识的生产者,其重要作用在于形成了公众对社会现状的认识,对社会价值观的共识。但由于各种政治性、商业性、功利性新闻观念的作用,新闻实践没有很好地反映社会的变化与需求,而随着媒介技术的进步,社交媒体用户与社交媒体让新闻观念出现了更加无序与个性的演变,也让当代新闻实践因而出现了更多混乱与无奈。

新闻的价值在于准确反映社会、积极引导社会,前者是后者的前提。当社交媒体代表民意甚至左右民意时,重构新闻观念的紧迫性越来越突出。这种新闻观念应成为推动机构媒体变革的指南,也应成为规范社交媒体发展的准则。

新闻的最大力量不是炫酷刺激的技术、耸人听闻的内容,而是客观准确的真相、积极冷静的态度。这种新闻观念体现的是一种价值理性,应该成为媒介技术进步、传播形式变化等工具理性的指导。这种新闻观念也体现了新闻的"本然"作为信息机构的社会存在。从古代中国的邸报、古罗马的公报直到今天的互联网社交媒体,新闻存在的生命力在于与社会发展的同步。

在社会新闻主义的新闻观念指导下,合格的记者要成为社会的观察者,冷静的而不是浮躁的;成为社会的描述者,准确的而不是歪曲的;成为社会的建设者,积极的而不是消极的。其核心目标,是为社会公众建立清晰的社会认同。

社会的发展越是处在变动期、复杂期,对高品质新闻的需求越是旺盛。没有人愿意成为虚假新闻与情绪新闻的俘虏,没有人愿意接受只为少数人利益服务的新闻的控制,这就需要在全社会形成良好的新闻观念,并以此新闻观念指导新闻实践。要特别指出的是,这种新闻实践既包括专业的新闻业,也包括全民的新闻行为。

研究中国当代社会的新闻观念,不能以愿望代替实际,不能以动机代替效果,不能以精英代替公众,而要坚持社会视角与科学视角,进行新闻观念的理论、历史和实证研究,以期推动中国特色新闻学研究,推进新闻舆论工作服务国家治理体系和治理能力现代化。

三、在媒体融合环境下讲好故事

人类的文明传承离不开故事,《圣经》中处处可见上帝的故事,成为西方文明的重要起点,《论语》中章章皆有孔子的故事,成为中华文明的重要源头。好的故事让人喜读,更让人受益。在中华文明的数千年传承中,民间故事的讲述成为传播文化共识的重要手段,正是"孟母择邻""孔融让梨""桃园结义"等故事让忠孝节悌、礼义廉耻的核心理念深入人心。

到了全球多种文化碰撞和媒体融合高度发达的当代社会,如何讲好故事已经成为建构当代中华文化、形成文化自信的历史性任务。从维护民族文化主体性的角度看,对讲好故事的重要性,怎么强调都不为过。没有好的故事积累与传播,一个民族就会在全球化浪潮中迷失自己的方向,忘记自己的初心。

有人说,现在的信息太繁杂,媒介太丰富,思想太多元,故事不好讲了,也不必讲了。这句话只说了问题的一方面,即讲故事的环境变了,讲好故事的难度增加了;但没有说出问题的另一方面,即讲故事的规律是稳定的,讲好故事的需求也增加了。

在开放的世界体系中,在媒体融合的环境下,讲好中国故事的要则在于:结合世界形势,在中国立场上讲中国故事,要讲真诚的话、讲人民的话、讲新鲜的话。2008年金融危机以来,马克思的《资本论》成为西方发达国家书店里的畅销书,西方的知识分子和普通百姓都在关心同一个问题:是否资本主义的经济和社会制度真的存在根本性的问题?2016年,特朗普当选美国总统、英国公投脱离欧盟,这些黑天鹅事件也让西方知识分子和媒体精英突然发现,自己原来与普通民众的想法相去甚远。在西方制度和文明逐渐显示出其疲软的一面,世界正寄希望于中国这个新兴的负责任大国。正如习近平同志在2016年庆祝中国共产党成立95周年大会上说的那样,"中国将积极参与全球治理体系建设,努力为完善全球治理贡献中国智慧,同世界各国人民一道,推动国际秩序和全球治理体系朝着更加公正合理方向发展"。

讲真诚的话,这是好故事的首要条件,古今中外是一致的。美国剧作家罗伯特·麦基在其《故事》一书中提出:"文化的进化离不开诚实而有力的故事。如果不断地耳濡目染于浮华、空洞和虚假的故事,社会必定会走向堕落。"季羡林先生在评论梁衡散文时引用王国维的"境界说":"能写真景物、真感情者谓之有境界,否则谓之无境界。"他特意列举了梁衡写共产党早期创始人瞿秋白的名作《觅渡,觅渡,渡何处?》,认为作者构思六年、三访纪念馆,"抓住了'觅渡'这个概念,于是境界立出,运笔如风,写成了这篇名作"。对新闻报道来说,任何"客里空""合理想象"都是没有生命力的,要写你看到的,写你相信的,因为新闻故事的感染力来自真实的事实与真诚的情感。

讲人民的话,要让故事的内容和语言都来自人民。意大利思想家葛兰西曾经批评:

"一个略知拉丁语和历史的青年学生,一个由于教授们的怠惰和无所谓的态度而成功地搞到一张被称为学位的纸片的青年律师,他们最后都以为自己与成熟的工人不同,要比他们高明。可是熟练的工人毕生完成明确而必要的任务,他的活动同这种青年学生和青年律师的活动比较起来,其价值要超过百倍。"在他看来,这些"自命不凡的空谈家""所说的不是文化,而是卖弄学问;不是知识,而是炫耀聪明;反对它是绝对正确的"。从国际传播经验看,来自普通民众的声音与命运也是最能被关注、最能打动人心的报道内容。

讲新鲜的话,既体现在内容上又体现在形式上。新鲜体现了对时代的把握,更展示了对时代的引领。推动新闻生产流程再造、运用新技术生产新闻、突出新闻内容可视化、打造移动新闻终端制高点,全方位的新闻创新才能讲出好的故事。2016年,《人民日报》建立了面向"90后"的客户端"唔哩",力图以主流价值观影响新兴人群,中国环球电视网(CGTN)正式开播,力图以中国声音影响世界舆论。这些都是在全球传播与社交媒体的时代条件下讲新话的有益尝试。

讲好小故事,展现大形象,汇聚大力量。对媒体融合环境中的当代中国新闻舆论工作者来说,把握讲好故事的规律,就会形成良好的中国形象与强大的舆论力量,进而推动中国持续前行。

思 考 题

1. 为什么要重视网络舆论引导工作?
2. 如何理解新闻舆论工作中的"党性和人民性相统一"?
3. 如何理解马克思主义新闻观的时代内涵?
4. 如何在媒体融合的环境中做好新闻舆论工作?

 延伸阅读

1. 本书编写组.马克思主义新闻观十二讲[M].北京:高等教育出版社,2019.
2. 陈力丹.马克思主义新闻观百科全书[M].北京:中国人民大学出版社,2018.
3. 胡钰.中国特色新闻学:何以可能与何以可为[M].北京:中国社会科学出版社,2019.

第三章 网络空间主要思潮分析

导读：现如今，中国与世界的互联程度已达到前所未有的高度，然而随着开放程度的逐渐提高，网络空间中出现的思潮也呈现多元化、复杂化的趋势。如果对这些思潮没有清晰的辨析，则容易被错误的思想所诱导和蒙蔽，深陷其中而不自知。本章主要就目前网络空间中存在的几种常见的主要思潮进行介绍，重点就其历史、实质、特征、影响等方面进行条分缕析，以加深读者对这些思潮的认知和理解。

2014年4月15日，习近平同志在国家安全委员会第一次会议上提出，必须坚持总体国家安全观，构建集政治安全、国土安全、军事安全、经济安全、文化安全、社会安全、科技安全、信息安全、生态安全、资源安全、核安全等于一体的国家安全体系。① 其中，相比于政治安全、国土安全、军事安全、经济安全等"硬实力"领域，文化安全、信息安全等"软实力"领域的安全建设，关系着国家和社会基本价值观念及社会准则的形成与维护。作为上层建筑的网络舆论安全，在很多时候对于经济建设和社会发展具有很强的影响作用。

网络舆论安全，涉及不同社会思潮对人们的影响。错误思潮的泛滥直接危及国家文化安全，其重要表现之一就是冲击和解构人们的文化自信。关于文化自信，习近平同志讲了三个方面的内涵，即在五千多年文明发展中孕育的中华优秀传统文化、在党和人民伟大斗争中孕育的革命文化和社会主义先进文化。然而，一段时间以来，这三个方面的文化自信直接受到了一些思潮的冲击和侵蚀。② 具体来说，包括文化帝国主义、民族分裂主义、新自由主义和消费主义这四大思潮。

---

① 新华网. 习近平：坚持总体国家安全管理走中国特色国家安全道路[N/OL]. 新华网，2014-04-15 [2017-09-30]. http://news.xinhuanet.com/politics/2014/04/15/c_1110253910.htm.
② 樊建新. 社会思潮与文化安全[EB/OL]. 红旗文稿，2017.4.7. http://www.cssn.cn/mkszy/rd/201704/t20170407_3478974.shtml.

第一节 文化帝国主义

一、历史起源与实质辨析

什么是文化帝国主义呢?对于文化帝国主义,国内和国外学者有大致相同的认识。他们都认为,文化帝国主义是指不用军事暴力征占其他国家的领土或者控制其经济命脉和人民生活,而主要通过媒介传播意识形态、思维体系、行为准则、社会制度、身份人权等手段来征服和控制人的头脑和人的意识形态,以达到以美国为首的西方世界发达国家获得利益的目的。

"文化帝国主义"(Cultural Imperialism)概念是西方后殖民理论话语,是后殖民语境下的文化批判理论。赫伯特·席勒于1969年出版的《大众传播与美利坚帝国》一书中正式使用文化帝国主义概念。在他看来,文化帝国主义是许多过程的总和。经过这些过程,某个社会被吸纳进入现代世界体系之内,而该社会的主控阶层被吸引、胁迫、强制,有时候是被贿赂了,以至于它们塑造出的社会机构制度附应于,甚至是促进了世界体系之中位居核心位置而且占支配地位之国家的种种价值观与结构。①

席勒提醒人们注意美国出口的电影、音乐和其他媒介产品对发展中国家本土文化的潜在影响。他认为,美国的传媒公司醉心于破坏发展中国家的民族文化。由于美国的传媒产品制作得是如此完美、如此吸引人,以至于其他国家的人们很难抗拒它们。结果是,西方控制的国际大众传媒就会取代民族文化,这种形势就像是抢劫,就像是早期殖民者拼命掠夺殖民地国家自然资源,以使殖民国家发财致富一样。②

文化帝国主义有两个主要的目标:一是经济;二是政治。在经济层面,文化帝国主义要为文化商品攫取市场,娱乐商品的出口是资本积累最重要的来源之一,也是替代制造业出口在世界范围内获利的重要手段;在政治层面,则是要通过改造大众意识来建立文化霸权,③将人们从其文化之根和团结传统中离间出来,并通过新闻媒介和宣传攻势制造不断变换的"需求"予以代替。

然而,人类社会可以通过不断认识世界和社会来抵抗文化帝国主义的谎言,所以很多时候,文化帝国主义所炮制出来的一整套话语和意识形态在实践中站不住脚。因此,文化帝国主义往往以强大的政治和经济作为后盾。

青少年是文化帝国主义进行政治和经济剥削的主要目标,文化帝国主义的娱乐和广

---

① 席勒.大众传播与美利坚帝国[M].上海:上海译文出版社,2006,140-142.
② 席勒.大众传播与美利坚帝国[M].上海:上海译文出版社,2006,73-88.
③ 邱运华.以"当代中国文化"建设全国文化中心[J].北京联合大学学报(人文社会科学版),2012,10(01):39-45.

告以那些最容易受美国商业宣传的青年为主要受众。有学者揭示出了现代性和消费美国宣传媒介产品联系在一起的本质,"大众传媒以盗用左派的语言和将不满情形引向奢侈性消费来操纵青少年的反叛行为"①。

🕮 案例

西方发达国家的文化产业输出,以美国为首的西方发达国家的文化产业十分发达,基本占据了全世界文化市场的全部份额。新闻传播方面,美国和西方发达国家掌握了全球90%以上的份额;因特网的拥护者80%都在发达国家,互联网的信息中英语文字等占据了90%以上;美国掌握着国际网络治理秩序和互联网核心技术与互联网运转的服务器,高举网络自由和民主人权大旗,树立自己的正义形象,丑化、分化、西化反美势力,输出美国的意识形态、理想信念;日本动漫产业占据了世界60%的份额;美国、英国和德国的图书出口份额占据了世界前三位。许多国家的文化产业都要靠它们的输入来维持,如菲律宾的影视业和媒体传播业都为美国所控制。②

二、网络表现与特征分析

文化帝国主义在网络上的表现,首先表现为以美国为首的网络巨头公司对于各国互联网应用和服务市场的占有。根据国际著名网站流量排名网站 ALexa 的统计,表 3-1 统计了 2014 年在世界各主要国家排名前十名的网站流量情况。

从表中可以发现,美国网络公司在这些国家的占有率可谓触目惊心。在美国,排名前十的网站都是美国公司,没有其他国家的网站。作为世界互联网科技和经济的中心,这样的情景无可厚非。然而,在英国和德国这两个欧洲的老牌发达国家,令人感到惊讶的是这些国家的主要网站也基本都是清一色的美国公司。在英国,本土的只有英国广播公司(BBC)列第七位,其他网站都是美国公司;而在德国,也仅有第八和第十位的两家网站是本土企业,其余也皆为美国企业。在亚洲的日本和韩国两个发达国家中,由于文化和语言的差异,情况相较于英国和德国稍好一些,作为新兴大国的印度和巴西情况也类似于日本、韩国。俄罗斯作为曾经的世界超级大国,比上述各个国家情况更好一些,排名前十的网站中有一半是美国网站,另一半则是本土俄罗斯网站。只有中国,排名前十的网站都是本土企业。

---

① 李辉.浅议加强和改进大学生思想政治教育的紧迫性[J].北京教育(高教版),2005(5):18-20.
② 何春龙,贾中海,奇峰.文化帝国主义背景下大学生文化自信教育[J].黑龙江高教研究,2013,31(5):34-36.

表 3-1 2014年世界主要国家排名前10的网站排名

序号	美国	英国	德国	日本	韩国	印度	巴西	俄罗斯	中国
1	Google	Google.co.uk	Google.de	Yahoo.co.jp	Naver.com	Google.co.in	Google.co.br	Yandex.ru	Baidu
2	Facebook	Facebook	Amazon	Google	Google.co.kr	Google.com	Facebook	Vk	Taobao
3	Amazon	Google.com	Facebook	Amazon	Google.com	Facebook	Google.com	Google.ru	QQ
4	YouTube	Amazon	Ebay	Fc2	Amazon	YouTube	YouTube	Mail.ru	Sina
5	Yahoo	YouTube	YouTube	YouTube	YouTube	Yahoo	Uol	Google.com	Weibo
6	Wikipedia	Ebay	Google.com	Google.com	Daum.net	Flipkart	Globo	Youtube	Tmail
7	Ebay	BBC	Wikipedia	Rakuten	Facebook	Wikipedia	Yahoo	Ok.ru	Hao123
8	Twitter	Yahoo	Web.de	Nicovideo	Ppomppu	Amazon	Live	Facebook	Sohu
9	Reddit	Wikipedia	Yahoo	Facebook	Tistory	Blogspot	Aliexpress	Wikipedia	360
10	Linkedin	Live	T-Online	Twitter	Gmarket	Indiatimes	Mercadolivre	Aviro.ru	Xinhuanet

可以说，如果我们把文化帝国主义的网络表现区分为经济取向和政治取向的话，中国由于独立自主的办网宗旨、语言和用户规模优势以及相应的政策配套，中国网络在文化帝国主义的经济取向结构上具有一定的抵御能力。但在宏观的结构之外，中国面对文化帝国主义所蕴含的消费主义、娱乐化、庸俗化等现象仍然存在诸多问题。

如果谈到网络文化帝国主义的政治取向，中国的情况则较为复杂。一般来说，文化帝国主义在互联网上的政治目的，主要和所谓"普世价值"的传播联系在一起。"普世价值论"主张者抹杀不同社会制度下价值观的界限，混淆价值的一般性和具体性、普遍性及特殊性，将反映资产阶级价值观念和西方资本主义制度属性的具体价值说成是代表"历史前进方向"和"人类文明主流"的"普世价值"，要求中国"从指导思想上确立普世价值的观念""不能用'中国特色'拒绝'普世文明'"，有的还将社会主义核心价值观混同于西方"普世价值观"。①

然而，剖析美国网络文化帝国主义的本质，实际上就是通过大肆宣传"人权高于主权"的表面话语，从而进行意识形态领域的新干涉主义。凭借"维护人权"等口号，美国军队在世界诸多国家建立海外军事基地，更有甚者出兵中东地区，扶持反政府武装，遗留的叙利亚难民危机成为欧洲重要的社会问题，让人不禁想问：人权重要，还是人命重要？

在国际关系中，文化帝国主义实则为美国对他国的军事干涉提供了文化合法性。而在日常生活中，文化帝国主义的渗透也是潜移默化的。除了通过互联网、电视广告、报刊、书籍进行巧妙的宣传，学术交流和教育交流领域的文化入侵也同样值得关注。西方的学术概念、假设立场都不可避免地带有西方中心主义的色彩，而且美国政府和研究资助机构通过对研究项目经费的掌控，使得学术界的研究取向与政府的国际政策保持了高度一致。比如，在《经济学人》进行的年度各国"民主指数"报告中，俄罗斯的政治制度没有根本性的改变，却从前些年的混合民主制"跌入"威权体制的行列。询问美国政治学者其中的原因，大多回答，是因为普京已经多次当选或多年实际掌握国家权力，俄罗斯正在走向独裁的政体。但是当反问为何默克尔当了同样长时间的总理，而德国却没有走向独裁的危险时，美国学者却完全没有思考过这个问题——很多时候，文化帝国主义的传播甚至不是主观设计和精心规划的，其早已沦落为一种全社会的政治无意识。

三、主要影响与措施建议

如果我们将拉美、东亚、东南亚、俄罗斯、欧洲等国的经济、政治和社会危机加以比较，就会发现悲剧的根源在于美国等西方国家在这些国家实施的文化帝国主义行径。西方的

---

① 樊建新. 社会思潮与文化安全[EB/OL]. 红旗文稿，2017-04-07，http://www.cssn.cn/mkszy/rd/201704/t20170407_3478974.shtml.

意识形态旨在颠覆社会主义制度、颠覆中国共产党的领导、颠覆人民民主专政、颠覆马克思主义的指导,而代之以资产阶级意识形态的"普世价值"。

20世纪后半叶以来,后现代主义、后殖民主义、后结构主义等冠以"后"字的主义纷纷兴起,即所谓的"后学思潮",它与依附理论不同,并无内在的统一学说,而是具有多重学科背景和价值取向的混合体。但又由于他们对文化帝国主义和全球化带来的"普世性"的政治经济政策与意识形态取向具有一定的批判性,所以被称为"后学思潮"。

后现代主义的批判性在于"解构一切",当文化帝国主义推崇的自由、民主、人权等作为"普世价值"的意识形态遭遇了后现代主义,必然遭到无情的解构,并被认为一切都是没有意义的存在。后殖民主义所解构的,则是一整套殖民主义与帝国主义的话语及其文化逻辑。如萨义德通过"东方主义"提出,是西方殖民者在推行他们的文化标准和价值观念,或者说新自由主义意识形态的同时,将"非我族类"的东方文化看成一种可供西方观看和消费的符号化的东西,无论是保守的、封闭的东方,还是代表异国情调的东方,都是西方的臆想与建构,本质上是将东方文化斥为"他者",使其陷入浪漫主义的落后境地。所以,萨义德说:"每一个欧洲人,不管他对东方发表什么看法,最终都几乎是一个种族主义者,一个帝国主义者,一个彻头彻尾的民族中心主义者。"[1]

如果要抵抗文化帝国主义的文化侵略,避免逆向种族主义的妄自菲薄和自我矮化,则必须结合马克思列宁主义、中华民族优秀传统文化和西方先进文化。自工业革命以来,西方资产阶级在破除封建统治、废除落后生产关系和社会制度方面取得了具有历史意义的进步和成就,这一点必须值得肯定。在这一过程中,一批基于西方历史文化和社会实践的知识分子与思想家涌现出来,丰富了人类文明。我们在吸纳、借鉴西方理论的时候,必须要承认其进步性,但是也要注意到它的局限性。这种局限性,一方面,表现在西方理论大多还是在为资产阶级代言;另一方面,也表现在西方理论是基于西方的社会实践总结归纳出来的,具有社会文化环境上的局限性。因此,我们在批判性地吸收西方理论的知识概念、知识方法等先进文化的基础上,还是要根植中国大地,建立具有中国特色的理论体系。陈来曾从四个方面分析了中华文明的核心价值与西方近代以来的核心价值的区别:一是责任先于自由;二是义务先于权利;三是群体高于个人;四是和谐高于冲突。[2] 显然,中华文化的核心价值取向,与西方近代以来强调个人权利和个体自由优先,强调以自我为中心,强调克服非我及宰制他人的价值观存在着根本不同。

---

[1] 萨义德.东方学[M].王宇根译.北京:生活·读书·新知三联书店,1999,260.
[2] 陈来.中华文明的核心价值[M].北京:生活·读书·新知三联书店,2015,49-61.

第二节　民族分裂主义

一、历史起源与实质辨析

民族分裂主义的发展历史最早可以追溯到15世纪至16世纪欧洲大陆的民族主义运动和君主革命。在经历了长期的传播、发展、分化后，民族分裂主义在世界各个国家地区、各种文化环境中与不同时期的思潮相互碰撞结合，产出了多样的果实。然而这些成果中有相当一部分为人类社会的稳定可持续发展带来了不安定因素。

民族分裂主义，也就是极端民族主义，亦称大民族主义或沙文主义，是民族主义的一种极端形式。在本质上，任何民族分裂主义都蕴含着政治扩张的野心。所以无论民族分裂主义如何掩饰，最终一定会将意识形态层面的需求诉诸政治运动，也同样要求达到政治目的。

民族分裂主义强烈的民族优越感和排他意识是其最为明显的两大特征。具体到实践层面，鼓吹民族歧视，煽动民族间仇恨是其最为常用的行事手段。民族分裂主义思维逻辑的内核简而言之是把本民族的利益置于其他民族的利益之上，通过伤害其他民族正当利益来发展本民族利益。因此民族分裂主义者除了对一些极端的"基本教义"进行狂热、盲目地崇拜，对其他民族往往持有相当严重的敌视与偏见，并且很难从自身的角度进行反思。

从个人层面上升到国家、社会层面，如果民族分裂主义不能得到有效遏制，在一定的特定历史环境影响下，往往会孕育出畸形的社会价值观和方法论，并且导致民族之间的冲突，甚至血腥屠杀等人道灾难。

案例

"卢旺达种族大屠杀"。卢旺达大屠杀是1994年4月至7月，发生在非洲卢旺达胡图族人对图西族人的种族灭绝屠杀，最终导致80万~100万人死亡，约超过全国人口的1/10。大屠杀的背景是1990年发生的胡图族政府军与图西族反政府集团"卢旺达爱国阵线"爆发的内战。期间，法国和非洲法语国家支持胡图族，并且在胡图族政府的宣传鼓吹下，许多胡图族人产生名为"胡图之力"的意识形态——这种意识形态宣称图西族希望奴役胡图族，因此胡图族应当不惜一切代价消灭这种威胁。随着1994年胡图族人、卢旺达总统朱韦纳尔·哈比亚利马纳被暗杀，胡图族人开始大规模屠杀图西族人以及支持和平的"胡图族温和派"。更有甚者，卢旺达政府、军队、官员和媒体都支持屠杀，最后酿成了民族分裂的人道主义灾难。

二、网络表现与特征分析

中国民族关系大局是好的,民族团结的基础是稳固的,但随着时代的变化,民族工作也面临新的机遇和挑战。2014年9月28日至29日,中央民族工作会议暨国务院第六次全国民族团结进步表彰大会在北京举行。习近平同志在这次会议上发表重要讲话。他指出,我们的民族工作也面临着一些新的阶段性特征,主要表现为:改革开放和社会主义市场经济带来的机遇和挑战并存,民族地区经济加快发展的势头和发展低水平并存,国家对民族地区支持力度持续加大和民族地区基本公共服务能力建设仍然薄弱并存,各民族交往、交流、交融趋势增强和涉及民族因素的矛盾纠纷上升并存,反对民族分裂、宗教极端、暴力恐怖斗争成效显著和局部地区暴力恐怖活动活跃、多发并存。这一判断指明了现阶段中国民族工作所处的历史方位,帮助我们将民族工作面临的形势看得更加清楚。①

与许多传播学领域的研究相似,关于网络极端民族主义是如何传播进而影响社会的研究发轫于对于社会热点事件的反思,尤其是对于公共政治事件的反思。中国的网络民族主义,在经历了十几年的发展后,表现出以下特点。

第一,网络民族主义在内容和形式上表现出消极的负能量价值观较多。不可否认,中国由于互联网规范化过程刚刚起步,网民受教育程度参差不齐,社会上缺乏其他有效的信息交流平台等因素,互联网内的民族主义常常有极端化倾向。

第二,网络民族主义从传播媒介的角度讲,是"互联网+民族主义"的有机结合,是民族主义思潮在新传播媒介下的新形态。民族主义思潮在互联网中借由技术衍生出的各种平台也丰富了表达方式,从而更加有效、迅速地传递出其核心诉求,影响受众。网络极端民族主义渗透在互联网时代各种新兴的媒介中,从最早的文字性为主的QQ讨论群、公共论坛到社交媒体里的微博、微信推送、转发,再到后来自媒体时代的个人公众号中都出现了极端民族主义的影子。

案例

"疆独分子"的"互联网化"。在互联网出现之前,以艾沙·阿尔普泰金为代表的老一代"疆独"分裂分子主要通过口述史,出版报刊、书籍,散发小册子,发行移民杂志,建立无线电台等传统媒体形式,在海外兜售其分裂思想。自20世纪90年代以来,"疆独"组织开始将互联网作为宣扬分裂活动、扩大国际影响的平台。2004年4月德国慕尼黑成立的"世界维吾尔代表大会"(简称"世维会"),将互联网作为国际化战略的重要支点,该组织下

---

① 学习中国. 习近平的民族观[N/OL]. 学习中国, 2015-08-24 [2017-09-30]. http://news.xinhuanet.com/politics/2015/08/24/c_128160466.htm.

属的数十个分支机构基本上都成立了自己的所谓"官方"网站。如今,"疆独"已经形成了一个以"世维会"官网为核心,以"维吾尔美国协会""维吾尔澳大利亚协会"等骨干分支网站组成的虚拟网络空间。据美国人类学学者杜磊(Dru C. Gladney)2009年所做的不完全统计,"9·11"事件之前,"疆独"英文网站不过三四家,到了2003年,直接以建立"东突厥斯坦"为目标的网站有25家。而在2009年,境外至少已经有50个非常活跃、并且定期更新的"疆独"组织网站。这些网站广泛分布于德国的慕尼黑、美国的华盛顿和纽约、土耳其的伊斯坦布尔、澳大利亚的墨尔本、荷兰的阿姆斯特丹等地。从网站语种和内容来看,主要是以维吾尔语和英语为主,也包括中文和德语等。使用频率依次为维吾尔语(49%)、英语(18%)、日语、法语(均为7%)和中文(1%)。虽然"疆独"网站打着保护人权、保护文化的旗号,但是从"疆独"网站发布的具体内容看,所占比重由高到低分别为政治类网站(30%)、宗教类网站(12%)、文化类网站(11%)、教育类网站(8%),[①]可见民族分裂主义的最终目的必然是政治化和政权化。

三、主要影响与措施建议

分析民族分裂主义对人类社会的影响,大体可以从以下几个方面进行分析。

第一,从经济上讲,民族分裂主义的排他性也会影响国家内部和国家之间正常的人才流动,不利于经济全球化时代生产技术、资源的合理分配。一旦民族分裂主义盛行,那么就会在工作条件和社会舆论两个层面必然形成一种不利于外来人才在本民族聚集地区发展的环境。

第二,从政治上讲,民族分裂主义容易通过政治宣传放大民族优越性,隐藏为达到自身民族诉求所采取的极端手段,并借由某一政策迅速扩大其影响,使其延伸到社会生活的各个层面。由于民族分裂主义的终极目标是实现自身的政治目的,所以影响某一国家或地区的政策,进而谋求在合适的时机对政权形成实际控制是多数极端民族主义必然的发展道路。因此,民族分裂主义往往会在积累了一定的经济技术基础后,将政治活动作为宣传极端主义的主要方式。

第三,从文化上讲,民族分裂主义造成的文化创伤和价值扭曲主要集中在个人的思考模式和广泛领域内的社会认同上。作为普通人群中的异己者,民族分裂主义者通常具有强大的心理动力和打破常规的观念形态,其对现实社会产生的影响不可低估。在其不断传播极端民族主义的过程中,往往会形成具有相似极端情绪表达需求的群体。面对同一个外部刺激,极端情绪群体往往会投入极大的心理能量作出反应,并具有比普通人群更高

---

① 赵国军.新媒体时代"疆独"网络分裂主义及其治理[J].广西民族研究,2015(2):31-39.

的从极端情绪到极端行为的转变概率。①

针对网络民族分裂主义的治理对策,需要从以下几个方面加以认识。

一是要加强意识形态引导和管控,弘扬主旋律,传播正能量。同时,无论是网上还是网下,坚决不给民族分裂主义任何传播空间和舞台,对造成较大影响的要依法追究当事人责任。在法治层面,管理部门要不断完善网络安全法律法规,法律的适用性需要通过大量的案例研究进一步提升,以适应网络极端民族主义不断变化带来的新的立法需求;在管理层面,网络民族分裂主义对中国政府信息管理部门的技术保障能力提出了挑战,这要求我们要有自己的、过硬的信息技术,并且有一批高素质的、可以熟练使用技术并深谙传播规律的专业人才来组成管理团队。

二是要严格区分两类不同性质的矛盾,是什么问题就按什么问题处置,民族分裂、暴力恐怖等活动既不是民族问题也不是宗教问题,而是分裂与反分裂、维护统一与破坏祖国统一的严肃斗争,要坚决依法打击,特别是要依法严密防范和严厉打击网络民族分裂主义背后的"三股势力"。从国家安全上讲,网络民族分裂主义是涉及中国总体国家安全的问题,需要将其作为网络安全的重要对象加以分析,制订预案,保证出现问题可以快速有效解决;从政治意识上讲,网络民族分裂主义的防范和打击需要明确领导责任制,在应对有关网络极端民族主义的舆情中确定领导责任。

三是要加强和改进新形势下的民族工作,广泛开展好民族团结进步宣传教育,共建中华民族共有的精神家园,加快民族地区全面建成小康社会步伐,进一步推动实现"中华民族一家亲,同心共筑中国梦",从根本上铲除网络民族分裂主义的土壤。在2014年9月的中央民族工作会议上,习近平同志指出,民族地区"同全国一道实现全面建成小康社会目标难度较大,必须加快发展,实现跨越式发展"。同时,针对一些地方的民族工作重物质轻精神的倾向,习近平同志鲜明指出民族工作见物更要见人。在中央民族工作会议上,他指出"解决好民族问题,物质方面的问题要解决好,精神方面的问题也要解决好""加强中华民族大团结,长远和根本的是增强文化认同,建设各民族共有精神家园,积极培养中华民族共同体意识"。

第三节 新自由主义

一、历史起源与实质辨析

所谓新自由主义,最初是一种西方经济学理论,产生于20世纪二三十年代。理解新

---

① 陈涛,谢家彪.混合型抗争——当前农民环境抗争的一个解释框架[J].社会学研究,2016,31(3):25-46,242-243.

自由主义,首先要认识古典自由主义,它是亚当·斯密等人在 18 世纪创立的西方经济学理论。新自由主义是依据新的历史条件对古典自由主义改造而来,更加强调市场化、自由化和私有化。①

随着资产阶级政权在英、法、德、美等国的确立,自由市场得到保障。但资产阶级没有想到 1929 年资本主义世界会爆发严重的经济危机,自由资本主义经济彻底破产,整个世界陷入"大萧条"。置身于 1933 年资本主义世界一片惶恐与凄凉的时候,选择一种什么样的经济生活组织形式可以比自由市场有更高效率和更大发展空间,成为全人类思考的问题。

由此,德国走上了一条法西斯的道路,美国选择了凯恩斯主义,苏联采取计划经济体制。事实上,这三者又有某种共通之处,即都开始实施国家对经济直接干预的政策,开始用国家垄断资本主义的措施来对付日益加深的经济危机。在美国,这些政策措施被称为"凯恩斯主义"。但是,到 20 世纪 40 年代中叶,德国法西斯失败;20 世纪末,苏联解体。唯独美国获得飞跃与发展。

在哈耶克看来,美国的胜利并不是得益于凯恩斯主义,相反,恰恰是新自由主义。哈耶克等人在 20 世纪 40 年代出版了一系列的论著阐发新自由主义的思想。其中,哈耶克的《通往奴役之路》和《自由宪章》,以及弗里德曼的《资本主义与自由》堪称是新自由主义的奠基之作。为此,以哈耶克为首的学者 1947 年 4 月 1 日至 4 月 10 日聚会于瑞士"朝圣山",并宣告成立"朝圣山学社",这标志着新自由主义国际联盟的形成,也成为新自由主义的"大本营"。其致力于推翻凯恩斯主义以及"二战"后占统治地位的社会福利政策,并为创建一种不受任何约束的资本主义模式奠定了理论基础。他们坚持认为,收入不平等不但不是坏现象,反而更有利于刺激经济的增长。②

虽然在 20 世纪五六十年代,新自由主义在学术界,尤其是在政界并没有赢得太多的关注。但是自从 20 世纪 70 年代初期爆发了两次石油危机之后,整个资本主义世界再次陷入"滞胀",即一种高通胀、高失业和低增长的困境。对此,凯恩斯主义束手无策。新自由主义将这种困境归结为国家干预过度、政府开支过大。③ 这时候,撒切尔夫人和里根同时选择了新自由主义。

自从 20 世纪 80 年代以来,随着新科技革命的兴起,生产力得到巨大发展,英、美等国政府将此归功于新自由主义的"指导",并由此开始了新自由主义的政治化。其标志事件是 1990 年由美国国际经济研究所牵头,有国际货币基金组织、世界银行和美国财政部及拉美国家、其他地区部分学术机构代表参加,并最终达成包括十项政策工具的"华盛顿共

---

① 余洁鸥.简析新自由主义的缘起与勃兴[J].经济研究导刊,2010(34):251-252.
② 哈耶克.哈耶克文集[M].邓正来译.北京:首都经济贸易大学出版社,2001,570-571.
③ 靳辉明.新自由主义的危害与拉美左翼运动的崛起[J].江汉论坛,2014(2):5-8.

识"。"华盛顿共识"标志着新自由主义成为美国的国家意识形态和主流价值观念。① 随后,美国利用经济手段,借助被其操纵的国际金融机构,向广大发展中国家强制推行新自由主义,迫使发展中国家全面开放市场。因此,本质上说,新自由主义是一种"新帝国主义",它使发展中国家的经济安全和国家安全受到了威胁。②

对此,中国社会科学院新自由主义研究课题组对新自由主义下了一个定义,并在学术界得到较高的认同。它们认为:新自由主义是在继承资产阶级古典自由主义经济理论的基础上,以反对和抵制凯恩斯主义为主要特征,适应国家垄断资本主义向国际垄断资本主义转变的理论思潮、思想体系和政策主张。新自由主义与古典自由主义经济理论既有联系又有区别,并且通过对凯恩斯革命的反革命而著称于世;"华盛顿共识"的形成与推行,则是新自由主义从学术理论嬗变为国际垄断资本主义的经济范式和政治性纲领的主要标志。③

然而,自从"华盛顿共识"以后,新自由主义"越界"进入意识形态领域,并迅速成为全球"普世价值"。究其根源,主要在于以美国为首的国际垄断资本主义集团为了消解各国人民的抵抗意识而推行的一种社会思想与价值体系。苏珊·乔治在《新自由主义简史》一文中给出了精辟的分析:"他们(指新自由主义者)建立了这个高度有效的意识形态框架,因为他们懂得意大利马克思主义思想家安东尼奥·葛兰西文化霸权这一概念。如果你能占据人们的头脑,那么,他们的心和手就会跟着你走。我实在是没有时间告诉你们细节,但是,请相信我,右派的意识形态推进工作是绝对成功的。他们已经投入了数以亿计的美元,从事情的结果来看,他们每一分钱都没有白花,因为他们已经使新自由主义看起来好像是人类自然的和正常的状况。"④

二、网络表现与特征分析

新自由主义在网络上的表现主要在经济领域,虽然在政治领域和思想文化领域中也有所体现,但是本书还是将其主要着眼于经济领域。

在经济领域,新自由主义的主要论点是:广为散布和实际推进私有化、自由化、市场化,改变中国公有制为主体的多种所有制经济共同发展的基本经济制度,照搬西方国家的经济制度,同时,以全球经济一体化之名,彻底瓦解中国国家经济的防卫能力,全面摧毁中国的经济竞争力。⑤

起源于经济领域的新自由主义,归根到底就是两个观点:一是主张私有制,反对公有

---

① 中国社会科学院"新自由主义研究"课题组. 新自由主义研究[J]. 马克思主义研究,2003(6):17-30.
② 张国才. 新自由主义意识形态[M]. 北京:中央编译出版社,2007,45.
③ 中国社会科学院"新自由主义研究"课题组. 新自由主义研究[J]. 马克思主义研究,2003(6):17-30.
④ 乔治. 新自由主义简史.//李其庆. 全球化与新自由主义[M]. 南宁:广西师范大学出版社,2003,32.
⑤ 梅荣政,张晓红. 新自由主义思潮[M]. 北京:高等教育出版社,2004,106.

制；二是推崇市场，全面反对国家干预。大卫·科茨概括了新自由主义的七个主要特征：一是要清除商品、服务，尤其是资本在全球经济系统内自由流动的障碍；二是政府不再扮演引导和调控经济的角色；三是国有企业和公共服务私有化；四是削减政府的社会福利计划；五是向累退的税收政策转变；六是从劳资合作转变为在政府帮助下的资本单方统治；七是以自由放任的竞争模式代替大企业间合作式竞争模式。不难看出，以美、英为主要代表的新自由主义，其主要目标是通过减少政府干预、推行私有化、实现累退税、加强资方统治权等手段，最大限度地保护富人与资本的利益。①

2013年11月，习近平同志在山东金兰物流基地，听取临沂市推动物流产业发展情况介绍时指出，政府和市场的关系是中国经济体制改革的核心问题，要发挥"市场在资源配置中的决定性作用"，同时，"要更好地发挥政府作用。政府不是退出、不作为，而是政府和市场各就其位"。但是，近年来，随着改革的深化，网络舆情制造出一个"改革创新"的神话，并试图以这个"神话"倒逼中国经济体制向着它们所希望的方向进行改革，即以改革、创新之名，行私有化、自由化之实。

近年来，一些关于空气污染、食品安全、能源环境的视频、图片疯传于中国互联网，各大网站竞相转载，表面上在讨论雾霾和环境污染问题，但实际上暗含着对中国当下能源、环境等重要行业国有化经济体制的不满，并由此掀起了一股质疑中国能源生产和社会体制的高热舆情。进而宣扬引进私有化，要求引入民间资本，甚至境外资本参与关系国民经济命脉的重要能源行业，认为唯有市场化、自由化的竞争才能解决中国的雾霾问题。

这预示着此后新自由主义将以一种更接"地气"的方式，从人民生活息息相关的民生类问题做文章，制造网络民意，要求改革，不改革不能活，尤其是食品、医疗、城管等领域。紧紧抓住广受老百姓诟病的问题点，加上公知大V的推波助澜，暗中操控，引导舆情升温或反转，引发网民的联想和愤怒，并迅速传播炒作成网络热点，制造群体性事件或网络公共事件。其目的是制造民众和政府的对立，从而倒逼以公有制为主体的经济体制向私有化的方向改革。2016年的"魏则西事件"，抓住的就是产业化医改这个点，其背后是要求医疗行业私有化，将医疗置于市场上自由竞争。

案例

"供给侧改革"污名为"供给学派"。2015年以来，中央提出中国经济的供给侧改革方案。然而，这却在网络上被一些"专家学者"解读为是走西方具有浓厚新自由主义思想的"供给学派"。在省部级主要领导干部学习贯彻十八届五中全会精神专题研讨班上，习近平同志特别强调："我们讲的供给侧结构性改革，同西方经济学的供给学派不是一回事，不能把供给侧结构性改革看成是西方供给学派的翻版，更要防止有些人用他们的解释来

---

① 刘元琪.论当前世界资本主义危机的性质和前景[J].马克思主义与现实，2012(4)：102-109.

宣扬'新自由主义',借机制造负面舆论。"

与上述解读相一致的是关于国有企业私有化改革的议题,这是新自由主义网络舆论的一贯主张。它们在所有制与经济体制问题上的立场一向是旗帜鲜明的。它们将国企描述为垄断的、低效的、腐败的形象,认为"国家所有制是国有企业活力不足等诸多问题的根源,也是企业改革一再陷入困境的根源,是成功地推行现代企业制度的最大障碍"。正是在这样"非国有化""私有化"的舆情倒逼之下,有的地方进行了大规模的"国退民进"改革。《中国经济大论战》一书中将"国退民进"解释为:"国退,就是把社会主义国家的大量国有资产(资金)转化为货币,从而使社会主义国家从社会的生产和再生产领域里退出来;民进,就是把私营资本家的货币转化为资本,使其大规模地进入社会的生产和再生产领域,从而成为整个社会生产和再生产的主体。……前者是属于公有制(社会主义国有制)的一种实现形式,后者是属于私有制的一种实现形式。并且应当看到,从前者公有制的实现再转变为后者私有制的实现,它同时表明或反映了社会生产关系上的重大变革与社会经济制度形态上的根本性转型。"

在中国语境中,新自由主义网络舆论主要表现为否定马克思主义的指导地位。新自由主义者在互联网上发表宣扬私有化,或者否定共产党、社会主义的言论常常是以舆论事件的方式进行的,但是,否定马克思主义指导地位的言论则是一种日常舆论,无时无刻无孔不入。比如,有人认为,马克思只是一个普通的哲学家,马克思主义只是一个普通的学派,是一家之言,不能"唯马独尊";有人认为马克思主义只是革命的学说,是阶级斗争的学说,可是现在这个时代已经不是马克思那个烟囱林立、工人阶级苦不堪言、水深火热的世界了,资本主义制度发生了根本变化,马克思主义已经完成了历史任务;也有人认为东欧都改旗易帜了,苏联也解体了,国际社会主义运动遭到严重挫折,这本身就证明了共产主义是乌托邦,马克思主义已经在事实上破产了;还有人认为,马克思主义作为中国的指导思想,是一种思想文化专制……

其实早在2006年,张五常就在自己的新浪博客上贴出了一篇文章《最蠢还是马克思》。事实上,这篇文章写于1999年,在20世纪末几年,他曾在全国数十所高校和一些国家机关的讲坛上多次演讲,并说:"世界上,马克思最蠢。马克思的理论早已盖棺定论。我张五常不过是在马克思的棺材上再加几个钉子而已。"①

2009年年底,《人民论坛》杂志在人民网、人民论坛网推出名为"盛世危言:未来10年10个最严峻挑战"的大型问卷调查,历时两周,8 128人参与了投票,结果显示"主流价值观边缘化危机"被列为中国未来10年的10大严峻挑战之一。② 这在一定程度上反映了中国当下意识形态领域面临的复杂情况和人们的复杂心态。

---

① 程恩富,黄允成(主编).11位知名教授批评张五常[M].北京:中国经济出版社,2003,159.
② 蔡小菊.中国共产党推进马克思主义时代化的角色意义[J].理论观察,2012(4):12-13.

2012年,天涯论坛出现"马克思主义过时了吗?"的讨论,有网友发表奇谈怪论"太好笑了,难道还要让马克思主义死灰复燃?中国为这个落后的思想吃的亏还少吗?马克思主义成功过吗?你真是一个老腐朽!马克思说白了就是一个仇富主义者,整天就想象着不劳而获,却人人荣华富贵。生产资料私有化、永久化,不正是当下每个中国人的梦想吗?"可以说,这种淡化、甚至否定马克思主义主流意识形态的倾向是新自由主义意识形态在当代中国最好的映射。① 如果任其发展下去,继续消解马克思主义的指导地位,必然使民族、国家、社会主义在民众心中失去认同,最终影响整个社会的信仰和凝聚力,这是非常危险的。

事实上,网络舆论中出现的有关否定马克思主义指导地位的言论并无新意。在20世纪末苏东巨变之后,弗朗西斯·福山即抛出"历史终结论",认为苏东巨变标志着马克思主义、社会主义在全球的失败和资本主义最终的胜利,是人类意识形态发展的终结,②马克思主义意识形态已经不再令人信服,西方自由民主思想已经深入人心,中国要尽快融入西方文明,尽早"弃暗投明",人类历史从此进入新自由主义意识形态大一统的时期,正是新自由主义意识形态使得发达资本主义国家一片欣欣向荣。但是,有趣的是,正是抛出"历史终结论"的福山在其新书《政治秩序的起源》中修正了自己早期的观点,他认为,一个良好的公共治理应当是将强大的国家、法治和负责制政府三者结合起来,而且在政治秩序的建设过程中应当有先后次序地进行三个方面的建设,其中强大国家排在首位,这不正是和中国共产党一直强调的"坚持党的领导、人民当家作主、依法治国"的有机统一吗?福山对自己"历史终结论"的反思,反过来也正彰显出马克思主义对于当代世界的敏锐观察和深刻分析。

三、主要影响与措施建议

20世纪80年代以来,新自由主义在世界范围内推广,得到积极的响应,但也带来了深重的危害,甚至灾难。何秉孟把美国新自由主义模式称为"通往灾难之路"③。

比如,苏东巨变之后,以盖达尔为代表的一部分向往美国新自由主义模式的青年精英在俄罗斯及东欧等国家推行所谓的"休克疗法"来进行经济转轨,其基本依据是"华盛顿共识"。基本措施是经济完全自由化、国有企业全盘私有化、实施紧缩的货币和财政政策,在意识形态上,把"普世价值"作为主导思想。其后果是,俄罗斯经济与社会几乎陷入崩溃的边缘。

---

① 张连梅.新自由主义对我国意识形态安全的挑战及应对举措[J].河北工业大学学报(社会科学版),2011,3(2):50-54.
② 福山.历史的终极及最后之人[M].黄胜强等译.北京:中国社会科学出版社,2003,28.
③ 何秉孟.美国新自由主义模式:通往灾难之路.//中国社会科学院.中国社会科学院新自由主义批判文选[M].北京:中国社会科学出版社,2016,469-472.

罗东文在《新自由主义剖析：实质与影响》一文中指出："1992—1998年，俄罗斯国内生产总值下降了近50%；1992—1995年，物价上涨3 000倍，居民货币收入下降一半，恶性通货膨胀使人民群众几十年积累的存款一夜之间化为乌有；约有55%的资本和8%的股票落入俄内外犯罪集团手中，形成少数官僚寡头集团和'新俄罗斯贵族'。"①

新自由主义在拉美，如曾经的准发达国家阿根廷在20世纪80年代之后开始新自由主义改革，推行国企私有化、贸易自由化、投资自由化和金融自由化，几乎卖光了关系到国有经济命脉的所有国企、银行。最终，国际金融资本趁机而入，掌握了阿根廷的经济，导致政府丧失调控能力，外债迅速增长，经济失控。更为恶劣的是2001年阿根廷爆发金融危机，而世界银行、国际货币基金组织等金融机构和美国不仅坐视不理，而且还要求阿根廷用国有资产和自然能源抵债。② 这个20世纪90年代被美国誉为新自由主义"改革楷模"的国家，仅仅十几年的时间，经济恶化、衰退、崩溃，贫困与失业相互交织，腐败之风愈演愈烈，犯罪和恐怖活动猖獗，毒品泛滥，民族矛盾突出，社会动乱。正如卫建林在对拉美进行深入调查之后所说的："社会和经济不平等加剧，世界最贫困的国家和人民因为富国疯狂的掠夺而越加深陷苦难。新自由主义的政策，就是把穷人的蛋糕切给富人。"③

再如东亚、东南亚，曾经在20世纪80年代开创了"东亚经济模式"的新兴民族国家，1991年在美国的"忽悠"下，开始推行新自由主义改革，大幅度开放金融市场，其中以泰国和印尼最为积极，但国内不完善的产业机构和薄弱的金融体制并不能跟上改革的节奏，结果1997年爆发亚洲金融危机，蒙受数千亿美元的损失，有些国家的经济甚至倒退了10~20年。与拉美相似，在金融危机期间，美国控制的国际货币组织非但不加以援助，还"趁火打劫"，提出各种"附加条件"，要求这些国家进一步开放与"改革"，其企图控制东亚地区金融和资本市场的险恶用心暴露无遗。这导致东亚国家大量国民财富流失和货币贬值，人民生活水平急剧下降。④

新自由主义在世界各国造成了不可估量的危害，导致经济停滞甚至退步，人民生活水平常年无法提高。所以，中国必须坚持马克思主义的指导思想，从中国特色社会主义实践出发，坚持和发展中国特色政治经济学，发展成果由人民共享，落实扶贫攻坚，提高社会保障，倡导互利共赢的包容式发展，维护基本的政治经济安全。

2008年以来，源于美国的国际金融危机在世界范围蔓延，带来了欧洲的债务危机，中

---

① 罗文东. 新自由主义剖析：实质和影响.//何秉孟. 新自由主义评析[M]. 北京：社会科学文献出版社，2004，74-75.
② 何秉孟. 美国新自由主义模式：通往灾难之路.//中国社会科学院. 中国社会科学院新自由主义批判文选[M]. 北京：中国社会科学出版社，2016，469-472.
③ 卫建林. 西方全球化中的拉丁美洲——一个调查报告[M]. 北京：红旗出版社，2004，363.
④ 何秉孟. 美国新自由主义模式：通往灾难之路.//中国社会科学院. 中国社会科学院新自由主义批判文选[M]. 北京：中国社会科学出版社，2016，469-472.

东、西亚、北非的战争与难民危机,这些都进一步暴露了新自由主义给人类社会带来的灾难。2009年的G20峰会闭幕式上,英国前首相布朗公开宣布"华盛顿共识"的终结。

此次经济危机爆发后,一批学者开始站出来公开反对新自由主义,如斯蒂格利茨直接以"新自由主义的终结"为题撰文指出,新自由主义一直是为某些利益集团服务的政治信条。就连曾经以"历史终结论"力挺新自由主义意识形态的弗朗西斯·福山也在一篇与他人合写的文章《后"华盛顿共识"——危机之后的发展》中明确宣布:"如果说这场全球金融危机让一些发展模式受到审判的话,那就是自由市场或新自由主义模式。"①

2013年撒切尔夫人去世。英国《卫报》发文:"她留下的遗产是一个分裂的社会、个体的自私和贪婪的物质崇拜。这些东西加起来对人类精神的禁锢,远多于他们所释放的自由。"2016年6月,中国社会科学院策划出版了《中国社会科学院新自由主义批判文选》,对新自由主义的种种表现进行了深刻批判,同时提出,必须坚持马克思主义政治经济学的理论自信。

事实上,"落入了新自由主义陷阱"的拉美国家,它们早就意识到新自由主义是"灾难政治经济学"。它们呼吁探索一条适合拉美和本国国情的发展道路,这让人不由得想起那句老话:只有社会主义才能救世界,只有共产党才能救中国。

首先,应对新自由主义意识形态的是要弘扬马克思主义和社会主义的先进文化。习近平同志在哲学社会科学工作座谈会上的讲话中指出:实际工作中,在有的领域中马克思主义被边缘化、空泛化、标签化,在一些学科中"失语"、教材中"失踪"、论坛上"失声"。这种状况必须引起我们高度重视。

互联网是主流意识形态与新自由主义争夺的主战场。如果不能精确把握、合理掌控,就容易陷入被动挨打的局面;如果总是打一场舆论战就丢掉一块阵地,不敢也不会旗帜鲜明、理直气壮地传播主流声音,那么网上围攻谩骂、恶言恶语等就会肆意而为,我们的主流意识形态阵地可能就会变得支离破碎,甚至土崩瓦解!对此,我们绝不能掉以轻心。

其次,应对新自由主义意识形态还要弘扬中国传统文化,具有文化自信,走出中国道路,把马克思主义与中国传统文化相结合。纵观习近平同志历次的重要讲话、署名文章,我们总能体会出他对中国传统文化怀有浓厚的感情。抛弃传统等于割断了自己的精神命脉。他说:"中华民族伟大复兴需要以中华文化发展繁荣为条件。"王蒙认为,这一重要论断,深刻阐明了中华文化发展、繁荣对于中华民族伟大复兴的重要意义,也深刻阐明了中华文化发展、繁荣的时代使命与责任担当。

我们看到,党的十八大以来,在意识形态领域,习近平同志一手抓传统文化,一手抓马克思主义,唯有如此,才能形成我们这个时代的核心价值观。也正如已故新闻学者甘惜分

---

① 引自:朱安东,王佳菲,蔡万焕.新自由主义:救世良方还是经济毒药.//中国社会科学院.中国社会科学院新自由主义批判文选[M].北京:中国社会科学出版社,2016,498.

先生所说的"立足中国土，回到马克思"。从传统文化基因中可以生长出忠奸善恶、是非荣辱、清廉公正等，这种价值观相较于"普世价值"在中国更得人心，更有文化土壤。而这样一种美好愿景，恰恰也是毛泽东、邓小平等马克思主义者所坚持的，中国宪法中也明确写着的：自由、平等、正义和尊严。当这两种文化资源有机结合，必能一统人心，"普世价值"无立锥之地。

2004年5月乔舒亚·库珀·雷默在《金融时报》发表了一篇题为《北京共识》的调查文章，随后在英国伦敦外交政策中心也全文发表。在这篇文章中他提到了"实现文化的本土化"和"中国特色的全球化"。他相信中国文化在千年的历史进程中根深蒂固、不可动摇，并且同化过很多异族入侵者的文化。因此，在当代全球化的今天，中国文化会为世界文化作出更大的贡献。①

事实上，《北京共识》有着更大的意义，即否定了代表新自由主义的"华盛顿共识"，而代之以"北京共识"，为第三世界国家提供了除西方发展模式之外的另一种选择，即像中国一样，通过艰苦努力、主动创新和大胆实践，摸索出一个适合本国国情的发展模式。

习近平同志在哲学社会科学工作座谈会上的讲话中提到："站立在960万平方公里的广袤土地上，吸吮着中华民族漫长奋斗积累的文化养分，拥有13亿中国人民聚合的磅礴之力，我们走自己的路，具有无比广阔的舞台，具有无比深厚的历史底蕴，具有无比强大的前进定力，中国人民应该有这个信心，每一个中国人都应该有这个信心。"这个自信，便是他在庆祝中国共产党成立95周年大会上的讲话中提到的"坚持中国特色社会主义道路自信、理论自信、制度自信、文化自信，坚持党的基本路线不动摇，不断把中国特色社会主义伟大事业推向前进"。将马克思主义与中国传统文化相结合，发展出中国特色社会主义理论体系，基本已经成为共识。

第四节　消费主义

一、历史起源与实质辨析

消费主义作为20世纪在西方出现的一种文化思潮和生活方式，是一种以推销商品为动力，无形中使现代社会普通大众都被裹挟进去的消费至上的价值系统和生活方式。消费主义产生于20世纪二三十年代的美国，五六十年代开始向西欧、日本等国扩散，70年代后法国、德国和英国也相继加入。②

消费主义中的"消费"，不等同于一般经济意义上的消费。一般经济意义上的消费，是

---

① 张国才.新自由主义意识形态[M].北京：中央编译出版社，2007，177.
② 杨魁，董雅丽.消费主义文化的符号化解读[J].现代传播，2003(1)：131-133.

从供给和需求的角度出发,民众因为有现实需求,所以在市场中从供给处满足需求,从而实现消费。但是,消费主义文化作为一种意识形态,更多来说强调的是一种生活方式,其主要特征就表现为消费的目的不是为了满足实际的需要,而是为了满足被不断刺激激发起来的"消费欲望"。也就是说,在消费主义文化中,民众消费的不是具有使用价值的产品和服务,本质上是一种符号象征意义。

那么,消费主义文化为什么会兴起呢?我们可以从经济层面和文化层面给予两个方面的解释。第一,在经济层面,消费主义文化实际上可以认为是消费者承担的一种"过剩产能",这实际上完全符合马克思对于资本主义生产模式的论断。随着资本家不断累积剩余价值,社会上总体开始呈现供大于求的趋势,生产的产能逐渐过剩,亟须产生足够的消费需求。这种资本主义生产模式,实际上是消费主义文化产生的结构性因素。

第二,从文化层面上说,在产能过剩的结构性条件下,民众的消费需求如何被激发起来呢?这就需要大公司通过社会的文化传播系统——也就是大众传媒,以及教育、文化等各个方面的资源和渠道,不断宣扬时尚、潮流、奢侈、快速消费、消费至上等符号概念,激发起民众借贷消费、过度消费、超额消费的行为习惯,并逐渐形成一种消费主义文化。

二、网络表现与特征分析

随着市场经济的发展,中国的传播媒介也日益具有了消费主义文化的特征。按照学者杨魁的界定,传播媒介所表现出来的消费主义特征主要体现在以下三个方面。[①]

第一,从媒介的传播内容看,传播媒介日益迎合和诱导大众消费取向,引导大众的消费和生活方式。具体引导方式分为以下三种:一是引导人们向往国外发达国家的生活方式。通过电影、电视剧、音乐、广告展示西方发达国家带有理想化色彩的高层次消费行为和物件,在引进最先进的消费文化和行为方式的同时,也在客观上诱导并刺激了人们对各类物质享受的欲望,并由此诱导人们对世界观、价值观等问题的重新思索。二是引导人们向往国内新富阶层的消费观念和生活方式。这些人的消费观念和消费方式既是中国大众消费的理想化和未来状态,更是中国消费主义文化的化身和代表。三是媒介娱乐化程度的进一步提高。大量娱乐新闻和娱乐节目为了迎合消费市场而出现,各类真人选秀、综艺节目比比皆是,电视、微博已经与"娱乐"二字几乎画上了等号,媒体越来越成为人们休闲娱乐生活中不可或缺的一种工具。

第二,从媒介的传播形式看,越来越多的新型媒介形式正在以井喷状涌现,短视频、移动客户端、微信,再到微博,在为受众赋权的同时,越来越贴近受众的习惯、喜好和心理状态,占据着受众越来越多的个人时间和精力。形式上的丰富发展主要可以分为三个方面:一是媒体的市场细分越来越进步,媒介在数量和种类变多的同时,市场定位却丝毫不乱,

---

① 杨魁.消费主义文化的符号化特征与大众传播[J].兰州大学学报,2003(1):63-67.

各类媒体几乎都能准确地定位和争取到自己所需要的特定消费者,这也得益于媒体的市场化运作日臻成熟;二是媒介的传播理念在不断翻新,各类营销手段层出不穷,出奇、出新的点子比比皆是,目的均在于获取更多的受众;三是媒介的文本形式正在发生巨大的变化,越来越精良的画面、越来越精心的设计、越来越养眼的人物、越来越吸引人的口号和图标,这些都使传播媒介本身表现出强烈的消费主义特点。

第三,从媒介的传播主体来看,传统媒体主要以政治、经济、社会或文化的事件、人物作为报道的重点,主流意识形态的主体性较强。然而,在媒介形式和内容极大丰富的当下,媒介传播重心已悄然发生了改变。诚然,主流意识形态仍然占据最主要的位置,但消费主义文化正在冲击着现有媒介传播格局。消费主义文化将腰缠万贯的商人、珠光宝气的社会名流、万众瞩目的明星、网红捧为成功的代表,将他们化约为某种成功符号和标志,将这些人的生活方式标榜为所有人所应当追求和为之奋斗的"理想生活",受众不自觉中便跟着消费主义的价值观走了。消费主义主导的媒介使得网络空间变成了消费的场域,将这个场域中的所有个体化约为以消费为唯一生存方式的客体,剥夺其主体性的同时使他们成为媒介主导消费方式的附庸。

三、主要影响与措施建议

消费主义文化引发的烂皮溃肉,病因实质就是资本主义文化的深入骨髓,商品化是其大行其道的主要表现。虽然中国还没有完全成为一个消费主义文化盛行的社会,一些中华民族传统价值观仍然在不少地区得到尊重和推崇,但是,我们也不可不警惕消费主义文化通过各种渠道的渗入,更不可轻视消费主义文化在现阶段的危害。消费主义的危害主要表现在加剧社会矛盾、宣扬纵欲主义、破坏资源生态三个方面,以下将对这三个方面的危害进行阐述,并且提出相应的措施与建议。

(一)加剧社会矛盾

消费主义文化的本质是要激发民众的过度消费、超额消费、提前消费,所以其主要特征就是展现所谓"人生赢家"的物质生活。通过大众传媒,尤其是网络传播的方式,将这样一种少数人的物质生活展现在大多数人甚至所有人面前,实际上,产生的后果是加剧了社会矛盾,人为扩大了民众对于社会贫富差距的认知。针对这一危害,大众传媒应该担负起自身所承担的社会责任,遵循客观、真实的伦理准则,力求展现一个更加全面、真实的社会面貌,并且要摒弃对于物质主义和消费主义的宣扬,倡导一种多元和谐的生活方式。

(二)宣扬纵欲主义

除了加剧社会矛盾之外,消费主义文化的另一个后果就是营造了整个社会一种纵欲主义的文化氛围。这种纵欲主义,不仅仅是在物质消费方式上的纵欲,同时也是在日常的网络参与,甚至政治参与中的纵欲主义。王绍光将公众在网络空间中的讨论和诉求划分为"主观要求"(wants)与"客观需要"(needs)两个概念。① 如果说客观需要是理性而克制的建设性意见,那么主观要求就是不同个体漫无边际的欲念。正如有学者所说:"众声喧哗,实际上在解构着国家权威性,颠覆着新闻本身的品格,逃避了新闻应有的责任和良心。对舆论导向的淡化可能会使负面新闻层出不穷,对高尚神圣的拒绝可能导致庸俗文化的泛滥,而对感性价值的追求客观上将消解社会公共理性价值的地位,造成思想品位与'守门人'的缺席和失职,奇观的视像化和细腻的过程展示,不断膨胀着人们对符号欲望和感性本能的追逐,使人们开始陷入一种对虚假需要无休止渴望的过程中,渐渐丧失了批判的理性和辨别能力。"②

(三)破坏资源生态

最后,如果回到现实的生产和生活方式中,消费主义文化一方面在为消费过剩产能寻求出路的同时,另一方面也由于消费主义不可遏制的"消费升级""纵欲享受"而生产了更多不必要的物质产品,消耗了自然资源,进一步破坏了生态环境。消费主义文化归根到底,就是资本主义一方面为了解决自身经济危机的"饮鸩止渴";另一方面,其实也是资本主义积累资本的重要方式。对此,要从根本上解决消费主义文化的问题,还是要落脚在坚持和发展中国特色的政治经济学,走中国特色社会主义道路,真正使发展结果让人民共享,落实扶贫攻坚,提高社会保障,鼓励互利共赢的包容式发展。

思 考 题

1. 历史虚无主义是如何在中国的网络环境中起源和发展的?有哪些危害?
2. 文化帝国主义的实质是什么?有哪些特征?
3. 应该如何应对民族分裂主义思潮?
4. 宗教极端主义有哪些具体的案例?从这些案例中可以总结出怎样的经验和教训?
5. 新自由主义思潮和自由主义思潮有何区别?如何应对新自由主义思潮给网络舆论工作带来的问题?
6. 如何理解宪政民主思潮的实质?有何主要影响?
7. 消费主义文化在当下的网络舆论生态中是怎样体现的?该如何防止其带来的危害?

---

① 王绍光.国家治理与国家能力——中国的治国理念与制度选择(上)[J].经济导刊,2014(6):2-7.
② 宋方方.警惕新闻消费主义倾向[J].新闻爱好者(理论版),2008(11):114-115.

延伸阅读

1. [美]爱德华·S. 赫尔曼，诺姆·乔姆斯基. 制造共识：大众传媒的政治经济学[M]. 北京：北京大学出版社，2011.
2. [英]詹姆斯·卡伦. 媒体与权力[M]. 北京：清华大学出版社，2011.
3. [美]罗杰·斯特雷特马特. 笔锋胜剑：新闻媒体如何塑造美国历史[M]. 北京：新华出版社，2016.
4. [英]汤林森. 文化帝国主义[M]. 上海：上海人民出版社，1999.
5. [美]赫伯特·席勒. 大众传播与美帝国[M]. 上海：上海译文出版社，2013.
6. 赵月枝. 传播与社会：政治经济与文化分析[M]. 北京：中国传媒大学出版社，2011.

第四章 数字时代的网络内容建设

导读：数字时代悄然来临，网络内容的生产和传播衍生出越来越多的新形式和新内容。如何做好数字时代的网络内容建设成为一个重要的命题。本章通过数字时代网络空间内容建设的不同形式，分析目前已有传播形式的发展特点和演化路径，旨在启发读者对如何提高互联网内容建设水平有所思考。

党的十八大报告提出，要加强和改进网络内容建设，唱响网上主旋律。习近平同志指出："坚持先进技术为支撑、内容建设为根本，推动传统媒体和新兴媒体在内容、渠道、平台、经营、管理等方面的深度融合……对新闻媒体来说，内容创新、形式创新、手段创新都重要，但内容创新是根本的。"①网络内容建设和传播已经成为加强网络舆论工作的核心要义。

第一节 新闻和历史传播

一、网络新闻传播

（一）网络新闻传播的主体

根据最新修订的《互联网新闻信息服务管理规定》（2017年5月2日审议通过，2017年6月1日起施行，以下简称《规定》）第二章第五条，通过互联网站、应用程序、论坛、博客、微博客、公众账号、即时通信工具、网络直播等形式向社会公众提供互联网新闻信息服务，应当取得互联网新闻信息服务许可，禁止未经许可或超越许可范围开展互联网新闻信息服务活动。第十条规定，申请互联网新闻信息采编发布服务许可的，应当是新闻单位（含其控股的单位）或新闻宣传部门主管的单位。

《互联网新闻信息服务许可管理实施细则》进一步指出：新闻单位是指经国家有关部门依法批准设立的报刊社、广播电台、电视台、通讯社和新闻电影制片

---

① 郭莹，顾梦琳. 习近平：推动传统媒体和新兴媒体融合发展［N/OL］. 南方网，2014-08-19 ［2017-09-30］. http://edu.southcn.com/yczt/content/2014-08/19/content_106842634.htm.

厂；控股是指出资额、持有股份占企业资本总额或股本总额50％以上，或出资额、持有股份的比例虽然不足50％，但依其出资额或持有股份已足以对企业决议产生重大影响。新闻宣传部门包括各级宣传部门、网信部门、广电部门等。

目前来看，网络新闻传播的主体主要有以下几类。

1. 新闻网站

根据《互联网新闻信息服务管理规定》(2005年9月25日)第二章第五条，新闻网站包括三类：新闻单位设立的登载超出本单位已刊登播发的新闻信息、提供时政类电子公告服务、向公众发送时政类通信信息的互联网新闻信息服务单位；非新闻单位设立的转载新闻信息、提供时政类电子公告服务、向公众发送时政类通信信息的互联网新闻信息服务单位；新闻单位设立的在本单位已刊登播发新闻信息的互联网新闻信息服务单位。

网络主流媒体是指获取资质开办新闻栏目的网站。自20世纪90年代以来，中国先后开通了一批主流新闻网站，如中国新闻社网站(1995年4月)、中国日报网站(1995年12月)、《人民日报》网络版(1997年)、新华通讯社网站(1997年)、山东新闻网(1997年)、中青在线(1998年)、云南网(1999年)等。网络主流媒体主要是传统媒体或其主管部门开办的新闻网站，包括中央级新闻网站和地方级新闻网站。为加强舆论引导，自2000年开始，政府推行重点新闻网站建设工程，即在具有新闻资质的网站中确定一批重点新闻网站，除了如一般媒体网站可以登载传统媒体新闻外，还具有自主发布新闻的权利。目前，中国国家级重点新闻网站主要包括人民网、新华网、央视网、中国日报网等。[1]

2. 商业门户网站

随着互联网技术的发展和互联网空间的不断扩宽，目前门户网站已经成为一个提供网络信息及应用服务的综合平台，集搜索、新闻、游戏、社交、即时通信等于一身，内容包罗万象，应用功能也日趋完备。中国的商业门户网站格局处于不断变化的状态下，腾讯异军突起，打破了新浪、搜狐、网易三足鼎立的局面，并称为当下中国四大商业门户网站。对于门户网站而言，我们很难用"媒体"定义其属性，因为提供新闻资讯只是其多种服务之一，归根结底，流量才是网站盈利的保证。因此，如何提升网站内容和服务质量，增加用户黏度从而保持较大的流量，是各大门户网站经营中必须面对的核心问题。在具体实践中，各大门户网站采取了差异化竞争策略以保证自己的长期稳定发展。

有研究学者对四大门户网站的商业模式类型进行了分类，[2]从战略目标、成本投入、营销模式、收入模式几个方面进行归纳后发现，新浪和搜狐侧重于内容生产，致力于高质量、全方位的新闻报道，主要收益来自于平台广告，属于"内容型"商业模式。在新闻内容建设上，以新浪网为例，首页导航栏将新闻分门别类，方便用户直接搜索和锁定。设"新

---

[1] 钟瑛. 网络传播导论[M]. 北京：中国人民大学出版社，2012，102.
[2] 钟瑛. 网络传播导论[M]. 北京：中国人民大学出版社，2012，93.

闻"板块,及时发布政治、军事、社会和国际重大新闻消息。此外,每条消息的页面还设置评论和分享按钮,用户在发表观点的同时也可以将新闻在微博、微信、QQ空间等社交媒体上传播。网易的营销主要基于其相对成熟的三类服务:网络游戏、在线广告和无线增值,尤其是在2005年后,网易逾八成的收入来自游戏,因此被称为"产品型"商业模式。腾讯属于典型的"用户型"商业模式,其产品无论是QQ、QQ空间或微信,都以用户为中心,既能满足用户的信息需求,又能满足用户的社交需求。

3. 新闻聚合类网站

互联网技术的发展使信息呈指数式增长,受众湮没在浩如烟海的信息洪流中。这导致受众读取信息的方式日趋浅层化和快速化,对标题的关注和重要信息的提取成为网络信息传播的关键。在此背景下,新闻聚合类网站应运而生。新闻聚合类网站本身并不生产内容,而是内容的"搬运工"。依靠强大的数据抓取能力和精确算法,新闻聚合类网站将各大新闻网站中最受用户关注的信息集合起来,方便用户快速浏览。以"今日头条"客户端为例,用户登录后,可以按照个人兴趣订阅感兴趣的领域,今日头条据此推荐用户感兴趣的信息,实现个人信息的定制化。除了"推荐"板块外,今日头条将新闻按照不同类别进行划分,方便用户阅读。个性化推荐+分类式阅读,是新闻聚合类网站的营销之道。

4. 社交媒体

有别于专业媒体机构主导的信息传播,社交媒体打破了传统的"点到面"传播模式,贯彻了"点到点"的对等传播理念。[①] 它发掘并整合了公民蓝海资源,为"公民新闻"的出现和形成规模提供了可能。目前来看,社交媒体的表达渠道主要有:论坛、博客、微博、微信及新兴的视频网站等。而微博和微信因其强大的社交和信息传播功能,成为大众的首选。

对比微博与微信两个平台,二者区别明显。首先,在传播方式上,微博属于广播式的大众传播模式,其平台较为开放,因此可以实现一对一、一对多、多对多的传播。而微信是基于好友的封闭式传播,信息的流通处于闭环状态,因此属于人际传播和群体传播的范畴。其次,在社交网络方面,微博以单向关注的弱关系为主,并不需要形成双向的好友确认关系,属于外向型网络关系;微信则带有互相关注的特性,以个人强关系联结为核心,属于内向型网络关系。也有形象的比喻认为,在微博说话,如同在广场喊话;在微信说话,如同在客厅交谈。值得注意的是,不同的网络新闻传播平台其传播效果也不尽相同。整体来看,网络新闻传播平台较之传统大众媒体仍然有很大的优势,这与人们信息消费习惯的改变不无关系。

需要指出的是,《规定》并非直接针对使用互联网的广大个人用户,而是针对组织类或机构类的媒体及其他商业组织,如传统意义上的报纸、电台、电视台等专业的新闻制作、传播等新闻机构,同时,也包括互联网平台服务提供商,像腾讯的微信、新浪的微博等。只有

---

① 余爽.无"微"不至——以微博为例看自媒体时代的文化传播[J].数字传媒研究,2018,35(10):8-12,20.

这些组织化、机构化的组织，才属于互联网新闻许可制度要求的需要接受监管的直接对象。

根据《规定》，需要取得许可的公众账号包括三种情形：一是专门从事互联网新闻信息服务的网站开设公众账号用于提供新闻信息服务的，要取得许可；二是新闻单位通过开设公众账号用于提供新闻信息服务的，要取得许可；三是法人主体开设公众账号用于提供新闻信息服务的，要取得许可。也就是说，从事新闻采编发布、转发和平台发布，只能是法人，不可能是个体。

（二）网络新闻的传播路径

1. 引爆点：媒体间议程设置

"媒体间议程设置"理论是1986年美国学者丹尼利恩和瑞斯对美国媒体关于古柯碱的报道进行实证研究之后提出的。他们认为，媒体不仅对受众进行议程设置，媒体之间也互相设置议程。

"媒体间议程设置"理论主要包含两个观点：其一，议程在不同媒介之间是流动地存在的，即一些媒体会左右另一些媒体关注什么、认为哪些是重要的以及对重要性的排序；其二，影响和被影响的媒介之间是一种"非对称性传播模式"，二者之间议题的流动是不平等的。[1] 已有的研究也证明，一些大的报纸会影响小报的议程设置，或者，有影响力的主流传统媒体会影响新兴媒体的议程设置。

对于网络新闻传播而言，媒体间的议程设置主要表现为，网络媒体和社交媒体互相设置议程，当突发公共事件发生后，网络媒体和社交媒体均会在第一时间发布新闻消息，引爆新闻热点。当独家新闻被某个平台率先发布后，其他平台也不甘示弱，积极搜集新闻线索，拓展新闻源，跟踪新闻进展。

对于突发公共事件，网络新闻和微博都是重要的发声渠道，但二者发布新闻的速度不同。有学者发现，一般情况下，微博的新闻传播早于网络新闻平台。这是因为，事件发生后，官方新闻网站出于谨慎考虑，很难做到在第一时间对于特定突发公共事件进行深度分析和报道，但是微博凭借其"简、短、快"的特点往往可以在事件初期进行碎片化和多元化的发布与爆料。[2] 因此，在网络新闻传播初期，以微博为代表的社会化媒体对其他网络媒体的影响至关重要。

以2017年夏天发生在四川省阿坝州茂县的山体塌方事件为例。灾害发生后，茂县县委宣传部官方微博"微茂县"第一时间通过微博平台发布信息，跟踪事件进展。"微茂县"通过设置"♯茂县山体滑坡♯""♯情牵茂县♯""♯茂县善款公示♯"等话题，对事件的报道进行分类，其他用户可通过关键词搜索和以话题讨论的形式迅速参与到事件进展中。

---

[1] 阳欣哲.对"媒介间议程设置"理论的思考——以《解放日报》《新闻晚报》为例[J].新闻爱好者，2012(1)：3-4.
[2] 张玥，孙霄凌，朱庆华.突发公共事件舆情传播特征与规律研究——以新浪微博和新浪新闻平台为例[J].情报杂志，2014，33(4)：90-95.

在内容上,"微茂县"将文字、图片和"秒拍视频"相结合,生成多媒体报道,以供其他媒体参考。这样,在灾害发生的初期,"微茂县"的微博内容成为媒体对该事件报道的第一手信息。

2. 催化剂:作为中介的意见领袖

意见领袖是指在人群中具有一定代表性和权威性的人物。他们活跃在网络群体性场所中,积极传播信息和观点,影响信息的传递过程及舆论导向。早期传播学者已经发现,新闻信息并非直接从大众媒体到受众,而是经过了大众媒体—意见领袖—普通受众的传播过程。可见,意见领袖作为信息传播者和信息接受者的中间环节,对大众传播效果产生了重要影响。

在微博、微信上,意见领袖即我们熟知的微博、微信大V。大V通常为知名人士、专家或明星,坐拥数以百万的粉丝,且非常活跃。一个直观的感受是,微博、微信的信息浩如烟海,且转瞬即逝,用户的注意力很容易被分割。一则新闻能否被广泛传播,除了新闻事件本身的重要性之外,很大程度上依赖于意见领袖的转发和关注。在社会网络分析中,意见领袖作为信息传播的关键节点,具有很高的中心度和密度,在网络新闻传播中发挥着催化剂的作用。

3. 助推力:作为节点的受众参与

社会化媒体注重的是用户参与,受众享有充分的主观能动性。在社会化媒体中,每个用户都是信息传播中的一个节点,在信息传播过程中承担着桥梁和纽带作用。因此个体可以发挥自身的优势,在微博、微信、论坛等社交网络中更常态化、专业化地参与到原创性的新闻生产中。

普通网民在信息传播过程中起到了推波助澜的作用。互联网平台是线下人际关系的延展,社会化媒体更是打破了时空限制,放大了人际传播的效果,使信息具有病毒式传播的特性,呈现几何式增长,从而推动了信息的裂变和辐射。

以新浪微博为例,微博用户不仅包括官方认证的机构用户,还有海量的个人用户。个人用户相比机构认证用户来说,在发帖的内容、时间和形式上更加灵活多样。[①] 同时,网络实名制的实施,在调动个人参与的积极性时,对个人信息传播的准确性也起到了监督作用。整合互联网用户的"蓝海资源",在网络新闻传播过程中不容忽视。

(三)网络新闻传播的发展趋势

1. 网络新闻媒体的竞争力进一步增强

从发展历程来看,为了适应网络新闻业发展的内在规律和媒介生态环境的整体变迁,各大媒体网站逐渐采取多元、灵活的机制来组织队伍,力图增强自身的竞争力。为了更快、更好地发展中国的网络新闻业,网络新闻媒体会进一步强化自身优势,发掘更高效的

---

① 张玥,孙霄凌,朱庆华. 突发公共事件舆情传播特征与规律研究——以新浪微博和新浪新闻平台为例[J]. 情报杂志,2014(4):90-95.

管理和运营模式。不论是队伍建设还是内容选择,不论是财务机制还是行政基构,网络新闻媒体都会寻求不同于传统媒体的更加独立的组织方式。这是一条崭新的道路,尽管没有先例可行,但发展的需要促使现有的网络媒体会不断去探索。

2. 网络新闻内容的覆盖面进一步拓宽

随着网络新闻业的发展,网络新闻的内容将进一步拓宽。网络媒体具有信息海量的特点,且个性十分突出,它为使用者提供了一个非常自由、开放的信息环境。网络新闻内容不能简单窄化,必须提供广泛的、适应不同层次读者的内容。一张党报可以进行内容限定,而一个党报办的网站就必须将内容扩大,不能仅仅限定在党报原有的范围内。因此,为了让中国的网络新闻媒体更具竞争力,更加广泛的内容传播将势在必行。

3. 网络新闻宣传的导向性进一步强化

网络媒体的出现使过去限于一国之内的新闻传播体系迅速国际化,网络传播的全球化进程不断加快。然而,国际传播中的不平等也开始显现出来,"西强我弱"的传播局面在互联网中尤为突出,这给中国的意识形态安全带来挑战。为此,中国的网络新闻媒体必须面对这些挑战,切实强化自己的声音,让正面的声音成为网络新闻传播领域的主旋律。与传统的新闻宣传相比,网络新闻宣传面对的是国际范围内的意识形态斗争。为此,网络新闻宣传的导向性会进一步强化。只有将旗帜鲜明的导向性与纯熟从容的传播技巧紧密结合,才能在国际范围内的网络新闻竞争中取得胜利。

4. 网络新闻传播的规范性进一步巩固

相继出台的互联网新闻管理相关规定使得中国的网络新闻业有章可循。源于中国面临国内外网络安全形势的客观实际和紧迫需要,2016年11月7日,《中华人民共和国网络安全法》经第十二届全国人大常委会第二十四次会议表决通过,已于2017年6月1日施行。2017年5月2日,国家互联网信息办公室发布《互联网新闻信息服务管理规定》修订版,也于2017年6月1日正式施行。《规定》的出台旨在进一步加强网络空间法治建设,促进互联网新闻信息服务健康有序发展。可以预计,这些管理规定的出台会进一步规范网络新闻的传播行为。日渐完善的法律与行政法规将成为网络空间治理体系的重要组成部分,为推动依法治网奠定了法律基础。

二、网络历史传播

(一)历史信息的重要性

历史是对过去的回溯和传承,是一个民族的灵魂和根基。历史就像一面镜子,照着我们来时的路。我们常说"以史为鉴",意在强调历史对现实社会的指导作用以及对个人、民族乃至全人类的启迪。由此可见,历史信息的重要性不言而喻。

首先,历史的书写权是对正义的争夺。历史既指人类所经历的如此这般的过去,也指人们凭借过往活动所留下的印记,是对过去所进行的编排、表述、解释和评价。① 历史书写与记忆关乎人类社会的真理和正义,承载着社会进步的巨大能量。历史书写从来都不可能只是一种简单的描述,而必须表达某种思想立场与价值观。对任何一个国家来说,在政治上,包含着历史解释在内的知识生产都意味着是国家文化主权的一部分。② 国家强调爱国主义情感和公民身份认同,在理性制度层面表现为法律对公民的责任和义务要求,在感性文化层面则是指坚持历史对正义的书写,塑造国家主流价值观。

其次,改写历史是意识形态斗争的突破口。当前,各种社会思想意识交流、交融、交锋,形形色色错误的、落后的思想观念,可能随时侵蚀党的肌体。一些人公然在思想文化上取消马克思主义在意识形态领域的指导地位;在历史观上歪曲党和人民的奋斗历史,改写历史,诋毁革命领袖和党的优良传统。各种错误思想的滋生和传播,迫切需要我们始终把意识形态工作作为一项事关政治稳定的大事常抓不懈,始终用党的创新理论教育人民作为意识形态斗争的重要手段要持续加强,始终把主流文化的宣传和特色文化建设作为意识形态斗争的主阵地扎实推进。③

(二)历史信息的传播特性

新闻与历史有着紧密的内在联系。谈及新闻与历史的关系,蔡元培在徐宝璜《新闻学纲要》一书中作序:"余惟新闻者,史之流裔耳。"④李大钊在《报与史》一文中论述,"报纸的性质,与记录的历史,尤其接近,由或种意味言之,亦可以说'报是现在的史,史是过去的报'"⑤。方汉奇认为:"历史所记述的,往往就是当时报纸上的新闻。报纸上的新闻,过了一段时期以后,又会衍变为被后人记述的历史。"⑥如果说新闻是功能性和当下性的,那么历史便是根基性和回望性的。新闻对历史知识的普及作用主要表现在,符合新闻传播特点的历史,或经由新闻事件积淀而成的历史,更易于引起大众的关注,从而广为流传。历史信息的传播特性主要表现在以下几个方面。

第一,历史事件的接近性。历史上曾经发生过的重大事件,如战争、冲突、政治变革等能够与当下社会现实形成关照,通过媒介呈现频繁地出现在大众视野中,更易于被大众所接受。如近年来不断升级的中日"钓鱼岛冲突事件",媒体和受众很直观地联想到历史中的甲午中日战争、抗日战争等历史事件,通过还原史实建构对当下事件的价值判断。

---

① 彭刚. 历史记忆与历史书写——史学理论视野下的"记忆的转向"[J]. 史学史研究,2014(2):1-12.
② 关凯. 历史书写中的民族主义与国家建构[J]. 新疆师范大学学报(哲学社会科学版),2016,37(2):57-68.
③ 安轩平. 打好意识形态斗争主动仗[N/OL]. 安徽日报,2015-12-25 [2017-09-25]. http://news.xinhuanet.com/comments/2015-12/25/c_1117579839.htm.
④ 徐宝璜. 新闻学纲要[M]. 上海:上海书店出版社,2011,5.
⑤ 李大钊. 报与史[J]. 北京大学学报(哲学社会科学版),1997(3):45-47.
⑥ 方汉奇. 报纸与历史研究[J]. 历史档案,2004(4):31-35.

第二,历史事件的猎奇性。正如人们喜欢看历史悬疑电影一般,遗留在历史中未被解决的、充满未知的事件容易被大众关注。受猎奇心所驱使,历史中秘而不宣的诡异现象值得一直被探究下去。

第三,历史事件的经典性。历史长河中的英雄人物、经典场景等,具有永恒的传播价值。比如,开疆辟土实现大一统的秦始皇、群星璀璨的三国、科技文化鼎盛的唐宋等,都是中国文明史中永放光彩的宝藏,必然能够代代相传,生生不息。

(三)警惕错误历史观的网络传播

尊重历史、牢记历史、以史为鉴,一直是我们党和国家的优良传统。然而,近段时间以来,一股以否定历史为目的的历史虚无主义思潮悄然盛行起来,借助微博、微信、微视频等互联网新兴媒体大行其道,产生了极大的负面影响。这些错误历史观在网络上传播的表现形态,即以所谓的"科学"否定英雄和英雄行为;以所谓的"摆拍"否定正面宣传;以所谓的"假设"否定历史规律和人民选择;以所谓的"真相"抹黑领袖人物和历史进步人士;以所谓的"人性"否定革命斗争;以所谓的"阴谋"否定党内思想斗争。[①]

当下,这种思潮从学术领域蔓延至社会生活领域,从知识分子层面扩散至普通大众层面,在网络中呈现出新的传播特点。

(1)错误历史观的新闻传播愈发带有隐蔽性。历史虚无主义在网络上的传播并不像在学术期刊发表论文那样旗帜鲜明。宣传历史虚无主义的人,有些把自己的观点隐藏在一些看似与历史毫不相干的文章中,在文中不经意地带出一笔否定历史事实的观点,读者在认同文章的其他观点时,会不经意地接受这一否定历史事实的论述。[②] 历史虚无主义宣传者深谙网络传播的特征,往往以"揭秘""起底""爆料""真相"等为标题,把核心观点转化为夺人眼球的通俗文字或感性形象,在微博、博客、微信中吸引注意和阅读,带有很强的迷惑性。有时,历史虚无主义也会通过境外网站捏造事实、发布假新闻,常常会误导一些无法辨别真伪的受众。

(2)错误历史观的新闻传播愈发带有低俗化。一些错误的历史观、价值观利用各种论坛、博客、两微平台及视频网站发布一些针对革命领袖、民族英雄、爱国志士的恶搞"段子"和恶搞视频,影响恶劣。一些聚焦历史话题的网络大V成为歪曲、编造历史的主要推手,利用自己的高人气散播不实信息。如在微博上,黄继光、刘胡兰、狼牙山五壮士等革命历史英雄人物屡遭调侃,雷锋等中华人民共和国成立后的道德模范也频遭非议。在互联网的传播下,历史虚无主义插上了信息网络化的"翅膀",使一些受众,特别是青少年在不知不觉中受其毒害。[③]

---

① 杨建义.历史虚无主义的网络传播与应对[J].思想理论教育导刊,2016(1):110-114.
② 邢亚荣.历史虚无主义在网络上的传播特点及对策分析[J].新闻研究导刊,2016,7(24):54-55.
③ 黄星清.警惕网络历史虚无主义传播的新趋势[J].红旗文稿,2017(1):8-10.

(四) 在新媒体环境中讲好"历史故事"

2015年7月30日,习近平同志在中共中央政治局第25次集体学习中强调,"必须坚持正确历史观、加强规划和力量整合、加强史料收集和整理、加强舆论宣传工作,让历史说话,用史实发言""要坚持用唯物史观来认识和记述历史,把历史结论建立在翔实准确的史料支撑和深入细致的研究分析的基础之上"。这就为我们认识、分析和评价历史提供了方法导向。

2015年正值中国人民抗日战争暨世界反法西斯战争胜利70周年,新华网对抗战纪念活动的报道可以视为新媒体环境下历史书写和历史信息传播的典范。

1. 将历史信息与现实关怀相结合

历史是文化的展示。习近平同志指出,"中华文化积淀着中华民族最深沉的精神追求,是中华民族生生不息、发展壮大的丰厚滋养""是中华民族的突出优势,是我们最深厚的文化软实力"。① 如何继承和弘扬传统文化的精髓,在当前新媒体语境下应当具体化为"如何将优秀的传统文化与现实相结合,使之蕴含时代感"。习近平同志在主持召开党的新闻舆论工作座谈会上说:"要转作风、改文风,俯下身、沉下心,察实情、说实话、动真情,努力推出有思想、有温度、有品质的作品。"历史并非冷冰冰的文字记载,而是由鲜活的人物和事件组成的。在向伴随着互联网成长的一代讲述历史时,要善于寻找历史中温暖的元素,发掘历史长河中的闪光点。

新华网以"英烈祭,民族魂,中国梦"为主题,推出"新华全媒体直播胜利日大阅兵""抗战胜利70周年纪念活动""新华社记者重走滇缅公路"等系列专题报道。在"胜利日大阅兵"专题中,新华网滚动播出阅兵快讯,讲求新闻的时效性。在"特别报道"板块,推"大阅兵""新装备""亮阵容""再裁军""观礼感"等子栏目,全方位解读阅兵的各个环节。此外,新华网还及时更新"阅兵图集",让无法亲临现场的观众也能感受阅兵之震撼。在"各地纪念"专题下,新华网通过对全国各地多种形式纪念活动的报道,强化了人们对当地历史的记忆,也激发了人们对当下生活的热爱和珍惜。

2. "参与式"互动传播

移动互联网时代,人们不再满足于信息的被动接受,而希望更多地参与到内容生产过程中,通过交流、互动维系认同。参与式互动能增加人们的"临场感",使人们即使在不同的物理空间下也能进行信息的传播和共享。

新华网特别开辟了"交互专区",让人们参与到不同的专题活动中去。如发起"我的抗战家传"征集活动,鼓励人们讲述自己家的抗战故事;发起"长歌杯酹祭英烈——纪念抗战胜利70周年诗词楹联征集"活动,让人们在中国诗词文化中感悟历史的不平凡。这些

---

① 刘纪兴. 中华文化:民族发展壮大的精神滋养——深入学习贯彻习近平同志8·19重要讲话精神[N/OL]. 湖北日报,2013-09-25[2017-09-30]. http://theory.people.com.cn/n/2013/0925/c40531-23034141.html.

活动推出后得到网民的广泛参与,充分论证了"人民群众书写历史"的现实意义。

3. 讲"有温度"的历史

习近平同志在主持召开党的新闻舆论工作座谈会上表示,"要转作风、改文风,俯下身、沉下心,察实情、说实话、动真情,努力推出有思想、有温度、有品质的作品。"历史并非冷冰冰的文字记载,而是由鲜活的人物和事件组成的。在向伴随着互联网成长的一代讲述历史时,要善于寻找历史中温暖的元素,发掘历史长河中的闪光点。

新华社在纪念抗战胜利 70 周年的报道中,特别推出《致敬英雄》栏目,以人物特稿的形式谱写抗战英雄谱。诸如《地道战创始人:旷伏兆》《密营深处写春秋——95 岁抗联女战士周淑玲的家国梦》《秦忠:战友战友亲如兄弟》等报道,让人们读起来不禁潸然泪下。此外,新华网还策划图片专题"穿越七十年的图影记忆——纪念中国人民抗日战争胜利 70 周年经典照片回放",以老照片的形式展示抗日战争的艰苦卓绝,给人以强烈的视觉震撼和心灵冲击。

第二节 观点和理论传播

一、观点的表露与流动:"舆论"的形成机制

当前,网络已成为民意表达的重要渠道,特别是以互联网媒体、手机媒体等为代表的新媒体正在成为影响中国经济社会发展的重要力量,在社会舆论生态中发挥日趋重要的作用。CNNIC 最新数据表明,截至 2017 年 6 月,中国网民数量已达 7.51 亿,互联网普及率为 54.3%,较 2016 年年底提升了 1.1 个百分点。手机网民规模达 7.24 亿,网民中使用手机上网的人群已高达 96.3%。其中,农村网民占全体网民的 26.7%,规模为 2.01 亿。[①] 互联网所具备的实时性、互动性等特点为民意表达提供了方便快捷的平台,尤其是在面对突发公共事件或社会热点问题时,不少民众会在第一时间通过互联网获取或传递信息,通过论坛、博客、微博等渠道表达意见,参与讨论,意见的交叠和观点的碰撞,对现实和网络生活产生了影响。

一般来说,舆论是个体态度、意见和看法的集合,是民众对某一事件产生的社会政治态度,反映的是民众的心声。舆论是指多数人的公开意见,是群体共性的表达。在这里有两个关键概念:多数和公开。"多数"是相对于整体数量的一个比例,陈力丹在《舆论学》中提到,关于特定事物的某一意见在一定范围内达到全体人员的 1/3 以上,可以将这个意见视为这一范围内的舆论,因为这种意见开始影响整体。当某种意见接近整体的 2/3 时,

---

① 中国互联网络信息中心. 第 40 次中国互联网络发展状况统计报告[EB/OL]. [2017-09-25]. http://www.cnnic.net.cn/hlwfzyj/hlwxzbg/hlwtjbg/201708/P020170807351923262153.pdf.

这种意见不仅是舆论,而且是可以统领全局的舆论。①"公开"是指当某种意见成为多数意见后,更容易被媒体所关注,媒体的公开报道反过来促进了舆论的加速形成,使之成为某种主导性意见。因此,舆论天然地与媒介有着密切的关系。

事实信息向观点及舆论的流动和转化,是一种常态。某一事件发生后,民众对该事件存在不同的看法和态度,进而产生不同的意见和观点。这些意见和看法逐渐累积起来并不断聚焦,从而形成群体的共同看法,舆论的生成条件被触发,观点就会转变成舆论。在网络条件下,这种转化更为常见,因为个体意见的表达是即时的、迅速的,意见的聚合所需要的时间大大缩短,"一呼百应"的情境在网络传播过程中早已司空见惯。

二、观点的传播与演化路径

(一)观点的生成:"议程设置"主体多元化

观点的生成中,"议程设置"主体多元化。"议程设置"理论认为,大众媒介具有为公众设置"议事日程"的功能,通过对内容的叙述和编排赋予各种议题不同程度的显著性,从而改变人们对事件的关注度及关注顺序,影响人们对周围世界的大事及其重要性的判断。②

早期的议程设置理论主要针对的是传统大众媒体,信息渠道和资源匮乏使得人们对大众媒体产生强烈的依赖,媒体提供什么他们就看什么,这是一种被动的、单向的、线性的信息传受模式,而网络时代的到来将这一切都改写了。信息接收渠道的多样化和呈指数式增长的信息数量让受众眼花缭乱,受众有了充分的主动权去选择接收信息的方式和类别。同时,借助于社交媒体的发达和移动互联的畅通,个体成为信息和观点的节点,每个人都可以成为事件的记录者和见证者。如此一来,传统大众媒体的议程设置权力被消解,能够设置议题的主体日益多元化。网络媒体和受众个体的加入,使观点的传播进入"全民化"时期。

(二)观点的演化:"群体极化"现象凸显

"群体极化"理论认为,观点的聚合会产生一种群力,即群体中原已存在的观点根据倾向性的不同逐渐显现出来,且通过相互的传递作用而不断加强,使得原有观点朝着更极端的方向发展,即保守的更保守,激进的更激进。

网络群体极化发生在网络世界中,网络参与者通过网络媒体,特别是新媒体的信息传递而形成极化群体,发展为极化现象。由于网络和现实紧密相连,突发事件和社会热点一

---

① 陈力丹.舆论学——舆论导向研究[M].上海:上海交通大学出版社,2012,37-38.
② 郭芙蓉.高校马克思主义学院微信公众号理论传播力的提升路径探析[J].南昌航空大学学报(社会科学版),2018,20(4):1-7.

且在网络上形成极化,会迅速衍生出现实社会的极化现象。① 当然,并不是所有网络话题都会引发群体极化现象,它一般是某种社会情绪的反映、激化与宣泄。比如,近年来,网络群体极化的"引爆点"常常是民族主义情绪、同情弱势群体心理、仇富心理、憎恶贪污腐败现象心理的释放。也就是说,网络群体极化现象是对"社会病"的一种病态反映,正确地看待和思考这些偏激言论,有助于我们把握社会利益调整、政治制度改革的方向,同时,也可能起到社会情绪的"减压阀"和"出气筒"的作用。但另一方面,网络群体极化现象毕竟是对民主公共空间的破坏,无益于形成理性的舆论氛围,需要我们加以警惕和努力规避。②

(三)坚持正确舆论引导:网络评论员队伍建设

在人人拥有麦克风的互联网时代,网民参与线上互动的热情大大提高,各种网络言论应运而生。然而,网络言论鱼龙混杂,既有真知灼见,又不乏网络垃圾污浊了大家共同的网络家园。因此,在信息过载的网络环境中,亟须以多样化、高质量的网络评论净化网络空气,"拨开云雾见太阳"。

网络评论,作为增强互联网舆论引导力的重要抓手,其主要目的是用科学的理论武装人,用正确的思想引导人。简而言之,就是"讲理"。这是当前网络空间治理的重要任务之一。③ 通常来说,网络评论是围绕特定时期的特定事件而发表的个人观点和意见,但其影响却超脱个人层面,涉及他人对周边乃至社会的认知。事件的真伪与观点的对错密切相关,好的评论一定是建立在事实基础上的观点。

习近平同志把党的新闻舆论工作的职责和使命精辟地概括为48个字:"高举旗帜、引领导向,围绕中心、服务大局,团结人民、鼓舞士气,成风化人、凝心聚力,澄清谬误、明辨是非,联接中外、沟通世界。"

这同样是当前网络评论工作应当努力完成的任务。对于网络评论员队伍而言,坚持实事求是的优良传统,正确理解、分析和归纳事实,才能得出既符合客观规律又为公众广泛认同的正确结论,从而形成正确的舆论导向,激发社会的向心力和创造力。④

总体来说,网络空间的治理和维护关系到每个人的切身利益,既需要网民个人提高自身修养,增强明辨是非的能力,同时也需要网络评论员的正确引导,用正确的思想武装千万人的头脑,方能众志成城,集中力量办大事。

(四)观点和理论的有效传播策略

习近平同志在网络安全和信息化工作座谈会上指出:"网络空间是亿万民众共同的精

---

① 董玉芝.新媒体视域下网络群体极化的成因及对策[J].新闻大学,2014(3):113-119.
② 戴笑慧,冷天虹.网络群体极化现象简析[J].新闻记者,2009(7):55-57.
③ 易涤非.网络评论是大家和专家的共同事业[J].红旗文稿,2017(5):7-10.
④ 易涤非.网络评论是大家和专家的共同事业[J].红旗文稿,2017(5):7-10.

神家园。网络空间天朗气清、生态良好,符合人民利益;网络空间乌烟瘴气、生态恶化,不符合人民利益。"让互联网成为发扬人民民主的新渠道,形成良好的网上舆论氛围,要从以下几个方面着手。

1. 打造有吸引力的网络传播平台

习近平同志指出:"读者在哪里,受众在哪里,宣传报道的触角就要伸向哪里,宣传思想工作的着力点和落脚点就要放在哪里。"中共中央《关于加强和改进新形势下高校思想政治工作的意见》明确指出,要加强互联网思想政治工作载体建设,加强学生互动社区、主题教育网站、专业学术网站和"两微一端"建设,运用大学生喜欢的表达方式开展思想政治教育。

对于任何一种理论而言,吸引是接受的第一步,如果不能首先从形式上吸引大众、激发大众兴趣的话,尽管是"科学理论""先进文化"也会降低被大众感知的机会,当然也难以达成认同。① 如果理论内容和形式脱离了大众,就如演出没有观众,曲高自然和寡。青年是互联网的主力军,加强青年的思想政治教育,促进网络主流价值观的形成,需要发掘符合青年需要、青年易于接受的方式和途径。

网络公开课不失为一种可借鉴的模式。网络公开课原本是汇集名校名师课程的网络平台,通过优质教学资源的网络共享实现知识的传递,学生足不出户即可领略来自全球各地的名师风采。受此启发,2015年12月,团中央宣传部在团中央官方微信中推出青年网络公开课——"青课"。"青课"的目的在于将传统的、面向青年的政治教育从一维课堂转向多媒体的可视可听。"有态度、讲观点,直面意识形态中重大理论问题,有中国立场、世界眼光和青年视角"——这是团中央宣传部对网络公开课内容的定位。② "青课"给主讲人很大的自由空间,在主题选择上也以主讲人的意愿为主,让现场学生和广大网络学生充分享受了一场"思想盛宴"。"中国为何能赢?""为什么说中国是最大的民主国家""中国自信与民族复兴"等课程将社会主义理论与当前中国的发展实际相结合,案例新颖,观点明确,深受同学喜爱。在"青课"的微信页面,微信编辑还精心将主讲人提及的金句选摘出来,方便受众文字阅读。同时,公众号下方的评论功能也为受众交流学习心得、分享观点提供了机会。

2. 在观点互动中进行舆论引导

公众不仅需要信息,更需要"讨论"和"争辩"的机会。互联网的发展不仅推动了社会的民主化进程,也拓展了人们参政议政的途径,诸如博客、微博、网络论坛、电子平台、微信

---

① 谢春红,曾令辉. 网络文化传播与当代中国马克思主义大众化的实现[J]. 云南行政学院学报,2010,12(1):78-80.
② 关一丁. 团中央推出青年网络公开课:郑若麟开讲重构中国人的审美权[N/OL]. 观察者网,2015-12-22. [2017-09-25]. http://mt.sohu.com/20151222/n432223006.shtml.

等,均已成为当下网络政治参与的有效形式。网络论坛本身具有虚拟性和匿名性的特征,这就为网民自由发表观点、表达个人关切提供了相对自由和安全的空间,也提高了公众利益表达的积极性和真实性。① 在公众民意越来越被决策机构重视的当下,网络论坛无疑是公民意见表达更为便捷的载体和平台。

以人民网旗下的"强国论坛"为例。强国论坛最受欢迎的时政板块下设"深入讨论""新闻论坛""国际论坛""军事论坛""百姓监督""煮酒论史""经济论坛"几个分论坛,网民可以直接在分论坛发帖,也可以对已有帖子进行回复。除了开放网民自由讨论的空间,强国论坛自己也会发布一些具有策划性质的帖子,如署名"强国论坛"的用户发布"网友重温习近平同志'4·19'重要讲话 网络强国梦日益馨暖"一帖,一天之内阅读量就已过万,成为论坛的置顶热帖。网友们积极回帖,反响热烈。有网友说,"习总书记提出的网络强国的目标愿景是中国正在努力实现中华民族伟大复兴的中国梦重要组成部分,是凝聚并激发网络安全治理各方努力奋斗追求的内在动力"。也有网友留言道,"我们应当树立正确的网络安全观,不断提高网络安全法治保障水平和网络治理实践能力,增强网络安全防御能力和威慑能力,将网络安全风险控制在可接受的范围内,让网络更好地为祖国、为人民、为我们伟大的社会主义事业服务"。署名"教育广角"的用户先后发布"大学'限外令':大学能否搞'闲人免进'""归国潮能否令出国热降温"等帖子,直击当下的高等教育问题。这些策划主帖的高点击率说明帖子成功地引导了网络舆论,同时还吸引了相当多的网民参与讨论,与网民建立了良好的互动机制。

3. 实现政治话语的生活化转换

所谓话语转换,是将抽象的、宏大的话语信息转化为普通大众能够理解的表达方式,使其进入公众的日常生活领域,成为人们日常生活的一部分,进而在具体而微的生活领域实现对抽象话语和理论的理解与认同。② 对研究人员和传播工作者来说,务必牢记,深入浅出是大家,深入深出是专家,浅入浅出则只是"玩票"了。因此,对于党的理论话语而言,要善于运用大众常用的语言、组合大众熟悉的典故事例、采取多样化的形式对党的理论进行深入浅出的阐发和宣传,这是把党的理论传播到大众中去的有效方式。

以张维为的《中国震撼》一书为例。张维为通过走访世界100多个国家,以其理性的观察和独特的视野,在书中提出了中国作为一个"文明型国家"崛起的命题,丰富了"中国模式"的理论内涵。虽然是一本理论著作,但书中的语言铿锵有力且不失幽默,深受读者喜爱。

同样备受青睐的还有王绍刚所著的《民主四讲》一书。作者以"民主从何而来"作为开

---

① 王艳玲,孙卫华,唐淑倩.网络论坛:一种全民的民主政治参与新形式——以"强国论坛"和"天涯杂谈"为例[J].新闻与传播研究,2013,20(6):88-100,127.

② 刘基.当代中国马克思主义大众化的网络传播途径[J].电化教育研究,2011(7):9-12.

篇引题,向人们介绍了民主的发展历程、运作机制和现实问题,并对西式民主进行批判和反思。作者语言通俗易懂却不失深度,是当下理论传播的典范。

第三节 文学和影视传播

一、网络文学的传播特性

网络文学是利用网络媒体进行写作和传播的网络原创文本。互联网发展的20余年间,网络文学作为一种新兴文化现象得到长足发展。从内容生产、传播和网站运营等多方面来看,网络文学已经初具规模。作为与传统文学不同的文本形态,网络文学有其自身的传播特性。

(一)传播网络扁平化

与传统文学写作者多为经验丰富的职业作家不同,网络文学的写作者以文学爱好者居多,他们大多并未接受过正规和专业的文字训练,也不以此为业,因此写作风格相对更直白和口语化。"作家"的称谓更多是针对传统文学,而"写手"更适合网络文学。[①] 随着网络文学越来越多地成为影视创作的源泉,目前,已催生出一批以网络文学创作为生的专业写手。

从网络文学的创作动机上看,网络文学大多是写作者出于对文字的热爱或对现实生活的宣泄,因此作者对其作品的内容及传播有更多自由度;从网络文学内容上看,文字的表达个性化色彩较为明显,作者拥有较多的主观能动性。此外,网络文学的创作主体大多是匿名或化名的,这种形式上的平等给予大众平等的创作和传播文学作品的权利,带有强烈的"文化自觉"意识。个性化的写作风格和自由化的传播模式保证了网络文学的原生特性。

(二)互动反馈的双向传播机制

对一部文学作品进行品鉴,我们常说"一千个读者有一千个哈姆雷特"。换言之,一部作品创作出来以后,其评价、传播及影响不再受作者本身所把控。在传统的文学作品传播过程中,其传播方式是单向的,反馈机制是滞后的,即使读者可以通过信件或交谈等方式与作者沟通对作品的看法,但作品本身已经尘埃落定,不能修改;而互联网平台的传播特性保证了网络文学可以在创作的各个阶段与读者进行互动和反馈。网络文学多发布在网站和论坛上,而网站和论坛通常都设有发帖、查帖、跟帖、回帖等功能。一旦作者把最新写好的章节或全文发布,感兴趣的读者都可以自由表达自己的观点。如此一来,作者能够及

---

① 袁立庠. 论网络文学传播特性[J]. 现代传播-中国传媒大学学报,2002(4):39-41.

时准确地了解读者的看法,以此激发自己的创作灵感,不断完善作品。

互动反馈机制使每个人可以在线上天马行空、自由书写,也可以做他人作品的"评论者"和"干预者"。从这层意义上说,网络文学传播也可以被看作是"集体行动",具有全民参与的特性。

(三)传播内容生产良莠不齐

互联网的高普及度和网络文学创作的低门槛促进了网络文学的繁荣,但是其负面效果也显而易见:"口水"作充斥网络,质量上乘的"佳作"寥寥。网络文学创作者背景多元,风格各异,但是限于专业能力的不足,无法保证作品的可读性和文学性。总体来看,大部分网络文学作品局限于自我表达,缺乏力度和深度,好的作品可谓凤毛麟角。

纵观网络文学的题材,常见的主要有三类:言情题材;搞笑题材;武侠、鬼怪题材。其中最多的还是言情题材,这主要与网络文学传受双方的所属群体有关。网络文学创作者多为年轻人,而读者也多为青少年,对他们来说,爱情似乎是一个永不过时的主题。更有甚者,一些文本里夹杂着污秽的字眼,不忍直视。

(四)传播途径多媒体化

依托于日新月异的数字多媒体技术,网络文学的传播途径日益多媒体化。网络文学不必受制于纸质媒介的文字呈现,其表达符号更为多元。运用超媒体方式,网络文本可以拓展为文字+音频+视频的多媒体数据,通过文字与图片、声音和音像资料相互嵌入的方式,给读者以全方位的视听"通感"体验。此外,网络超链接的运用使非线性文本成为可能。超文本是指运用数码链接实现的非顺序访问信息、阅读文本的方法。尽管传统纸质文学可以借助倒叙、插叙等手法营造多条故事线索,但始终无法突破顺序阅读的时空格局。[①] 网络文学的超文本性功能恰恰可以通过多种排列组合重构文本结构,为读者非线性阅读和思维提供可能。后结构主义者罗兰·巴特认为,文学文本既有供读者接受的"阅读性"成分,又包含需要读者参与的"创造性"成分,文学文本的结构正是在读者的阅读中不断发展而来的。[②] 网络文学中立体式的表达和多媒体的叙事丰富了读者的阅读体验,也赋予了文学文本更多的解释空间和生命力。

二、网络影视传播:内容创新与监管

作为一种根植于互联网的视听形态,网络影视具有与传统影视不同的风格和特点。近年来,随着国家对文化建设的不断重视,中国文化产业发展蒸蒸日上,网络影视产业的发展和成长也进入快车道。总体来看,网络影视行业经历了2013年萌芽,2014年起步,

---

[①] 黎欢. 试论网络文学的传播特质[J]. 韶关学院学报, 2008, 29(7): 26-29.
[②] [法]罗兰·巴特. 一个解构主义的文本[M]. 汪耀进译. 上海:上海人民出版社, 1998, 384.

2015年快速成长,2016年逐步迈向精品化的发展轨迹。一个明显的趋势是,自2014年以来,以网络影视为代表的网络原生内容层出不穷,并发展出独特的内容样式和产业模式。具体表现为:人才、资源和用户快速聚集;数量、质量和成熟度飞速提升;生产模式、营销模式和商业模式不断升级。[①] 网络影视从初期对传统影视的依附状态转变为现今的竞争与合作并存,有力推动着影视行业的转型升级,并重构着中国视听产业的格局。

网络影视较低的准入门槛和灵活多变的运作模式,有利于盘活更多的社会资源,激发影视行业更大的产能。然而,网络影视传播过程中出现的种种问题也堪忧。首当其冲的是商业利益驱使下的内容媚俗化。一些网络影视制作公司过分追逐商业利益,因此,一切向收视率和点击量看齐。在内容生产上用热辣出位的话题、血腥恐怖的画面等博取眼球,严重污染了社会风气。以网络直播现象为例,毫无疑问,网络直播已经成为2016年最火的互联网话题之一。有数据显示,中国网络直播平台的用户数量已经达到2亿,大型直播平台每日高峰时段同时进行直播的房间超过3 000个。[②]

网络直播并非国内独有产物,却在近一两年间突然爆发,占据各种话题头条、吸引资本进驻,这背后隐藏着的某些不良社会心理值得各界关注和警惕。总体来看,网络直播内容一味追求标新立异,如直播吃灯泡、吃金鱼等奇葩内容,满足了人们的窥视欲,也成就了网络主播们"成名的想象"。然而这种走极端的方式虽然短时间内能够赚足眼球,却并不是网络内容生产的良性机制,最终会带来网络博主们自身名誉的损害及网络空间的乌烟瘴气。

网络影视传播过程中的问题之二在于版权保护不力导致的内容同质化。一些作品在内容上"高仿"热门影片,限于简单模仿而缺乏创意,通过搭优秀作品的顺风车、打版权保护的擦边球,不仅对原创IP(版权)造成干扰,也妨碍了影视艺术的创新和进步。今后的一段时间,要加大版权保护力度,建立网络影视的良性监管和促进机制,引导影视作品的创作和革新,打造良好的网络环境。

三、网络文学与影视批评

(一)网络文学批评的困境与出路

长期以来,文学都披着严肃的外衣,轻松和游戏的文学不被看好。但是基于互联网技术的"网络文学"改变了这种面貌。"网络文学"的突出特征首先不在于它的文学性,而是它的显示方式和阅读方式。这得益于网络自身的特点,以及网络时代阅读群体的选择。网络文学将网络传播技术、文本结合形态和受众阅读量奉为圭臬,而传统文学则是以思想

[①] 董潇潇. 网络影视的行业影响初探. 传媒, 2016(15): 42-44.
[②] 李劼. 网络直播火爆,警惕助长不良风气[N/OL]. 南方日报, 2016-06-07 [2017-09-25]. http://media.people.com.cn/n1/2016/0607/c192372-28418115.html.

意蕴和创作技法作为价值坐标体系的。这是目前文学评价标准的主要分野所在。

因此,建构科学的网络文学批评体系应该从以下两个方面着手。

一是网络文学的文学性问题。所谓"文学性",之于"网络文学",指的是一种"具有文学表达的性质",更直白地说,"网络文学"是"文学性"的"文学",它和传统文学的区别在于,"网络文学"的范围更加广泛,约定更加简化,"文学"的写作者更加大众化。[①]一个让我们担忧的现象是,有相当一部分网络小说素材的择取剑走偏锋,以怪、诡、异、灵取代主流和大众普遍意识。这显然在将网络文学带入绝境,造成网络文学创作越来越脱离社会,甚至偏离基本的人伦价值。[②] 放弃文学性的追求无异于扼杀网络文学的存在价值。

二是专业队伍建设。由于网络文学创作门槛相对较低,行业从业人员又缺乏专业批评训练,造成了目前网络文学批评队伍建设的迟缓。未来的批评队伍应该吸纳网络文学专业人士、资深网络文学读者、高校及相关研究机构的专业人员等,从而较好地引导行业向健康的产业方向和专业方向发展。

(二)开展健康的网络影视批评

近年来,依托于互联网技术的发展,网站访问速度不断加快,影视剧生产和影视评论得以快速传播。网络影视批评和其他网络舆论一样,因为发言的匿名性、平等性和交互性特征,得到网民的广泛参与。同时,新技术进步带来的影视媒介、媒体资源等环境生态的变化,也使网络影视批评的形态与形式变得更加丰富。

然而,网络影视批评中的问题不容忽视。如观点与信息的碎片化;对个性、感性的极度张扬而导致理性精神的相对缺失;匿名状态下缺乏"把关人"的简化,甚至粗鄙化的语言暴力等都在不同程度上侵蚀着网络影视批评的声誉。[③]

因此,高度重视并正确引导网络影视批评,使其与传统媒体影视评论相辅相成仍然是一项重要工作。开展健康的网络影视批评工作,一要规范批评主体的行为,加强网络影视批评队伍力量;二要丰富网络传播渠道,完善互联网影视数据库建设。

四、跨界与合作:网络文学与影视的有机互动

发端于2000年,网络文学的影视改编在影视行业蔚然成风。尤其是在中国古典文学

[①] 田忠辉. 通过"谈论"的互动凸显"网络文学批评"[N/OL]. 中国作家网,2014-11-15 [2017-09-25]. http://www.chinawriter.com.cn/news/2014/2014-11-15/224558.html.

[②] 吴长青. 试论网络文学批评的困境[N/OL]. 光明日报,2013-10-15(14) [2017-09-25]. http://epaper.gmw.cn/gmrb/html/2013-10/15/nw.D110000gmrb_20131015_3-14.htm?div=-1.

[③] 詹庆生. 互联网时代的影视批评[N/OL]. 中国作家网,2014-08-20 [2017-09-25]. http://www.chinawriter.com.cn/2014/2014-08-20/215260.html.

反复被改编、题材匮乏的形势下,网络文学的兴起和发展为影视行业的繁荣开辟了一条新途径。《杜拉拉升职记》《失恋三十三天》《蜗居》等剧的热播有力地证明了网络小说影视改编的巨大魅力。网络文学与影视产业的互动,可谓是文化产业融合的范本。

自2014年以来,版权成为电影行业的一个热词,各大影视公司围绕版权相继展开项目与合作。2014年新成立的游族影业宣称未来将推出大版权电影,腾讯也成立了以优质版权为核心的影视业务平台"腾讯电影+"。阿里影业不甘落后,重磅推出了第一个电影项目——《摆渡人》,打造"热门版权+粉丝电影+名人导演"的模式。

目前来看,成功改编的影视作品主要有四类题材:都市情感类;家庭伦理类;历史古装类;魔幻神话类。

常见的改编方法有两种:一种是忠实于原作,尽量保留原作的书写风格、情节设置和故事节奏,只对微小细节加以调整;另一种是基于原作的二次创造,为了迎合市场需求或出于影视审查制度的考虑,对原作进行"大换血"。

案例

"中文在线"。中文在线数字出版集团2000年成立于清华大学,以"数字传承文明"为企业使命,致力于成为世界级的文化教育集团。2015年1月21日,中文在线在深交所创业板上市,成为中国"数字出版第一股"。作为国内最大的正版数字内容提供商之一,其自有用户超7000万,合作用户超6亿。

2015年,中文在线提出"文学+"与"教育+"两大发展战略,实现双轮驱动、双翼飞翔。"文学+"是指在今天互联网时代和文化大发展的时代,文学的价值不仅仅局限于纸质出版物,而是以创作、文学为基础,不断开花结果,衍生出影视作品、游戏作品、动漫作品、有声作品等;"教育+"方面,中文在线打造教育阅读、教材教辅与MOOC(大规模在线公开课程)平台三级火箭,完整布局在线教育产业链。

"中文在线"成立以来,积累了丰富的优质版权资源,如出版物、网络小说、漫画等,以及多种类型的待开发资源,还有优秀的签约写手,这为中文在线涉足影视行业提供了得天独厚的条件。因此,中文在线在版权开发过程中摸索出一条网络文学与影视相结合的道路。具体方式主要有:第一,版权销售。即把作品版权出售给影视制作公司,由它们全权开发。第二,版权入股。将版权评估一个价格,以折算投资的形式和影视公司共同开发。第三,版权反向定制。中文在线根据影视制作公司的内容需求(如剧本、大纲、故事核等),匹配人气作者执笔构思,将初始故事扩展为网络小说,作者在后期加入编剧团队,根据读者的反馈进行相应的剧本调整,给编剧团队提供参考和支持,待影视剧制作完成后,中文在线整合多渠道资源配合影视公司进行后期影视宣传。第四,版权投资。

《国家"十三五"规划纲要》中指出,实施"互联网+"行动计划,促进互联网深度广泛应用,带动生产模式和组织方式变革,形成网络化、智能化、服务化、协同化的产业发展新形态。可以肯定的是,在文化产业领域,"互联网+文化"将成为"十三五"新的经济增长点。作为极具创造性的文化创意产业,网络文学的影视剧改编既是文学体系的一个分支,更是文化产业发展的重要组成部分。网络文学文本作为整个文化产业链中的上游支柱,除了自身可以直接产生价值和效益外,通过影视、游戏、衍生产品等方式,实现其二次价值。

第四节 短视频传播

截至2018年,中国短视频月度用户规模已突破4亿,短视频市场获得巨额资本注入,短视频行业成为市场的"风口"。中国目前短视频行业发展处于何种阶段,未来将进入的发展阶段会带来什么机遇与挑战?短视频行业有哪些特征,这些特征的延展空间与潜在风险是什么?本节将从横纵两个维度来对整个短视频行业生态的未来发展进行思考与探索。

一、纵向发展:阶段变化对角色定位的影响

互联网浪潮推动新产品与新应用不断更新迭代,短视频也应运而生。借用易观智库创新研发应用成熟度(AMC)模型,大致将短视频行业的发展分为探索期、市场启动期、快速发展期和成熟稳定期四个阶段(见表4-1)。

表4-1 短视频发展历程

探索期 (2005—2011年)	2005年,美国视频平台YouTube注册成功后传入中国,各类以UGC短视频生产为主的视频平台兴起,中国短视频行业的探索期开始; 2008年的汶川地震事件使短视频的传播价值获得认可; 2009年的版权竞争使用户对短视频的认可度下降。
市场启动期 (2011—2014年)	快手、秒拍所属的公司成立,中国短视频行业进入市场启动期,表现为短视频应用大量涌现、短视频行业获得资本关注。
快速发展期 (2014年—)	2014年冰桶挑战与2015年Papi酱的走红引发了短视频行业的快速扩展,大量创作者、用户进入,短视频行业进入快速发展期。
成熟稳定期	用户营收、内生驱动、企业责任进一步成熟稳定。

目前,中国短视频行业仍处在快速发展期的早期阶段;未来,随着市场的不断成熟,中国短视频行业将在一段时间里持续快速发展并逐步走向用户稳定、平台营收、企业探索创新的成熟稳定阶段。阶段变化必然带来角色的变化,要想在新阶段到来时做到从容不迫、顺势而为,一方面,需要对目前积累的优势有所认识;另一方面,也要主动思考下一阶段发展的核心所在。

中国短视频行业目前已积累了一定的用户规模,获得了较强的融资能力,形成较稳定市场模式的同时也培育出一定数量的头部平台,开始探索短视频商业变现的可能性。

- 用户数量上,据2019年2月发布的第43次《中国互联网发展状况统计报告》显示,截至2018年12月,中国网民规模为8.29亿,其中,网络视频用户规模达6.12亿,同比增长5.7%。短视频用户规模保持强劲增长:截至2018年12月,短视频领域日活跃用户达2.99亿,与2018年1月相比增长111%。[1] 特别是2018年短视频行业用户日均启动次数最高达8.35次,用户日均使用时长超60分钟,观看网络视频成为中国网民使用频率第二高的选择,仅次于社交。[2]
- 资本聚集上,短视频行业成为市场的"风口"。2018年7月,"抖音"获得阿里旗下云峰基金的新一轮融资,这代表着短视频行业与中国经济领域的两大领军企业展开合作。除此之外,其他短视频企业如即可视频、二更、一条等也完成了多轮融资,以这些企业为代表的诸多垂直类短视频获得市场青睐,显示了巨大的市场潜力。[3] 可见,不论是短视频平台的头部平台,还是规模相对较小的视频平台,均有较强的资本吸引力。
- 平台竞争上,各大短视频平台的竞争增强,"抖音"与"快手"两大头部平台是短视频竞争的代表。"抖音"代表着短视频"中心化"的设计理念,提供精心挑选、有热度的视频;"快手"则体现着"去中心化",内容多与普通民众有关。
- 内容多元上,短视频在兴起之初以泛娱乐化内容为主。随着短视频的发展,早在2017年,微博、土豆等短视频平台的娱乐题材播放量便出现持续下降,影视剧、游戏、动漫、音乐等垂直内容获得了更高的关注度,体现了短视频在内容上向垂直内容的转型。[4]
- 商业变现上,各短视频平台积累了较大规模的流量:从2017年1月至2018年6月,各大短视频平台用户月均消耗流量涨幅均超500%,体现商业变现已具备其基础。在此基础上,短视频平台已发展出投放广告、合作电商、订阅制度等变现模式,获得了较好的营销效果[5]。

由此可见,中国短视频行业虽处于快速发展期的早期阶段,但已积累了较为丰富的资源,综合运用其在用户、资本、平台、内容等方面的优势,有助于充分把握快速发展期。与此同时,更应该主动地提前思考成熟发展期短视频扮演的角色,这需要平台具备更加稳定的驱动力和更强的社会责任感。

---

[1] 数据来源:Trustdata移动大数据平台.
[2] 数据来源:易观千帆,2018.
[3] 数据来源:第一财经商业数据中心,2017.
[4] 数据来源:第一财经商业数据中心,2017.
[5] 数据来源:易观千帆,2018.

二、横向延展：移动化、场景化、社交化

短视频平台在积累用户、拓展规模的同时，其发展模式也产生了变化，具体体现在移动化、场景化和社交化三个典型方面。

由中国互联网络信息中心（CNNIC）2019年7月发布的《中国互联网发展报告（2019）》显示，截至2018年年底，中国网民规模达8.29亿，手机网民规模达8.17亿，占比98.6%，互联网普及率达到59.6%，超过全球平均水平约2.3个百分点，超过亚洲平均水平7.7个百分点。而短视频更多占据的是用户的碎片时间，这两者综合体现了互联网时代用户碎片化消费习惯使短视频行业发生的移动化变化，短视频几分钟、甚至15秒的时间完美适应了这一需求。

此外，短视频成功链接了多元场景：短视频通过以具体可感的视频呈现场景，打破了线上线下的边界。"网红"景点、"国民老公"人物形象均是短视频构建出的场景，增强了用户的体验感而使其获得关注。

移动化、场景化分别适应了用户碎片化、追求体验的需求，社交化则进一步在内容上满足用户的社交需求。随着消费结构升级，消费者的基本消费占比下降，文化、娱乐消费迅速增长；"80后""90后""00后"成为消费主力后，对于精神、情感、体验消费的需求上升，这构成了短视频用户覆盖拓展性增强与内容进一步细分的背景。以"抖音"为例，其通过内容的垂直细分吸引了大量用户，在此基础上，"抖音"推出社交软件"多闪"，以社交为短视频的最终归宿。

三者共同促成了短视频在当代社会文化生活中扮演的角色，也为未来角色的变化提供了方向。移动化意味着信息技术发挥着更大的作用，"科技+"的趋势会日益明显；场景化意味着IP的打造将成为多元场景长期受到用户关注的关键点；而社交化则要求不断增强"人"的作用，不仅是"粉丝—偶像"关系的巩固，更是普通用户深度参与内容生产与再生产。

三、角色定位：成为头部竞争者

短视频平台形成了较为成熟的产业链，普通网民、明星网红等负责内容提供，内容分发至各大短视频平台，由各平台向用户播放。在这一过程中，有相应的负责视频技术、数据监测、广告平台的企业提供第三方服务。在这一产业链下，头部平台率先形成独特模式，彰显竞争优势并引发其他平台的模仿。头部IP驱动模式在内容制作端着力，以高质量、强吸引力的内容获取用户；垂直内容模式则在内容分发上进行垂直细分，以此满足内容消费升级下用户的需求，体现了更强的吸引力。中商产业研究院2018年的数据显示，综合周活跃渗透率、周人均打开次数、人均在线时长等数据，目前短视频行业的头部平台主要为"抖音"与"快手"。目前二者即在中国短视频行业中扮演着头部角色。

头部竞争者在未来要想做到继续保持头部优势，则必须从内容创新、变现方式以及产

业绩效等多方面来提高产品差异化程度。

（一）内容创新

微博数据中心的数据显示，79.2%的用户会因为对视频内容不感兴趣而不看或不完整观看短视频，这说明视频内容是短视频是否能够获得用户的重要因素。目前各短视频平台在产品设计理念上有所差异，如"抖音"的"中心化"与"快手"的"去中心化"体现不同产品思路，也使得差异化程度较强的两者能够在市场中各占一定份额，形成竞争。而短视频的内容本身确实存在着一定的过度娱乐、模仿、内容同质化倾向。相应地，各短视频平台也采取扩张 PGC 内容等增强内容质量的方式。

（二）变现方式

在现有的短视频产业链中，无论是内容提供者还是各分发渠道，其根本的利润来源仍是用户付费与广告主投放的广告费用，即短视频行业仍处于"企业—用户—广告主"的三角关系中。在这一基本情况下，短视频行业依然发展出较为丰富的流量变现方式，如贴片广告、信息流广告、原生广告等，测评、广告故事化是更新的广告营销方式将内容生产与营销相结合。在市场已积累一定流量、各平台竞争激烈的情况下，短视频行业必然出现多种广告营销方式。随着流量变现方式的不断创新，短视频市场也日趋成熟。

（三）产业绩效

体现在平台的资源配置，主要集中于技术的配置与国内外布局。技术是段视频平台的重要支撑，例如，"抖音"获得成功的原因之一是"今日头条"的人工智能技术，能够将用户喜爱的内容与优质内容共同推送至用户端。国内外布局则是平台增强产业绩效的必然之举，国内布局表现为在整个短视频行业扮演好"引领者"的角色，主动担负平台责任；国外布局则以"抖音"海外版 Tik Tok、快手海外版 Kwai 为代表，二者海外 APP 榜单位居前列。国外布局在国内短视频行业资本注入的激烈竞争情况下为各平台提供了新的突破口。

因此，要想在新的发展时期成为或保持头部竞争者的优势，需要做到创新优质内容、延伸变现手段、增强技术配置三者联动。而目前的短视频市场中，"抖音"和"快手"凭借对市场敏锐的观察和大胆的战略部署，很好地做到了这三点，因而一跃成为短视频行业富有竞争力的头部竞争者。

第五节　创意传播

任何媒介的发展都是技术与智慧的结晶。信息传播技术的飞速发展和新媒介的层出不穷，必然带来新的信息组织和传播样式，以新的时空创意满足人类的需求[①]。创意得

---

① 殷乐.网络传播的时空创意[J].现代传播(北京广播学院学报)，2000(4)：82-85,90.

当,则传播能够有效进行,反之,传播过程中就会充满噪音。最近几年来,中国各大媒体和网络平台纷纷探索创新之路,生产出一批现象级作品,受到了国内外媒体同行和广大受众的赞誉。

一、事实类信息的创意传播

党政工作庄严而神圣,内容重要,题材重大,时政新闻是党的新闻宣传工作的重要表现形式,也是人民群众了解党和国家工作的重要窗口。时政新闻的特点在于:观点立场鲜明、内容真实具体、反应迅速及时、语言简洁准确。如何将严肃的政治话语转化为人民群众喜闻乐见的新闻报道,以深入浅出的方式最大范围地传达给受众,是媒体在进行时政新闻报道时都应该思考和努力的方向。

每年的"两会",都是国内各大媒体创意比拼的竞技场,媒体从业者使出十八般武艺,借助新的媒介技术,努力把人民大会堂里的政策声音深入浅出地传递给广大民众。

2017年"两会"期间,人民日报社微信公众号原创的说唱动画《word 两会我做主》甫一推出,便在各大社交媒体上广受好评,观众们纷纷表示"天哪,就连传统的人民日报社都开始说唱了"。

其实,用说唱动画的形式解读、呈现政治新闻并非《人民日报》的首创,2015年10月,由复兴路上工作室推出的《十三五之歌》以轻松愉悦的方式解读"十三五"规划,在国内外反响剧烈。此前复兴路上工作室还相继推出过《领导人是怎样炼成的》《中国共产党与你一起在路上》等音乐视频。这些"网络神曲"背后,究竟有怎样的内容生产逻辑和传播策略?我们以《word 两会我做主》和《十三五之歌》为例,考察其创意传播之道。

《word 两会我做主》歌词节选:

代表|委员:我是代表,我是委员,我来北京开两会。

人大代表:在中国,选民直接选举县乡人大代表,县级选市级,市级选省级,省级选全国。我就是这样PK成为全国人大代表的!

政协委员:人大有选举,政协有协商。想当全国政协委员不容易,要由各党派、中央、各人民团体、无党派民主人士、各个界别等协商提出,要由各省、自治区、直辖市协商推荐。

人大代表:去北京、去上海,农村留守人员怎么办?脱贫攻坚的任务可不小!

政协委员:发展要均衡,扶贫在精准,全民医保有提高,全面小康一个都不能少。

人大代表:拆旧房、住新房,棚户区改造很重要!

路人甲:唉,这个我倒听说过,去年全国已经开工建设新房600多万套。

路人甲:不过,拆迁遇上访,找乡长,堵县长,不行急得去闹访,这可咋搞?

政协委员:司法改革在深化,法治政府在打造,大伙儿提意见,我们写报告,就是要让公平正义的阳光普照!

路人甲:嗯,有道有理,接着说,接着说!

代表|委员：苦恼苦恼！我们探民情，我们问民意，我们去调研，我们在思考，我们一年到头都在跑，想方设法把您的声音都带到。

人大代表：仅仅过去的一年，我的履职工作可不少。两个月一次常委会，立法总是重头戏，征求意见，反复审议，35部法律按下了表决器。今年民法总则草案上大会，未雨绸缪好几回。3次征求意见，15万人参与，收获7万多条意见、建议。

政协委员：双周协商会，半月开一次。紧盯中央部署，围绕国计民生，我们话改革、促发展、献真言、求共识，62场协商会，场场有看点！

路人甲：台上一分钟，台下十年功，服了服了！

《十三五之歌》歌词节选：

嘿，有没有听说中国最近什么话题最酷？是习大大的new style。

是的，还有捏？是十三五。十三舞那是什么舞？第13个五年计划。

哦耶，十三五。

每过五年，中国就规划一幅发展蓝图，2016年"两会"将要通过十三五。

要了解中国的下一步，你最好关注十三五。

十三五，那是什么舞？十三五。

制定过程是啥样滴？

先分散调研，听听大伙儿有啥话要说；再集中讨论，看看大伙儿的事儿咋做；再分散调研，再集中讨论。来来回回，上上下下，上百轮。

好了，知道了，有上百轮。

还没完呢。规划出了炉，工作可没结束。

中国的十三五，这才刚起步。

上至中央领导，下到普通干部，实现十三五，每个人都得好好忙碌，忙忙碌碌。

规划还在不断完善，规划执行从上到下。

习大大领着人民天天向上，从中央到地方，从北京到边疆。

怀揣中国梦，大伙儿齐心奔小康。

赵 钱 孙 李，周 吴 郑 王，冯 陈 褚 卫，蒋 沈……

ok，ok，我（头）们（都）懂（大）了

要了解中国的下一步，你最好关注十三五，十三五，十三五。

人人都在谈论十三五，那现在可以歇歇了。

不，很快又要准备第14个五年规划了。

十四五，那是什么舞？

通过对视频内容进行质性的文本分析可知，其传播特色在于：

一是以动画视频讲"严肃"故事。人类社会在进入"读图时代"后，单一的文字传播越来越受到限制。随着计算机图形技术和数字视频技术的发展,动画悄然进入新闻生产领域,成为十分重要的叙事和表现手法,并催生着新闻业制作方式的革新。动画在新闻中的应用,既能够弥补新闻工作者无法获取所需画面的缺陷,也增加了新闻的趣味性,使得新闻传播更加人性化。两个视频均采用音乐＋动画的形式,且音乐属于说唱类型,曲调欢快、节奏感鲜明,让人听起来朗朗上口。对白简洁明了,表达口语化。

另外,在讲故事的方式上,《word 两会我做主》以路人甲的态度变化贯穿始终。一开始,路人甲认为"人大是图章,政协是花瓶""我咋感觉,开会热闹闹,完了静悄悄?"对"两会"到底干了啥存有疑虑。听完代表委员的耐心讲解,路人甲终于明白参政议政过程中"台上一分钟,台下十年功",其心路历程从"得了得了""有道有理""服了服了""拜托拜托"几个语气词中可见一斑。这种自下而上的讲故事方式,符合多数受众的阅读体验,因而更能得人心,聚人气。

二是"出口＋内销"式传播。直观上讲,两个视频最大的不同在于,《word 两会我做主》是中文视频,而《十三五之歌》是英文视频,这说明二者的目标受众不尽相同。《word 两会我做主》针对的是国内民众,意在让民众了解"两会"到底是什么。视频先是讲述人大代表和政协委员如何被选举出来的,对国家和人民有哪些义务;而后,具体阐释"两会"议案是如何被提出的,涉及哪些主题和面向。针对民众中可能存在的对"两会"工作和代表委员的疑问,视频进一步解释了参会代表委员的工作开展情况。《十三五之歌》则一上来以外国人的视角提出疑问:十三五究竟是什么?随后视频用简单诙谐的语言作了回答,简明扼要地介绍了哪些人以及如何制定十三五规划。视频中十三五的汉语拼音"shisanwu"作为专有名词被反复提及,起到强化记忆的作用。

《十三五之歌》的叙事策略有二:首先,英文对白的使用是对外传播的题中之义,特别是以英文说唱的形式表现抽象和复杂的政治议题,可以在短时间内博得外国观众的眼球,吸引他们对内容的关注。其次,对于中国观众而言,很容易产生"视频是由外国人制作完成"的错觉,于是带着"外国人眼中的中国是什么样子"的好奇继续观看。从表现手法上看,这是一种"陌生化"策略。"陌生化"就是使熟悉的事物变得陌生的过程。作为文学和艺术创作的一种基本方法,陌生化要求人们从新的视角来审视习以为常的生活,营造距离感和惊奇感,恢复对事物的感受力。"两会"对中国人来说并不陌生,甚至已经形成某种刻板印象。打破固有思维,以"他者"的视角陌生化"我"的生活,这是该视频在国内受众之间能够病毒式传播的关键之处。

三是让时政"流行"起来。网络媒体多被视作草根媒体,从文化的角度来说,这意味着权力的去中心化、表达的多元化和文化的去政治化。从网络流行语的生产机制来看,流行语本身是对官方话语的消解和抵抗。而在这两个视频中,网络流行语的运用实现了"官方"和"民间"话语的和解。如标题中"word"一词是"我的"音译,来自于网络流行语"厉害了 word 哥"。还有"PK""扒一扒""灰常大"等,都是网民惯常使用的口语表达。如此一来,时政新闻褪去了严肃认真的神秘外衣,经由短小精悍的动画视频呈现,融入人们的日常生活中。

二、理论类信息的创意传播

(一)历史文化的"人格化"

中国的历史博大精深,中国的文化深厚凝重。传承上下五千年的中华文化,是时代赋予每个人的历史使命,也深深镌刻在每一个中华儿女的心中。对于中国历史、文化、科学技术等知识的传播,要充分借助互联网"扁平化"的传播特性,将理论和知识以人们喜闻乐见的方式传播开来。《我在故宫修文物》就是这样一部有温度的纪录片,在互联网上发布后悄然走红,备受"90后"网民的青睐。作为故宫90周年的献礼纪录片,该片讲述了故宫工匠们为了准备大庆而修文物的故事。《我在故宫修文物》没有板起面孔说话,也没有像说明书一样机械地介绍书本知识,而是以年轻人的视角,用充满好奇心的镜头走进古老而神秘的故宫,为人们梳理了有关中国文物修复的历史源流,并再现了文物修复的真实场景。文物修复师在普通人的记忆中是神秘的、高高在上的,甚至是不可言说的,此采用"深描"的手法,走进他们真实的生活,揭开了他们神秘的面纱。该纪录片共三集,每集展现几类关系密切的文物修复和性情各不相同的修复大师。第一集讲述青铜器、宫廷钟表和陶瓷的修复故事;第二集是木器、漆器、百宝镶嵌、织绣的修复故事;第三集是书画的修复、临摹和摹印。这些"开脑洞"的故事,加上平民化的视角,将鲜活的人物与厚重的历史联系在一起,让人们感知历史背后那些"有温度"的存在,进而提升了人们的民族自豪感,增强了人们的文化自信心和自觉性。

(二)"体验式"红色文化教育

"红色文化"服务于中国共产党领导的人民民主专政的国家政权建设,集中反映了中国共产党的政治思想、执政理念、意识形态、价值取向和工作宗旨,具有广泛的群众基础和价值认同。红色文化昭示了中国共产党的执政地位是历史和人民所赋予的,加强红色文化教育,传承红色精神文明,可帮助广大人民群众正确理解中国共产党取得执政地位的奋斗历程和光辉业绩,坚定广大人民群众走中国特色社会主义道路的理想和信念。在网络信息技术日益发达的今天,如何让红色文化搭上信息网络的便车,强化网络红色文化在思想政治教育和历史文化教育中的正向功能,对当前网络历史传播提出了新的任务。[①]

以电视节目《真正男子汉》为例。《真正男子汉》是由中国人民解放军八一电影制片厂和湖南卫视联合推出的大型国防教育特别节目。节目中,明星们褪去自己原有的身份和光环,深入一线部队中,与部队战友同吃、同住、同训练,体验真实的军旅生活。在英雄连

---

① 陈俊.网络时代红色文化融入大学生思想政治教育的途径探析[J].学校党建与思想教育,2014(19):90-92.

队的传奇事迹和一腔热血、铁骨铮铮的气场感染下,明星们爆发出前所未有的意志力、忍耐力和战斗力,经过艰难地成长、历练和自我改造后,蜕变成一名真正的"军中男子汉"。在节目播出的同时,《真正男子汉》新浪官方微博账户实时发布节目进程,与网民进行互动。如1月19日发布的一条微博:

【#真正男子汉#微直播】"说出你们的指挥官是谁!"反战俘训练是猎人集训中的另一道"经典菜"。它是让所有队员更真切地体验"死亡",考验"猎人"在身体和心理达到极限的情况下意志是否坚定。而面对"敌人"的严刑拷打,新兵们全部挺过来了。@湖南卫视"#男子汉不说再见#"

微博发出后,网友们讨论热烈。"我觉得训练就是这样,就算再累再苦,也要坚持过每一关,我们一定会成功的!""我在你的脸上看到了热血、不服输和坚持!""忠于祖国,忠于人民!"电视平台和社交媒体平台的联动,使得节目中嘉宾军旅生活的体验延展为网络中广大网民的互动讨论,借助明星的社会影响力实现"代理式"体验,不失为当前国防教育的大胆尝试,对网络红色文化教育具有借鉴意义。

三、虚构类信息的创意传播

随着互联网平台、终端、渠道及用户的融合,网络文学、影视、游戏等内容得到长足发展,足以说明网络视听内容的影响力日益增强。相对于单一的文字类信息,网络视听内容由于其具象化的表达和全方位的视听体验,备受人们喜爱。因此,借用网络视听的形式传播各类信息,在当下的互联网内容建设中不失为一种有效的策略。

(一)动漫作品:《那年那兔那些事儿》

以连载漫画《那年那兔那些事儿》为例。《那年那兔那些事儿》是一部优秀的入门级近现代史题材动漫作品,由国内漫画作家逆光飞行创作而成,连载于有妖气原创漫画梦工厂。[①] 作为一名标准的军事迷,漫画家逆光飞行将中华人民共和国成立前后的国内外一些军事和外交重大事件以卡通版动物造型的形式展现出来,给本来严肃的历史增添了不少趣味性。自2011年漫画出品以来,《那年那兔那些事儿》因其诙谐的画风和引人入胜的动物形象跃然于各大论坛,受到越来越多网友的青睐。2015年,动画版《那年那兔那些事儿》发布,在腾讯、爱奇艺等主流视频网站相继播出。

《那年那兔那些事儿》内容生动有趣又不缺内涵,幽默诙谐的对话让观众观看时忍俊不禁,同时还不时地引发人们思考。此外,它能够让伴随着网络成长起来的青少年们有机会、也有兴趣了解他们出生之前50年甚至100年发生过的事情,去感受先辈们曾经的耻辱和荣光,感受激荡的历史时刻。

---

① 那年那兔那些事[EB/OL]."有妖气"网站,http://www.u17.com/comic/38640.html.

（二）影视剧集：《人民的名义》

目前，网络影视发展速度快、影响面广，因此完善网络影视的监管，建立良性监督和促进机制，推动网络视频行业健康发展，是引导网络影视创作、营造良好网络环境的必要举措。

在影视内容传播上，值得一提的是2017年堪称现象级的反腐大剧《人民的名义》。自2017年3月28日该剧于湖南卫视首播后，围绕剧情发展而引发的线上线下讨论日趋白热化。随后，该剧在爱奇艺、芒果TV、优酷等视频网站不断掀起收视高潮。2017年4月27日，该剧在GMIC X 2017 非凡盛典上获得"互联网时代最具影响力影视作品"奖。

《人民的名义》之所以成功，最重要的原因在于其内容的针砭时弊。随着党风廉政建设和反腐败斗争持续推进，人们对反腐的认识也在不断深入。《人民的名义》反映着当前中国反腐败斗争的实践，回应着反腐败的民心所愿。文艺当与时代同行，党的十八大以来，反腐败成为中国政治舞台的重要内容，也成为牵动人心的时代命题。此外，反腐之外的社会焦虑也由此进入公众视野。人们发现，与反腐相比，如何保障民众的合法权益不被侵害，或者遭遇侵害如何找回公正，具有同样重要的意义与价值。

《人民的名义》的成功，也体现了"内容为本，渠道为王"的互联网内容传播策略的成功运用。首先，剧情的设置使人们拥有可以讨论的"共同话题"，互联网的开放性也满足了人们参与互动讨论的情感诉求。未来的网络影视传播应努力借鉴这一方式，创作出更多与人民群众息息相关、真实反映社会发展动态的作品。

四、未来网络内容传播的新趋势

在谈及内容建设，尤其是创新内容建设时，习近平同志指出，"手段创新，就是要积极探索有利于破解工作难题的新举措、新办法，特别是要适应社会信息化持续推进的新情况，加快传统媒体和新兴媒体融合发展，充分运用新技术、新应用创新媒体传播方式，占领信息传播制高点"①。在互联网技术突飞猛进、互联网环境瞬息万变的当下，习近平同志高瞻远瞩，为我们开展今后的网络内容生产和传播工作指明了方向。总体来看，未来的网络内容传播主要有以下几个趋势。

（一）传播方式的数字化、多媒体化

随着数字技术的发展，信息呈现方式能够突破传统新闻传播受到的限制，使信息的来源更为广泛。在网络信息传播的过程中，不同的新闻传播机构会进行无缝集成。虚拟现实、全景拍照、H5页面等技术的革新，为信息生产提供了更加多元、便捷的通道。网络信

---

① 《人民日报》评论员.在创新中赢得主动权——六论学习贯彻习近平总书记 8·19 重要讲话精神[N/OL].《人民日报》，2013-08-29[2017-09-30]. http://opinion.people.com.cn/n/2013/0829/c1003-22728950.html.

息空间是个无远弗届的流动场所,人们的活动空间将不会受到地域的区隔和交通工具的局限,时空无限延展开来,人们体验的信息服务更加多元。

习近平同志在主持召开党的新闻舆论工作座谈会上表示,"要提高业务能力,勤学习、多锻炼,努力成为全媒型、专家型人才"。这就要求新闻从业者在进行网络内容建设和传播过程中,要树立互联网思维,强化平民意识和微观视角,综合运用文字、漫画、游戏、微电影等多媒体表现形式,采用音、形、意等多种表达策略,使主流话语的传播更具亲切感、亲和力。[①]

(二)传播对象的分众化、差异化

网络媒介技术的发展使得受众可以相对自由地选择信息内容,并且可以开展与媒体的积极互动,受众的主动意识越来越强。长此以往,"广"播变成了"窄"播,受众越来越分化,且异质性越来越强。例如,微信平台上,每天都诞生着数以万计的小众群落组织——微信群;以论坛为代表的社交平台上,越来越多基于共同兴趣而成立的"圈子",不同的圈子之间价值观、利益诉求等千差万别。可以说,目前由信息网络技术构筑的分众化、差异化受众的形成,使受众与受众之间、受众与其他社会主体之间的异质化对话已经达到了空前的规模。

习近平同志在 2016 年 2 月 19 日主持召开党的新闻舆论工作座谈会上的讲话中指出,"要适应分众化、差异化传播趋势,加快构建舆论引导新格局。要推动融合发展,主动借助新媒体传播优势。要抓住时机、把握节奏、讲究策略,从时、度、效着力,体现时、度、效要求"。为了适应传播对象的分众化、差异化趋势,网络工作者要审时度势,根据网络传播参与对象的特点实施有针对性的差异化策略。

(三)传播格局的全球化、无界化

网络无边界。纵观当下的网络传播,全球化已成为势不可当的趋势。这种全球性,实际上也表明网络传播的开放性。信息再也不可能只限于一个国家或地区之内,而是在世界范围内畅通无阻地传播,编织成一张看不见的信息网。如何更好地让信息走出去,在国际上产生正面影响,是今后开展网络内容建设和传播的重点。统筹安排、合理部署、系统调控,方能实现网络信息的有效传播。

面对新格局、新态势,习近平同志在网络安全和信息化工作座谈会上也作出具体的指示:"在全球信息领域,创新链、产业链、价值链整合能力越来越成为决定成败的关键。"在网络安全方面,"我们提出了全球互联网发展治理的'四项原则''五点主张',特别是我们倡导尊重网络主权、构建网络空间命运共同体。"在人才选拔上,"要有全球视野,下大气力引进高端人才""顺势而为,改革人才引进各项配套制度,构建具有全球竞争力的人才制度

---

① 孟威.抵制"英雄诋毁说""历史虚无主义"的网络逆袭及其克服[J].人民论坛,2015(15):56-59.

体系。"

党的十八大以来,中国互联网事业发展迅速。如何更好、更有效地进行网络内容建设和传播,是网络强国建设的题中之义。网信事业的发展,要贯彻以人民为中心的发展思想,适应人民的期待和需求,加快信息化服务普及,让亿万人民共享互联网的发展成果。正如习近平同志期许的那样,"要本着对社会负责、对人民负责的态度,依法加强网络空间治理,加强网络内容建设,做强网上正面宣传,培育积极健康、向上向善的网络文化,用社会主义核心价值观和人类优秀文明成果滋养人心、滋养社会,做到正能量充沛、主旋律高昂,为广大网民特别是青少年营造一个风清气正的网络空间"。

思 考 题

1. 网络内容的传播主要可以分为哪几个方面?
2. 从观点和理论传播的角度出发,舆论是如何形成的?
3. 网络创意传播主要分为哪几类?如何理解未来发展的趋势?

延伸阅读

1. [英]雷蒙德·威廉斯. 马克思主义与文学[M]. 开封:河南大学出版社,2008.
2. [荷]简·梵·迪克. 网络社会:新媒体的社会层面[M]. 北京:清华大学出版社,2014.
3. [美]丹·席勒. 信息资本主义的兴起与扩张:网络与尼克松时代[M]. 北京:北京大学出版社,2018.

第五章 全媒体时代的舆论工作

导读：全媒体时代是当代媒体格局与舆论生态发展的新阶段。新的舆论生态具有全球性、多样性、复杂性与不确定性等特征。在这一新环境中引导舆论，需要更新理念，形成更加具有开放性、科学性的新观念体系，以创新性、整体观追求舆论场中价值观的趋同；需要培育更加全面、活跃的舆论引导力量，形成舆论引导的整体合力。

全媒体时代的鲜明标志是媒体对社会运行的全面介入。在当代社会，信息传播、特别是新闻传播，已经成为权力来源、营利手段，甚至是生活方式。舆论场的丰富与活跃前所未有，舆论主体的全民性与活跃度也前所未有。与此同时，信息过载与真相缺失的并存，日益成为当代舆论生态的突出矛盾。新的舆论生态具有全球性、多样性、复杂性与不确定性等特征，产生的挑战与风险也相应增大。因此，树立全新的舆论引导观、提升舆论引导力、建设支持持续发展的积极舆论生态，已经成为当代中国新闻传播学界与业界的重要使命。

第一节 全媒体时代舆论生态的特征与趋势

全媒体时代的出现以媒介技术发展为物质载体，以全球化进程为时代背景，以人的社交需求与信息需求为深层原因。在这个时代，媒介社会化与社会媒介化的趋势同时出现，媒介与舆论在人类社会发展中的关键性地位与显著性作用日益凸显。全媒体时代的舆论生态呈现出一些突出特征。

一、全球性

全媒体时代最重要的媒介是互联网。全球一张网，网中有全球。与印刷媒体、电子媒体相比，网络媒体的突出特征是国界的消失。换言之，在当代舆论生态中，一国的新闻即是全球的新闻，全球的视角即是舆论的视角。

在现实中，中国国内的热点新闻，甚至是社交媒体上的热门讨论，都可以成为国际舆论关注的焦点。例如，中华人民共和国成立70周年国庆庆典和阅兵仪式，就成为国外媒体一段时间内的重点报道对象。以"Papi酱"为代表的一代中国网红在社交媒体平台的崛起，也同样获得了BBC、CNN等影响力巨大的国际媒体的关注和报道。

同样，国际舆论中的观点也可以对中国国内的舆论场产生巨大影响。2016年美国大选期间，国内民众对于特朗普的看法和观点一定程度上受到了来自国际舆论观点的影响，国内、国际舆论场的关联、互动已经成为当代舆论生态的普遍现象。

半个多世纪之前，麦克卢汉就曾经提出过"地球村"（global village）的构想。在他看来，媒介技术的飞速发展，正在改变着人们的生活方式、交往方式和思考方式，同样改变着社会与文化的形态和功能。这种改变是非常彻底的，它使得人们对于周遭世界和媒介的角色发生了颠覆性的认知变化。正如麦克卢汉自己所说："城市不复存在，唯有作为吸引游客的文化幽灵。任何公路边的小饭店加上它的电视、报纸和杂志，都可以和纽约巴黎一样，具有天下在此的国际性。"

"秀才不出门，全知天下事"，这一构想现在正在成为现实。

二、多样性

全媒体时代是全员媒体的时代。在此之前，机构媒体、少数人掌握信息源与媒介接入权。而在全媒体时代，任何个体都可以在网络上发表信息，对各种社会事件表达意见。这种多传播主体的现状决定了全媒体舆论生态多样性的事实，"去中心化"的传播格局成为一种必然而客观的存在。

随着算法技术的发展，精准推送的信息"喂送"愈发普及。在实践领域，有学者指出新闻业对算法的使用大致分为两种：一种是基于算法的自动化新闻写作；另一种是在新闻分发环节将算法作为基本技术。[1] 然而算法与新闻业的融合并不止步于此。在内容生产领域，新闻机器人早已不再令人感到陌生，《华盛顿邮报》的Heliograf、彭博社的Cyborg、新华社的AI男女主播、财新的财小智机器人、腾讯的Dreamwriter已为人熟知。自动化写作的内容从早期的以体育新闻、财经类新闻为主，逐步发展到目前对社会新闻、灾难性报道进行尝试，例如，《洛杉矶时报》在2010年一个关于"自杀"的专题中就利用算法技术生产简短的文章，还在2014年首次利用该技术报道了地震。[2] 与此同时，借助算法的预测类报道、调查性报道崭露头角。在新闻分发领域，互联网新闻媒体Buzzfeed、Mashable、今日头条、一点资讯以极强的渗透力影响着人们信息获取的习惯，传统新闻媒体也纷纷拥抱个性化推荐算法以获得更多流量，重建舆论影响力。

此外，算法也开始渗透到编辑、审核、把关等其他新闻生产环节。在更广义的信息传播中，算法的应用还包括聊天机器人、个性化广告，等等。随着作为"网络时代原住民"的

---

[1] Linden, C. G. Decades of Automation in the Newsroom: Why are there still so many jobs in journalism? [J]. Digital Journalism, 2017, 5(2): 123-140.

[2] Diakopoulos, N., & Koliska, M. Algorithmic transparency in the news media[J]. Digital Journalism, 2017, 5(7): 809-828.

青年一代的成长,人们自主发表信息与意见的主动性、自然性愈发强烈,多样性的趋势也愈发明显。

三、复杂性

全媒体时代的信息已经成为关乎政治、经济、文化、社会等的战略资源,因而传播信息的动机也愈发复杂,已经超越了传统媒体以新闻传播进行事实发布的功能诉求。

从主体和动机的层面看,全媒体技术的高度发展,使得信息传播的效率空前提高,相同大小量级的数据,可以以更快、更远、更便捷的形式得以传播。这也意味着,全媒体这一媒介形态越来越会成为不同利益主体开展政治、经济、文化、社会等功能的重要工具,越来越多的利益主体介入和融入全媒体生态中来,使得全媒体时代的舆论生态呈现出明显的复杂化趋势。

从功能和结构的层面看,信息主导权在国际斗争、军事打击、政治竞选、商业竞争,甚至是文化娱乐中的作用愈发凸显。对信息传播的重视,一方面,使得当代信息传播活动空前繁荣,信息经济快速发展,信息社会逐渐形成;另一方面,使得信息内容的真实性越来越受到挑战,动机往往超越事实成为主要依据。

正如前文对文化帝国主义的描述,全媒体时代的舆论工作面临来自诸如文化霸权的复杂性问题。这一点在2019年香港暴乱发生时得到了很好的印证。西方媒体几乎众口一词地谴责香港政府和警方,站在"废青"的一边,通过单方面报道警方的所谓"暴力"行为和"废青"如何如何受到限制,将港府形容为十恶不赦、蔑视人民生命安全的"独裁傀儡政府",却罔顾"废青"对香港社会经济安全的破坏,对内地游客、香港普通居民,甚至部分东亚游客生命财产的危害,将"废青"包装为所谓的"追求自由的民主斗士",颠倒黑白,毫无西方新闻专业主义所倡导的"客观、公正、准确"的新闻伦理原则,目的就在于迎合和引导国际舆论"反华"的氛围。

从主体和动机、功能和结构这两个层面综合来看,可以发现,全媒体时代舆论生态正在呈现出逐渐复杂化的大体趋势,这就要求未来的新闻舆论工作者认清复杂化的趋势,积累足够的理论经验,尽力把握舆论发展规律,对任何问题不作简单化思考,而要充分批判,对比考量,在复杂的全媒体舆论格局中把好新闻舆论的重要关卡。

四、不确定性

全球化的传播网络、多样的传播主体、复杂的传播动机以及非专业的传播行为,使得全媒体时代中的信息内容与传播效果难以预测。现如今,人人都可以在互联网空间发声,"地球村"的形成使得里头的每位"村民"都被赋予了发"村通告"的权利,只不过发声大小有程度差异。正是由于多元化个体动机和行为的不确定性,全球化的舆论环境实际上处于一种不确定、不稳定的状态,任何一个国家、一个网民发布的信息,都有可能带来全球范围内的"蝴蝶效应"。

此外,突发事件的不当传播会带来负面的社会影响,局部的不当传播也会带来负面的社会影响,甚至于正面的内容、真实的新闻由于时机选择不当也会产生负面的社会影响。这一点尤其体现在谣言的加速传播过程中。2011年3月15日,日本福岛核电站发生核泄漏事件,本来与中国毫无影响,但这一突发事件却在网络上被别有用心之人冠以谣言,变为"日本核辐射会污染海水导致以后生产的盐都无法食用,而且吃含碘的食用盐可防核辐射"。一时间,引发了不少居民疯狂抢购食盐的狂潮,一些不法经销商乘机哄抬价格,牟取暴利,扰乱市场正常秩序,导致群众反应强烈。

随着互联网技术的不断发展,以及全球化、全媒体化程度的不断提升,这种由信息传播不确定性带来的风险已经成为司空见惯的现象。我们身处崭新的全媒体环境中,如何处理海量的信息,如何传播正向的舆论,如何建设积极的舆论生态,已经变得愈发重要而紧迫。

第二节　全媒体环境中舆论引导的新观念

在全媒体环境中引导舆论,既不能无所作为,听之任之,也不能盲目作为,新瓶装旧酒,而是要切实把握新特征,遵循新规律,拿出新办法。观念是行为的先导,要有新的行为必须先有新的观念。

舆论场从本质上说是一种动态的信息系统、能量系统。在传统媒体时代,系统要素之间是线性的、决定论的关系;而在全媒体时代,系统要素之间是非线性的、非决定论的关系。换言之,关联性取代了因果性,相对性取代了绝对性,自组织性取代了组织性,成为全媒体时代舆论场的运行规律。在这一新的舆论场中引导舆论,建立信任感、理性感、积极感,已经成为新的任务。

"量子管理学"创立者、英国学者丹娜·左哈尔认为,人类已经进入量子时代,牛顿式世界观应该让位于量子世界观。在牛顿范式下,自然被看作是简单的、守规则的、最终可控的,而在量子范式下,自然是复杂的、混沌的、非确定性的。按照量子思维来看待全媒体时代舆论场的引导与管理,就要摆脱机械论、还原论的制约,以创新性、整体观来追求舆论场中价值观的趋同。

一、多样的一致

正如上一节所述,新时代全球化和全媒体环境中,任何人都无法成为一座"孤岛",网民群体的复杂性决定了舆论场中的多样性立场和差异化表达是必然存在的。那么,该如何在这种多样而复杂的环境中做好舆论引导工作呢?

首先,要明确"同质化舆论"的不可能,客观认识并尊重舆论的多样性和差异性,这恰恰也是尊重其他文化和文明的表现。正如葛兰西在《狱中札记》中所说,以美国为主导的西方国家惯用意识形态文化武器构建文化帝国,用文化霸权入侵第三世界国家,令其他国家被迫接受其意识形态和政治经济体制,继而控制国家的政治经济和文化发展命脉,使其成为西方国家的"殖民地2.0"。这背后的霸权逻辑体现的正是一元化的思维,投射到网络空间中的行为便是拼命制造所谓同质化的舆论,这是我们要坚决反对的。

进而,在尊重舆论多样性和差异性的基础上,应当追求"同向化舆论"。从现实性上看,同质化舆论是"同而不和",同向化舆论是"和而不同"。在全媒体环境中,形式上排除不同声音并不能带来认识上的一致。更何况,全媒体环境中的形式变化从理论上说是无限的。对于中国而言,如若放任多样化舆论自由发展,则会落入西方的话语陷阱和文化帝国主义逻辑中去,逐渐被西方意识形态所渗透和攻破。因此,追求舆论"和而不同"的同向化发展,是舆论工作者需要为之奋斗的目标。所以,舆论同向化不是让舆论"众口一词",而是让舆论朝着整体"向上向善"的方向发展,促进社会的和谐发展。

综上,在全媒体环境的舆论生态中,我们要在尊重、承认多样性的基础上寻求、创造一致性,明确"向上向善"的舆论引导方向,形成既有活跃度又有正能量的舆论场。

二、正向的批评

新闻媒体的公信力来源于对现实的全面客观反映,舆论引导的信任度来源于对不同主体与客观事实的尊重。不同于传统媒体时代社会精英对媒体的绝对垄断,在全媒体时代,公众逐渐成为舆论场建构的重要力量。

我们常常可以在一些社会事件中看到,对同一事件,公众会有不同视角,对社会问题能够主动地进行表达,这是社会现代化、民主化进程中的客观趋势。事实上,舆论场中的批评可以成为现实中的积极力量:一来揭示了现实生活中存在的问题;二来能够推动现实问题的解决与社会的进步。

习近平同志对于新闻媒体所发挥的批评和监督作用给予了高度的评价。习近平同志在"2·19"讲话中提出:"新闻媒体要直面工作中存在的问题,直面社会丑恶现象,激浊扬清、针砭时弊,同时发表批评性报道要事实准确、分析客观。"他随后又说,"舆论监督是加强党的建设和民主政治建设的一项重要内容,各级党组织和政府应欢迎新闻工作者报喜也报忧,拿起舆论监督武器,对自己工作中的问题和各种腐败现象进行揭露批评。"

因此,我们对于"正面宣传"的理解应该有新的发展,不应仅是内容的正面,还要有效果的正向。从实践与理论上看,只要是基于事实的、理性的批评表达,且能够为社会发展和人民福祉带来正向推动的内容,都是成为舆论场中的健康声音,应当予以支持。

三、理性的讨论

在全媒体时代,舆论场中远远不止"两面之词",而是"多面之词"。面对这种情况,培养讨论习惯乃至辩论意识就显得至关重要。在全球化与社会存在多样化的时代里,思想观念的差异是必然的,重要的是如何以事实和理论来引导不同的思想观念。特别是对于国家发展道路问题,要有历史与宏观的视野,把西方的问题讲透,把自己的问题讲足。只要保持全球视野与中国立场的统一、尊重事实与道路自信的统一,就能在全媒体环境的舆论场中保持引导性位置。

为什么要强调理性呢?随着互联网开放程度的提高、舆论场的进一步扩大和复杂化,舆论的极化现象变得越来越严重,这非常不利于舆论的健康发展,极有可能会对社会产生危害。

舆论极化现象,顾名思义,就是舆论在发展过程中变得逐渐一致,进而走向一个极端,其他异见得不到表达或被淹没,整个舆论场只呈现出一种意见。经验研究表明,从外部世界寻找肯定自己信念和身份的信息,本是深植于人类认知中的偏见。这种"确认偏见"使得人们在行为层面不自觉地对获取到的信息进行"选择性接触"。人们在网络空间里挑选符合自己观点的信息,在社交媒体中形成声气相求的社交群体,在派别观点的"回音室"中屏蔽不同的声音,在同质意见的"信息茧房"中推助舆论的极端派别化。①

此外,更需要注意到的是,理性的讨论背后一定是以扎实的理论积累和经验沉淀为基础的。没有知识性的讨论大都难免会走向感性化表达的极端。因此,一方面,提升互联网用户的媒介素养,从根本上夯实理性讨论的基础;另一方面,针对不同媒介素养群体开设不同的舆论表达平台,做到对舆论更好地管理,营造良好的理性讨论氛围,二者缺一不可。

四、动态的发布

全媒体时代也是全程媒体的时代,信息发布与事件发生之间"零时差"的同步性已经成为现实。2017年全国"两会"上,"全副武装"的记者装束引起了人们的注意。人民网报道:

"身着冲锋衣、脚踏运动鞋,左手稳定器、右手麦克风、腰别 Wi-Fi 盒,脖挂照相机、包揣上网本……"这就是人民网上会记者们的"标配"形象。其实何止于此,如果仔细"搜身",他们身上通常还会揣着 U 盘、iPad、手机、充电宝、充电器、数据线、自拍杆、录音笔、相机电池……五花八门的采访报道必备"武器"。②

---

① 葛岩. 社交媒体和舆论极化的涌现[EB/OL]. 中国社会科学网,2019 年 7 月 23 日. http://cssn.cn/gd/gd_rwhd/gd_ktsb_1651/gjzgtscbxxshytx/201907/t20190723_4937925.shtml.

② 走近两会记者:要实力还要"全副武装"[N/OL]. 极客网,2017 年 3 月 22 日. http://www.nxing.cn/wenyi/15109189.html.

新闻记者越来越多的媒介装束，极大地丰富了新闻记者作为个体所生产的新闻全媒体程度，一个记者就可以独立完成对"两会"现场的视频、图片和文字报道，甚至还可以完成一次直播，真正做到了"全媒体动态发布"。

从舆论形成的规律来看，早发布的信息具有事实呈现力与解释力，因而具有舆论引导力。正所谓"第一声音"形成"第一印象"。对于新闻工作者和舆论引导者来说，尽可能地早发声、快发声具有极其重要的、不可替代的意义。及时性仍然是当下新闻的重要价值要素之一。

在全媒体环境中，慢信息就是弱信息。换言之，过慢的信息，即便具有权威度与真实性，但因丧失关注度，其舆论引导力就会大大下降。因此，对于舆论引导者来说，只有熟练掌握各类媒介技术，灵活运用各类媒介来保持快速而动态的发布机制，实现第一发布与持续更新的统一，才会形成对舆论场的有效引导。

五、创意的内容

全媒体时代是全息媒体的时代，具有完全不同于传统媒体的传播形态。移动化、社交化、可视化，特别是碎片化，已经成为这个全媒体时代的基本特征。尤其是"抖音""快手"这类短视频媒介的兴起，更是将信息碎片化这一特征展现到了极致。在信息被一拳打散难以聚合的当下，全社会的注意力资源越来越稀缺，思考力资源则更稀缺。面对着浩如烟海的过载信息，人们往往不知道该关注什么，更不知道还能从信息中产生什么思考。

信息接受的前提是信息接收。要实现对舆论场的引导，最基本的就是让信息得到关注与传播。在这一点上，创作有创意的内容，往往能最有效地获取受众的注意力资源。例如，时下诸多成名的网红，大多有自己的"独门绝活"，且大多能持续性地产出富有创意的内容，这些内容可以令他们迅速获取人们的关注，甚至引发人们的思考，提升知名度的同时，通过各类变现手段将注意力资源转化为切切实实的收入。

事实上，如何制作全息形态的创意内容，已经成为当代信息传播领域的热点话题。在全媒体环境中，好的内容具有"硬核""真情"与"美颜"三个要素。其中，"硬核"是指事实与故事要有过硬的传播价值，让受众心甘情愿地转发内容；"真情"是指对社会不同群体所持有的平等心与蕴含的人情味，可以与受众产生共鸣，在情感上与受众达成一致；"美颜"则是指内容表达方式的创造性与吸引力。例如，卡梅隆执导的电影《阿凡达》，凭借着在当时最先进、最富有创造性和开拓性的电影技术，使原本简单得甚至有些平庸的故事变得非常具有吸引力，进而创下票房奇迹。因此，要想做有创意的内容，核心要抓好"硬核""真情"与"美颜"三个要素，这样才可以提升作品在全媒体环境中的引导力和影响力。

第三节　全媒体传播格局中的舆论引导力量

当前，媒体离公众越来越近，但新闻却离公众越来越远。究其原因，主要是由于高质量的新闻被低质量、无质量的信息内容湮没，传统专业媒体被各种非专业的搜索类、聚合类信息平台和社交媒体挤压。在新的全媒体传播格局中,要实现有效的舆论引导,既要打造新型传播平台,建设新型主流媒体,也要调动一切可以调动的积极力量,形成舆论引导的合力,构建现代传播体系。

一、政府的舆论引导力量

在全媒体时代的国家治理体系中,新闻舆论工作是极其重要的,关乎政府能否有效实现与社会的沟通,进而引导整个社会的心理预期与精神状态。对政府来说,要把新闻舆论工作、信息传播工作作为战略任务来对待。这不仅反映了政府工作理念"以人民为中心"的导向,也反映了政府工作水平的现代化程度。作为社会秩序的控制者、社会信息的拥有者,政府在舆论引导上是具有优势的。因此,理应以更加积极且专业的姿态参与全媒体舆论格局的建构。政府要发挥好舆论引导力量,就要做到战略上重视、体系上健全、手段上专业,努力成为社会舆论的"第一信源"。

法国后现代主义哲学家鲍德里亚曾经在1991年"海湾战争"爆发后发表了引起西方世界轩然大波的评论文章《海湾战争从未发生》,意图将"海湾战争"解读为一场"媒介化的战争",对于普通民众而言,"海湾战争"就像是一场好莱坞电影,或是一场电子游戏,根本无法辨别其真实性。虽然鲍德里亚是想通过这一耸人听闻的论调突出媒介在其中的重要性,但我们仍不可忽视的一点是,"海湾战争"期间,美国白宫始终牢牢地把握着战时信息的发布权和解释权,所有媒体不得不依赖美国官方发布的信息,包括影响力遍布全球的BBC、CNN、路透社等跨国媒体。换句话说,美国政府事实上垄断了几乎所有关于"海湾战争"的话语权,世界人民通过媒体了解到的"海湾战争",无非是美国政府所叙述的海湾战争。也就是说,美国政府直接或间接引导了世界人民的关注点和视角,进而控制了世界舆论的走向。

二、媒体的舆论引导力量

在全媒体环境中,高质量新闻缺失现象已经成为影响新闻伦理与公众利益的突出问题。究其原因不难发现,高质量新闻从结构上和功能上面临着双重危机。结构上,短平快、碎片化的新闻大量出现,占据越来越多的注意力资源,使得民众无暇顾及高质量的深度报道;功能上,高质量新闻往往需要耗费更多的时间和精力,负担着更多的成本,而产生的效果有时甚至还不如一篇短平快的消息,功能和效率上相对而言大不如前。

然而,无论是从国际还是国内来看,专业媒体的影响力都在逐渐迎来"否定之否定"的复兴。什么叫"否定之否定"的复兴呢?第一个"否定"意为对专业媒体所生产的高质量新闻的否定;第二个"否定"则是对于高质量新闻实际意义的反思,重新呼唤高质量新闻的回归。专业媒体和它们生产的高质量新闻,在这样一个信息过载、谣言可以快速扩散的时代,显得弥足珍贵。

当然，这种复兴的进程还是缓慢的。对于专业媒体来说，要在全媒体环境中扩大影响力，就要善于根据新形势打造媒体融合发展的整体优势，要通过理念、流程、平台、机制等的彻底变革，实现专业内容、先进技术、社会资源的融合质变。此外，对于媒体变革来说，当前尤为重要的是调整工作机制，吸引并放手使用优秀人才，以新机制建设新队伍，以新队伍提升舆论引导力。

对于新时代如何发挥媒体的舆论引导力量，1989年5月中旬，时任福建省宁德地委书记的习近平同志在《把握好新闻工作的基点》一文中提出了一系列重要的思想观点，他指出："舆论引导就是要通过新闻报道，弘扬社会正气，坚定人们对改革的信心，认清改革的光明前途。新闻工作者要抓住事物的本质，反映问题的主流，坚持正面宣传为主，把握新闻宣传的基调。"这不仅是对媒体舆论引导力量的肯定，也对新闻工作者如何发挥媒体的舆论引导力量提出了方法论意见和建议。

三、技术的舆论引导力量

全媒体时代的突出标志是新技术主导新媒介发展，新媒介主导新传播格局。5G、大数据、云计算、物联网、人工智能等技术的出现，极大地改变了原有新闻的生产流程与传播渠道。原本单线程、单向流动、低互动性的新闻生产和传播方式，逐渐转变为多线程、双向流动、高互动性的新型新闻生产和传播方式。

在这种环境下，技术的主导性、媒介的主体性日益凸显。对于技术本质的讨论可以追溯到古希腊时期，以苏格拉底、柏拉图、亚里士多德为首的希腊学者对技术的本原有过深刻的理解。苏格拉底认为"自然知识"是技术形成的前提，[1]柏拉图则将技术视作对"理念"的"觉知"，[2]而亚里士多德将技术称作"一种外在的善"，是人类理性品质的体现[3]。

发展到近代，马克思认为技术本质上是人类历史发展的产物，是人类劳动的创造物，技术是重要的生产要素，也是生产力本身。[4] 欧内斯特·卡普（Ernst Kapp）不同于马克思偏技术决定论的观点，他出版的《技术哲学导论》第一次提出了"技术哲学"一词，他将技术视作人的延伸，强调其对社会的积极作用。[5] 卡尔·雅斯贝尔斯在《历史的起源和目标》中将前人关于技术的观点化约为两种基本的观点，一种是强调技术帮助人类征服自然，另一种是强调技术对人类自身的改造。[6]

---

[1] 王飞,刘则渊.德绍尔的技术王国思想[J].自然辩证法研究,2005,21(5)：36-41.

[2] Blackson T A. Plato's Tribute to Socrates[M]//Blackson T A. Inquiry, Forms, and Substances. Dordrecht：Springer,1995：26-63.

[3] 亚里士多德.大伦理学[M]//苗力田.亚里士多德全集(第8卷).北京：中国人民大学出版社,1992,249.

[4] 苏洁,叶勇.技术哲学视野下智能手机对大学生的异化及对策研究[J].思想教育研究,2018(12)：124-128.

[5] 吴飞.媒介技术演进脉络的哲学考察[J].新闻记者,2018(12)：30-44.

[6] 卡尔·雅斯贝尔斯.历史的起源和目标[M].魏楚雄,俞新天译.北京：华夏出版社,1989,115.

毫无疑问,技术给人类社会的进步带来了巨大的促进作用。海德格尔曾指出,技术的本质是解蔽(das Entbergen),呈现掩盖的事实。他从语义学上解释说,"技术"一词最早出自希腊语τεχνικον,其词根为τεχνη,τεχνη不仅指手工和技能,更有表示精湛技艺和美好艺术的含义。海德格尔指出,自柏拉图时代开始,τεχνη便与επιστημη(认识)一词密切地交织在一起,指的是对某种事物的精通和理解,含有启发的意思,而具有启发作用的认识就是所谓的"解蔽"。①

新型媒介技术的发展,是人类历史发展的必然产物,反过来大大促进了人类的解蔽能力,改变了原有的舆论传播格局。因而,要进行有效的舆论引导,就必须全面投入新媒介技术的研发与使用。事实上,没有内容的技术是乏味的,没有技术的内容是边缘的。当前,重要而紧迫的是,积极开展算法研究,让主流价值引导主流算法,让主流算法引导智能新闻发展。

四、国际的舆论引导力量

全媒体时代是全球传播时代,传播主体不仅在国内,也在国外。当前,中国在全球传播中的焦点性日益突出。作为世界第二大经济体,全球舆论对中国的关注度前所未有,而中国自身提供的信息还不能满足这种需求。任何舆论场都不可能是真空的,如果没有正确的声音,错误的声音就会蔓延。

习近平同志在党的十九大报告中讲道,要"讲好中国故事,展现真实、立体、全面的中国,提高国家文化软实力"。中国记协国内部主任殷陆君总结了近年来中国对外"讲故事"的案例:

瀛台夜话,让美国领导人了解中国人民选择中国共产党的领导、选择社会主义是因为近代以来君主立宪制、总统制、半总统制等都失败后的正确历史选择,加深中美理解;巴黎演讲,和法国朋友重温拿破仑的名言"中国是一头沉睡的狮子",了解今日中国,展望未来"中国这头狮子已经醒了,但这是一只和平、可亲、文明的狮子",促进东西方了解;蒙古讲话,与邻居交心,"欢迎大家搭乘中国发展的列车,搭快车也好,搭便车也好,我们都欢迎,正所谓'独行快、众行远'",引起广泛共鸣。②

在全媒体时代,要避免关于中国的"舆论真空"与"舆论混乱",不仅要加强自身的对外传播力建设,更要在建设对外传播体系的基础上,发挥国际友好人士的力量,形成中国之外的国际舆论力量。当前,许多了解中国、对中国友好的国际人士,已经在作传播中国的努力了,但未来依然需要更多的支持和帮助。

---

① 海德格尔.海德格尔选集(下卷)[M].上海:上海三联书店,1996,931.
② 殷陆君.讲好中国故事,共塑中国形象[J].新闻战线,2018(13):50-52.

五、青年的舆论引导力量

在全媒体时代,青年是互联网与数字媒介的"原住民",青年的参与度、活跃度远远超过其他年龄段的群体。可以说,当代青年已经逐渐成为家庭以及社会的意见领袖。要引导全媒体环境中的舆论,特别是自媒体、社交媒体中的舆论,关键就要发挥青年的作用。从当前国内各大新媒体公司的发展来看,其创始人创建公司的年龄和全体员工的平均年龄普遍不到30岁,足以见得,新生的青年力量已经成为当代舆论引导力量的重要生力军。新一代青年人有着更开阔的全球视野、更清晰的国家意识、更理性的思维方式,只有充分尊重、积极组织,才能使其成为具有强大战斗力的舆论引导力量。

全媒体时代是全新的媒体时代。这一时代有着全新的规律,但也带来了全新的挑战。对于中华民族伟大复兴来说,舆论引导能力、国际传播能力已经成为国家战略能力不可或缺、不可替代的组成部分。只有切实尊重、把握这一新时代的规律,中国才能逐渐成为全球传播格局中的引领者,中国的世界贡献、发展理念与精神价值才能获得越来越多的认同。

思 考 题

1. 如何理解现如今全媒体时代的舆论生态特征与趋势?
2. 有哪些全媒体环境中舆论引导的新观念应当了解?
3. 如何在全媒体传播格局中充分发挥政府、媒体、技术、国际和青年等各方面的舆论引导力量?
4. 为什么鲍德里亚说"海湾战争从未发生"?他意图说明什么问题?从政府引导舆论的角度,又可以如何阐释他的这句话?

 延伸阅读

1. [英]丹娜·左哈尔. 量子领导者[M]. 杨壮,施诺译. 北京:机械工业出版社,2019.
2. 习近平. 决胜全面建成小康社会 夺取新时代中国特色社会主义伟大胜利——在中国共产党第十九次全国代表大会上的报告[M]. 北京:人民出版社,2017.
3. 窦锋昌. 全媒体新闻生产:案例与方法[M]. 上海:复旦大学出版社,2018.
4. [意]安东尼奥·葛兰西. 狱中札记[M]. 重庆:重庆出版社,2016.

第六章 网络传播的法治与伦理

导读：互联网并非法外之地，网络传播的大发展背后，势必需要相应的法治体系和伦理规范进行制约。本章回顾了网络传播法治与伦理的发展历程，对中国现有的网络传播相关政策法律进行了介绍和分析，并对传统媒体时代和数字媒体时代的网络传播伦理展开了对比研究，剖析了数字时代新闻传播伦理所面临的挑战，最后提出了如何建设向上向善的网络秩序若干措施。

第一节 网络传播的法治

一、中国现有的政策法规体系

从1997年德国制定了世界上第一部全面规制新媒体的《多媒体法》起，世界各国都开始了其关于网络的立法进程。美国作为互联网的发源地以及信息立法的先行者，也针对新媒体制定颁布了多个法案，如《电信法》《传播庄重法》（后被废除）、《儿童在线隐私保护法案》《计算机安全法》《电子通信秘密法》《统一电子交易法》《高性能计算机及网络法案》。[1]

作为世界新兴的互联网大国，中国也正在着力进行网络传播法治的建设。具体来说，与网络传播相关的政策法规按照层级来说分为法律、行政法规、部门规章、司法解释、规范性文件和政策文件6类（见表6-1）。其中，除《宪法》外，在法律中具有最高位阶的分别是《中华人民共和国网络安全法》《中华人民共和国电子签名法》《全国人民代表大会常务委员会关于加强网络信息保护的决定》《全国人民代表大会常务委员会关于维护互联网安全的决定》。除此之外，行政法规和部门规章也对相关领域进行了较为全面而完整的规定，如《信息网络传播权保护条例》《互联网信息服务管理办法》《互联网文化管理暂行规定》《互联网视听节目服务管理规定》《互联网新闻信息服务管理规定》。而在一些较为新近的互联网发展领域，则主要通过规范性文件的方式加以规定，如《互联网直播服务管理规定》《互联网信息搜索服务管理规定》。

---

[1] 王静静. 美国网络立法的现状及特点[J]. 传媒，2006(7)：71-73.

表 6-1　中国网络传播法治体系

层级	政策法规
法律	《中华人民共和国网络安全法》
	《中华人民共和国电子签名法》
	《全国人民代表大会常务委员会关于加强网络信息保护的决定》
	《全国人民代表大会常务委员会关于维护互联网安全的决定》
行政法规	《信息网络传播权保护条例》
	《互联网信息服务管理办法》
	《中华人民共和国电信条例》
	《计算机信息网络国际联网安全保护管理办法》
	《中华人民共和国计算机信息网络国际联网管理暂行规定》
	《中华人民共和国计算机信息系统安全保护条例》
部门规章	《电信和互联网用户个人信息保护规定》
	《规范互联网信息服务市场秩序若干规定》
	《互联网文化管理暂行规定》
	《互联网视听节目服务管理规定》
	《互联网新闻信息服务管理规定》
	《专网及定向传播视听节目服务管理规定》
司法解释	《最高人民法院关于审理利用信息网络侵害人身权益民事纠纷案件适用法律若干问题的规定》
	《最高人民法院、最高人民检察院关于办理利用信息网络实施诽谤等刑事案件适用法律若干问题的解释》
	《最高人民法院关于审理侵害信息网络传播权民事纠纷案件适用法律若干问题的规定》
	《最高人民法院、最高人民检察院关于办理利用互联网、移动通讯终端、声讯台制作、复制、出版、贩卖、传播淫秽电子信息刑事案件具体应用法律若干问题的解释》
	《最高人民法院、最高人民检察院关于办理利用互联网、移动通讯终端、声讯台制作、复制、出版、贩卖、传播淫秽电子信息刑事案件具体应用法律若干问题的解释(二)》
规范性文件	《互联网直播服务管理规定》
	《移动互联网应用程序信息服务管理规定》
	《互联网信息搜索服务管理规定》
	《互联网新闻信息服务单位约谈工作规定》
	《互联网危险物品信息发布管理规定》
	《互联网用户账号名称管理规定》
	《即时通信工具公众信息服务发展管理暂行规定》
政策文件	《关于加强国家网络安全标准化工作的若干意见》
	《关于加强党政机关网站安全管理工作的通知》

其中,《中华人民共和国网络安全法》是相关法律法规和政策条款中,除《宪法》外位阶最高且具有重要理论和现实意义的一部法律,在下面将会详细介绍。此外,在法律之下的行政法规之中,《互联网信息服务管理办法》又是一部与日常生活相对最为贴近和应用最为广泛的法规,该法规第十五条所规定的互联网信息服务管理"九不准"原则,也是相关政府、企业、公民和其他民事法律主体管理、从事、参与网络空间的底线准则,具体包括:(1)反对宪法所确定的基本原则的;(2)危害国家安全,泄露国家秘密,颠覆国家政权,破坏国家统一的;(3)损害国家荣誉和利益的;(4)煽动民族仇恨、民族歧视,破坏民族团结的;(5)破坏国家宗教政策,宣扬邪教和封建迷信的;(6)散布谣言,扰乱社会秩序,破坏社会稳定的;(7)散步淫秽、色情、赌博、暴力、凶杀、恐怖或者教唆犯罪的;(8)侮辱或者诽谤他人,侵害他人合法权益的;(9)含有法律、行政法规禁止的其他内容的。

二、《网络安全法》

网络安全是当今世界各国面临的重要网络传播法治难题,其核心焦点在于信息自由流通与公共安全、个人权益之间的矛盾。2016年11月7日,《中华人民共和国网络安全法》(以下简称《网络安全法》)由中华人民共和国第十二届全国人民代表大会常务委员会第二十四次会议通过,自2017年6月1日起施行。这一法律的出台,旨在维护健康可靠的网络空间,打击网络违法犯罪,并且进行真正的人权保护。

(一)网络空间主权

网络空间不是法外之地,也不是无主之地。网络空间主权是国家主权在网络空间的重要扩展和延续。① 在《网络安全法》第一章第一条的立法宗旨中即提出:"为了保障网络安全,维护网络空间主权和国家安全、社会公共利益,保护公民、法人和其他组织的合法权益,促进经济社会信息化健康发展,制定本法。"

作为国家主权在网络空间的延展,《网络安全法》的适用主体也在法律中作出了明确规定:"在中华人民共和国境内建设、运营、维护和使用网络,以及网络安全的监督管理,适用本法。"这意味着,无论网络运营和服务的提供者在所有权上属于国有还是私有,在注册地上属于境内还是境外,只要在中华人民共和国境内开展相关的网络运营使用和监督管理,都适用于本法。

在第二届世界互联网大会开幕式上,习近平同志发表主题演讲,呼吁各国应尊重"网络主权""《联合国宪章》确立的主权平等原则是当代国际关系的基本准则,覆盖国与国交往各个领域,其原则和精神也应该适用于网络空间"。

---

① 孙佑海.网络安全法:保障网络安全的根本举措——学习贯彻《中华人民共和国网络安全法》[J].中国信息安全,2016(12):30-33.

互联网的诞生和发展，引发了国家和社会治理各个领域的显著变化，在方便日常生活、提高生产效率的同时，宣扬恐怖主义、极端主义，颠覆国家政权，非法获取、泄露、倒卖个人信息等新环境下的违法犯罪行为，严重危害了国家安全、社会公共利益和公民个人权益。但是，对于这些新问题、新现象的法律法规，却往往存在许多难题，其中非常重要的一点就是随着网络无远弗届的特性，跨国网络犯罪成为非常普遍的现象，而与之相对的，各个国家却缺乏相应而明确的法律依据。《网络安全法》关于网络空间主权的确立，为当今世界的全球互联网治理提供了重要的理论贡献。

（二）个人信息保护

《网络安全法》首次系统性地规定了一系列关于个人信息保护和个人信息安全的条款，相当于一部小型的"个人信息保护法"，这无论是对于遏制网络空间中对于个人信息的非法获取、盗用、倒卖行为作出了明确的法律限制，而且也为将来制订更为详细的相关法规条例提供了上位法的法源。

关于个人信息保护的条款，主要集中于《网络安全法》第四章"网络信息安全"部分，法律规定网络运营者收集、使用个人信息，应当"经被收集者同意"，且收集的信息不得是与其所提供服务无关的信息。此外，网络运营者也"不得泄露、篡改、毁损其收集的个人信息"，这确立了网络运营者对于个人信息保密性、完整性、存续性的责任要求。同时，法律还规定了个人在发现个人信息保护权益遭到侵犯时所拥有的权利："个人发现网络运营者违反法律、行政法规的规定或者双方的约定收集、使用其个人信息的，有权要求网络运营者删除其个人信息；发现网络运营者收集、存储的其个人信息有错误的，有权要求网络运营者予以更正。网络运营者应当采取措施予以删除或者更正。"

在学术界，学者也对个人信息权益的保护确定了若干条准则，其包括：（1）目的确定原则。指处理个人信息具有特定、明确、合理的目的，不扩大使用范围，不在个人信息主体不知情的情况下改变处理个人信息的目的。（2）质量保证原则。指信息管理者保证处理过程中的个人信息保密、完整、可用，并处于最新状态。（3）个人参与原则。指个人有权决定自己的数据是否被收集，知道自己的哪些数据被收集了，并且可以对这些被收集的数据进行确认，要求修改和删除。[①] 从《网络安全法》公布的条款来看，这些原则都已经涵盖在内，并且作出了更为详尽具体的规定，具有很强的正当性和可操作性。

（三）网络运行安全

此外，《网络安全法》也对网络运行安全作了系统性的规范，具体来说可以包括：保障网络产品和服务安全、保障网络数据和信息安全、保障关键信息基础设施安全。

关于保障网络产品和服务安全，《网络安全法》明确了网络产品和服务提供者的安全

[①] 陈昌凤，虞鑫. 大数据时代的个人隐私保护问题[J]. 新闻与写作，2014(6)：44-46.

义务，这是国家的强制性要求，具体包括："网络产品、服务的提供者不得设置恶意程序；发现其网络产品、服务存在安全缺陷、漏洞等风险时，应当立即采取补救措施，按照规定及时告知用户并向有关主管部门报告。网络产品、服务的提供者应当为其产品、服务持续提供安全维护；在规定或者当事人约定的期限内，不得终止提供安全维护。"

关于保障网络数据和信息安全，《网络安全法》要求网络运营者应采取数据分类、重要数据备份和加密等措施，防止网络数据被窃取或篡改。同时为了确保信息发布和传输的责任性与可追溯性，第二十四条规定："网络运营者为用户办理网络接入、域名注册服务，办理固定电话、移动电话等入网手续，或者为用户提供信息发布、即时通讯等服务，在与用户签订协议或者确认提供服务时，应当要求用户提供真实身份信息。用户不提供真实身份信息的，网络运营者不得为其提供相关服务。"而在信息的传输过程中，《网络安全法》也明确了网络运营者处置违法信息的义务，同时在第五十条赋予了国家有关主管部门对于信息管理的权力和范围："国家网信部门和有关部门依法履行网络信息安全监督管理职责，发现法律、行政法规禁止发布或者传输的信息的，应当要求网络运营者停止传输，采取消除等处置措施，保存有关记录；对来源于中华人民共和国境外的上述信息，应当通知有关机构采取技术措施和其他必要措施阻断传播。"

关于保障关键信息基础设施安全，《网络安全法》作出了专门规定，予以重点保护。根据第三十一条规定："国家对公共通信和信息服务、能源、交通、水利、金融、公共服务、电子政务等重要行业和领域，以及其他一旦遭到破坏、丧失功能或者数据泄露，可能严重危害国家安全、国计民生、公共利益的关键信息基础设施，在网络安全等级保护制度的基础上，实行重点保护。"相关网络运营者应当进行相应的安全审查制度，同时要求，原则上应当在境内存储公民个人信息等重要数据，如"因业务需要，确需向境外提供的，应当按照国家网信部门会同国务院有关部门制定的办法进行安全评估"。

（四）国际网络安全法规

在其他国家，网络安全问题也是它们治理互联网的重要方面。在俄罗斯，2002年《俄罗斯反极端活动法》规定，如果俄罗斯国家权力机关认为某一网站涉嫌从事极端主义的宣传报道而限制访问时，必须依照俄罗斯《民事诉讼法》规定的程序向法院提出申请，当该申请得到法院的支持时，才能对涉嫌传播极端主义思想的网站进行查封。这种措施尽管对保障网站的权利起到保护作用，但由于极端主义思想网络传播速度快、涉及面广，造成的后果严重，不利于尽快制止极端思想的扩散，在某种程度上成了禁止极端主义网络传播的障碍。2014年2月1日起生效的俄罗斯《信息、信息技术和信息保护法》对上述程序进行了修改。根据该法，俄罗斯通信、信息技术和大众传媒联邦局根据俄罗斯联邦总检察长或其副职的请求可以在法院查封某一网络资源前，禁止浏览其上刊载的涉嫌极端主义的信息资料，直到所有人删除有害的信息或法院认为并无不适宜的内容的决定作出时刻为止。

这一修改适当扩大了行政权的范围,也为言论自由、媒体自由提供了必要的救济程序,使得司法权成为一种保障媒体自由和言论自由的救济手段,进而更好地平衡了对极端主义的打击和权利保障之间的关系。①

此外,美国政府在相关领域的处理策略也具有统筹性、综合性、协调性的特征。首先是梯次分解战略目标。在执行方案的设计上,强调由上而下,由抽象至具体梯次分解宏观目标直至具有较高操作性的具体行动部署;其次是战略执行方案内容的综合性和参与主体的广泛性。方案内容涵盖政府社区关系构建、政府执法主体专业能力建设和基层社区主体能力建设等。参与主体包含了联邦政府相关职能部门、地方政府及相关职能部门、基层社区家庭、非政府组织和公司企业等。而在政府部门主体方面,既包括传统的安全、执法部门等司法主体,如国土安全部、联邦调查局、司法部等,也包括其直接职责并不涉及执法司法相关内容的非安全主体,如教育部、卫生与公共服务部等;最后是资源利用最大化。在该战略执行方案具体目标和行动部署的设计和规划上,强调在当前国家安全框架下,在充分辨识当前已有的如公共安全、暴力犯罪预防、韧性能力建设相关资源和项目的基础上,设计和嵌套具体目标与行动部署,以达到资源利用最大化和避免重复建设的目的。②

然而需要指出的是,从国与国之间关系的视角出发,作为全球性垄断霸权的美国"网络安全"治理体系,具有一定的特殊性,这种特殊性即在于其"网络安全"治理的主要目标不在于协调国内主体间的法律关系和责任义务,而在于利用这一体系实现对其他国家的控制。正如美国学者丹·席勒批评的那样,"斯诺登解密"事件揭露了美国对于世界各国包括其盟友的秘密监视。这一事件的爆发,也让欧洲各国开始意识到数字化时代保护国家隐私的重要性,欧洲国家屡屡出台法律对美国企业在欧洲的发展加以限制。或许美国前总统奥巴马的一句话,"不小心"暗示了美国政府及美国企业对互联网的态度:"我们拥有互联网,是我们的公司创造、发展并且完善了互联网。"

在这样的国际情势下,中国制定《网络安全法》就显得更为紧迫和必要。面对数字世界和网络空间"看不见的硝烟",如何维护健康可靠的网络空间,打击网络违法犯罪,并且进行真正的人权保护,成为摆在世界各国人民面前的重大问题。

三、网络谣言治理

2013年9月9日,《最高人民法院、最高人民检察院关于办理利用信息网络实施诽谤等刑事案件适用法律若干问题的解释》(以下简称《解释》)公布。该司法解释通过厘清信息网络发表言论的法律边界,为惩治利用网络实施诽谤等犯罪提供了明确的法律标尺。

---

① 董玉庭,龙长海.论中国刑事立法同苏俄、俄罗斯刑事立法的关系[J].学习与探索,2008(4):94-99.
② 张润菲.美国国内的反极端化实践及其启示[J].湖北警官学院学报,2014,27(10):64-67.

《解释》规定,利用信息网络诽谤他人,同一诽谤信息实际被点击、浏览次数达到5 000次以上,或者被转发次数达到500次以上的,应当认定为《刑法》第246条第1款规定的"情节严重",可构成诽谤罪。

(一)谣言的历史和定义

谣言自古有之,是廉价的斗争工具。古代的谣言多与封建迷信联系在一起,往往是一种"天命预言"。东汉末年,民间流传出"苍天已死,黄天当立,岁在甲子,天下大吉"的说法。苍天指的就是当时的东汉朝廷,因为官员的服饰皆为青色;黄天则指的是张角率领的"黄巾军起义",然而随着张角病逝,黄巾军起义被镇压,这则谣传也就逐渐销声匿迹。在隋朝,民谣《桃李章》说"桃李子,得天下""李洪当王",也有方士向隋炀帝献言"当有李氏应为天子",并建议其杀光李氏族人。隋炀帝遍寻李氏,最后认定右骁卫大将军李浑嫌疑最大:因为李浑一门权倾一时,而且其李氏家族中有一人李敏,小名叫作洪儿,与"李洪"相应。得知皇帝这一心思,李浑的仇家宇文述便诱骗李敏妻娥英夫人亲笔揭发李浑、李敏谋反,于是李氏灭门。可见,谣言在很多时候,都是作为斗争工具而存在的,正所谓"止于智者也起于智者"。

谣言虽然历来有之,但是互联网的发展以及网络空间的平台使得谣言的发布变得越来越方便,谣言的扩散也越来越迅捷和广泛。新浪公司原执行副总裁、新浪网原总编辑陈彤就曾在他的微博上这样写道:"一些极端明显的谣言,仍然被一些影响巨大的V用户毫无顾忌地转载!真是匪夷所思,如此神奇的国度,老汉我欲哭无泪。"

学术界对谣言的研究起源于"二战"时期,当时社会中流传的各色谣言对军队和公众的行为产生了实际的影响。美国社会心理学家奥尔波特(G. W. Allport)和波斯特曼(L. Postman)认为,谣言是"藉由人际间口语传播的一种陈述或信念,且是没有公开证据支持的"。在此基础上,彼德逊(Peterson W.)和盖斯特(Gist N.)加入了谣言的内容必须是"针对各对象、事件或是符合大众兴趣的问题"[1]。中国学者胡钰又补充道,谣言既可以通过"非公开"的方式,也可以通过"公开"的方式进行传播。陈万怀对谣言内容的时间性又提出了谣言是一种"正在发生、流传的信息",而不是过去的、历史性的信息。此外,奥尔波特在其《谣言心理学》一书中,认为事件的重要性和含糊性是影响谣言传播的两个因素[2]。

(二)网络谣言的特点

1. 快速发酵、传播广泛

由于网络传播的便利性和链条性,谣言在网络环境中往往发酵得非常迅速,通常情况下48小时之内就会具有非常广泛的传播量,在这类网络谣言中,尤其以关系到群众日常

---

[1] 姜胜洪.网络谣言的形成、传导与舆情引导机制[J].重庆社会科学,2012(6):12-20.
[2] 奥尔波特.谣言心理学[M].刘水平,梁元元,黄鹏译.沈阳:辽宁教育出版社,2003,17-30.

生活的谣言发酵最为迅速,受众往往抱着"宁可信其有,不可信其无"的态度相信该则网络谣言,并且会出于对身边亲朋好友的关心,将其进行转发分享,从而进一步扩大了谣言的传播速度。

2011年5月16日中午12时52分,微博账户"当时我震惊了"发表了这样一条微博:【涂避孕药的黄瓜,你敢吃吗?】珠海居民开荒种菜,只为能够吃上放心菜。退休后从内地迁到珠海来的老人钟先生说:"我们自家吃的青瓜结果时花就谢了,而市场上卖的头顶鲜花的青瓜都是用避孕药、雌激素涂抹的瓜,人吃了就会出现不孕不育甚至绝育等可怕的后果。"

(http://t.cn/hecFtZ 来源:中国新闻网 @青年时报)

乍一看,这条微博内容确实非常耸人听闻,如果真相真的如此,那么就是一起非常严重的食品安全公共事件。并且,这条微博内容有网址链接,还"@"了中国新闻网和《青年时报》两家相当权威的媒体机构,文中内容也有具体情节,"退休后从内地迁到珠海来的老人钟先生"虽然并非实名出现,但是也显得非常真实。

于是,经过一天的微博传播,截至第二天21时,该条微博已经被转发了12 085次。本书对该案例进行了细致的分析,搜集了微博下所有评论的内容,并且按照"相信谣言""质疑谣言""不置可否"进行了分类统计(见图6-1),发现这则网络谣言在一开始的几个小时内就达到了评论的高峰,而后随着时间的推移逐渐冷却,发酵非常快速。而从评论的态度来分析,发现相信谣言的人的数量远远高于质疑和不置可否的人的数量。

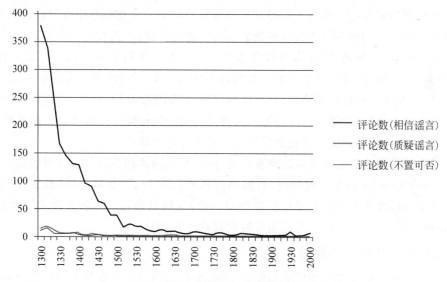

图6-1 评论数量和性质随时间变化图

但事实上,这则谣言也被一些网友质疑,其中最为主要的就是"点子正",即新华社记者郑东鸿的辟谣微博。经过他的调查,这则看似专业、客观的微博却存在以下几点疑问。

(1)链接地址并非中国新闻网的新闻,而是凤凰网的一则题为《珠海居民开荒种菜:市售黄瓜被涂避孕药,吃了会绝育》的报道;(2)找到中国新闻网的原文,却发现其标题为《珠海居民担忧农产品安全问题选择开荒种蔬菜》,凤凰网标题中的"避孕药""绝育"等内容,实则是文中一名被称为"钟先生"的采访对象的观点。5月17日,《扬子晚报》也采访了农产品方面的学者,对此事进行了辟谣。

2. 易死灰复燃,有迹可循

在网络空间中,网络谣言虽然在很多时候会被真相和证据辟谣,但是由于网络传播的分散性特点,很多时候网络谣言容易死灰复燃。比如,2011年4月底的一条关于"中国统计局宣布,中国城市人均月收入已突破9000元人民币大关"的谣言就在微博中被大量转载、转发,在新浪微博中以"月收入9000"为关键词进行搜索,可以搜到近20万条相关内容的微博。即使在被辟谣后,仍然有相同内容的信息被转载、转发,并辅之以网友的个性化评论。而像"耶鲁大学校长对中国学生评价""兰德公司关于中华民族劣根性的报告""加州餐馆中国食客百毒不侵"等谣言更是从天涯、贴吧转战微博、微信,可谓"垂而不死,死而不僵"。

不过,由于网络空间的数据化特征,网络谣言的传播路径也都被数据化了。只要仔细追溯或者利用专业技术手段,都可以使得网络谣言有迹可循、轨迹清晰。近年来,也有不少网络谣言的受害者通过法律诉讼的方式在打击谣言。《新京报》曾经报道一些关于食品安全的日常网络谣言,如"肯德基炸鸡有6个翅膀""娃哈哈里有肉毒杆菌""农夫山泉有毒水""康师傅采用地沟油"等,通过各种微信公众号进行传播,在朋友圈中刷屏。在这背后,实则是有一些微信"营销号"在借机炒作获利。与平时想象的微信"自媒体"这一概念不同,这些微信"营销号"背后都是一家家的实体公司,比如,深圳市赢陈安之成功文化传播有限公司、太原零点科技有限公司、山西微路况科技有限公司等,每家公司旗下都拥有数十个甚至上百个微信"营销号",专门靠发布耸人听闻、夺人眼球的网络谣言赚取流量,获得利益,有时甚至还会接受受害企业竞争对手的资金进行谣言发布。

除了法律手段追究造谣者的法律责任之外,一些传播机构也在加强自身的伦理规范,比如,2010年年底《中国新闻周刊》的新浪微博账号就发布了"金庸去世"的谣言,这直接导致了分管新媒体业务的副总编被直接辞退。可见,网络谣言虽然较之过去更加快速广泛,但是由于其数据化的特点,也更加容易发现轨迹,追究责任。

(三)平台差异及网络谣言治理

网络空间作为谣言发布和传播的信息空间,不同的网络平台也有不同的特点,网络谣言在其中也有不同的传播环境。本部分将对四类不同的网络平台进行差异比较分析(见表6-2),并且提出对于网络谣言治理的相应方式。总体来说,网络平台可以分为四类,分别是微博/微信公众号、社交网站/微信朋友圈、今日头条/门户网站、网络论坛/百度贴吧。

表 6-2　不同网络平台差异比较

	微博/ 微信公众号	社交网站/ 微信朋友圈	今日头条/ 门户网站	网络论坛/ 百度贴吧
信息内容	个人/机构发布； 无"把关人"	个人发布； 无"把关人"	机构发布； 有"把关人"	个人发布； 半"把关人"
影响主体	意见领袖影响	意见领袖影响	机构的影响	意见领袖影响
传播渠道	开放（跟随模式）	封闭（加好友模式）	开放	开放

在信息内容方面，微博/微信公众号、社交网站/微信朋友圈、网络论坛/百度贴吧都具有"内容由集体贡献"的特征，个人的信息发布在其中占据主导地位，更加容易滋生网络谣言。而今日头条/门户网站则主要是机构发布信息，即使这一网络平台想要转载来自其他社交媒体个人发布的信息，平台也存在相应的"把关人"，即使在谣言出现之后，也更为容易地能够予以追责——追责机制的存在，也同样反过来抑制了工作人员不认真履行"把关人"职责的风险。

与信息内容的发布者相对应的，在微博/微信公众号、社交网站/微信朋友圈、网络论坛/百度贴吧中，信息传播的影响主体主要都是作为个体的意见领袖，而在今日头条/门户网站中，机构的影响则会更加突出。一般来说，相对于个人，机构由于存在一套管理体制和机制，总是会更加理性和温和，不会带有太多的感情色彩和价值立场。而作为个体的意见领袖，则更加容易在不加验证的情况下就对谣言进行传播，而且其之所以作为"意见领袖"是因为他/她在所处的虚拟社群中是有影响力和显著度的，所以意见领袖的观点和话语会对所处虚拟社群的人产生更加直接而显著的影响。

在传播渠道方面，微博/微信公众号、社交网站/微信朋友圈、网络论坛/百度贴吧则存在一些差异。在网络论坛/百度贴吧中，由于用户是完全开放地在浏览所有内容，不存在预设的壁垒和偏好，所以理论上网络谣言可以传播至任何地方，但是由于用户之间不存在紧密的社交关系，因此这则谣言不一定能够起到作用。而在社交网站/微信朋友圈与微博/微信公众号之间，传播渠道的不同又导致了信息扩散效果的不同。在社交网站/微信朋友圈中，用户与用户之间的联系采用的是"加好友"模式，一个用户只有当对方接受并同意好友申请后，才能获得对方的信息。其实，这种模式在传播渠道上是相对封闭的。而微博/微信公众号则不同，用户与用户之间的联系采用的是"跟随"模式，一个用户只需要主动地"关注"对方，即可获得对方的信息，而不用得到对方的同意。这种模式实际上是相对开放的，信息的传播范围和效果会呈几何倍地上升。而且由于"跟随"模式意味着一定的价值认同，所以，在当意见领袖传播网络谣言时，其可信度和传播效果就会更为明显。

第二节　网络传播的伦理

　　以社交媒体、网络传播为标志的新媒体繁荣带来新闻传播活动的大发展，不论是职业记者还是社交媒体用户，不论是职业新闻传播还是非职业新闻传播，活跃度都大幅度提升。从工具理性的角度看，这种活跃度体现了技术进步的作用；从价值理性的角度看，这种活跃度存在行为失范的隐忧。这种媒体大变革的趋势与转型期中国的多元价值观叠加，将原先的传统媒体及其奉行的新闻伦理带来了挑战。2013 年 8 月，国家互联网信息办公室针对一系列网络伦理失范乱象，举办了"网络名人社会责任论坛"，提出"七条底线"，即法律法规底线、社会主义制度底线、国家利益底线、公民合法权益底线、社会公共秩序底线、道德风尚底线和信息真实性底线，为网络空间的净化与规范化制定了基准线。

　　媒体格局的深刻变革呼唤着一种全新的新闻伦理出现。如何把握新形势下新闻伦理的内涵，推动新闻伦理水平全方位提升，已成为当代新闻界必须面对的紧迫的历史任务。

一、传统新闻伦理在新媒体传播中面临的挑战

　　什么是传统新闻伦理？它在时下的新媒体传播环境中面临着怎样的挑战？对此，我们可以从新闻行业、新闻媒体和新闻工作者三个角度展开，进行研究分析。

　　从新闻行业角度分析，传统媒体的新闻生产方式是传统新闻伦理赖以生存的根基，其主要流程是专业记者通过采访和核实后进行报道，但这种生产方式在新媒体普及的冲击下岌岌可危。社交媒体用户的广泛出现和新媒体的同步传播，使得传统新闻生产方式的时效性、专业性受到颠覆性冲击。由美通社①发布的《2016 中国记者职业生存状态与工作习惯》调查报告显示，包括即时通信工具(55.2%)、门户网站(52.5%)、社交网站(50.8%)在内的数字线上渠道已经成为记者获取新闻线索最常使用的渠道与工具，近 4 成(39.1%)的记者已经习惯使用手机新闻客户端获取报道信息或新闻线索。② 在一些重大突发事件中，前往现场的记者越来越少——"埋头手机做新闻"已经越来越成为一种常态。有新闻媒体干脆直接采用其他网络平台上用户发布的信息，将其作为信息源，产生的报道也大多没有什么真实性和客观性可言。尤其是微信、微博等自媒体出现之后，新闻的生产与发布趋于扁平化和碎片化，导致新闻报道的真实性、客观性、全面性等行业伦理受到了挑战。

　　从新闻媒体角度分析，新闻伦理更多地体现在对新闻价值的判断和报道立场的选

---

　　① 美国企业新闻通信公司(简称"美通社"，英文 PR Newswire)，成立于 1954 年，主要提供信息发布、目标媒体定位、发布效果评估、翻译和影音传播等服务。

　　② 美通社. 2016 中国记者职业生存状态与工作习惯调查报告[EB/OL]. 2016-01-26，http://misc.prnasia.com/atd/custeventreg.php?event_id=223%201.

择中。新闻职业价值、新闻自身价值、商业价值和社会价值,都会与新闻伦理存在冲突,进而引发新闻伦理失范。然而在新媒体传播环境中,这种多元价值体系的缠斗呈现出一种全新的态势,传统媒体与新媒体之间的职业观、价值观和方法论上的矛盾愈发凸显。更加突出的问题是,新媒介技术平台的发展令传统新闻伦理无所适用。不少新媒体自称"只是一家科技公司",拒绝对传播的内容进行负责。这些平台的崛起,不受任何媒介行规和道德规范所约束,伴随着它们在舆论场话语权中越来越大的权重,也会对新闻伦理产生威胁。这已经不再是新闻伦理遭到漠视或者不被执行那么简单了,而是根本找不到新闻伦理的执行主体——真正传播新闻的主体早就披上了市场和技术的外衣,"有权而无责"。

从新闻从业者个体分析,记者的行为规范是新闻伦理的具体表现,在国内,新闻伦理的主要践行者是媒体从业人员,也就是我们常说的"新闻从业者"。因为他们拥有编制,或受所在媒体管辖,一旦发生伦理失范,例如,李光耀"被去世"的时效性抢发,媒体或政府马上可以追究责任。但对于"社交媒体用户"或自媒体来说,却没有一套行之有效的方法可以规范或约束他们。有学者将新闻伦理视为区分记者和非记者的边界标记,但这个边界正在随着互联网的普及而变得越来越模糊。当"社交媒体用户"或自媒体所具有的朴素伦理标准进入新闻生产与传播流程时,传统的新闻伦理观念将面临解体的窘境。

从全球范围看,2016年是新媒体力量彰显、新闻传播格局与舆论生态发生重大变革的一年。《牛津字典》把"后真相"(post-truth)作为2016年的年度词汇提出,其内涵是诉诸情感与信念的信息正在超越事实影响公众认知。在新媒体传播的环境中,传统新闻伦理岌岌可危,其不仅仅关乎新闻行为失范与否,更源于伦理建构根基动摇与否。讨论传统新闻伦理将被解构,下一步如何重建的问题日益突出。

二、社交媒体传播伦理的基本理念

在传统媒体建构的新闻伦理即将"过时"的时候,适应新媒体传播环境的社交媒体传播伦理在新闻传播实践中逐步显现。这种社交媒体传播伦理并不是另起炉灶,而是对传统新闻伦理的批判性继承;不仅对新闻从业者形成约束,更适用于所有社交媒体用户。

社交媒体传播伦理更像是一种基于高等媒介素养所形成的"共识"或"常识"呼唤一种新闻传播活动所"应然"的理想状态。由于"社交媒体用户"是一个模糊的群体,很难进行具体的规制和要求,故而社交媒体传播伦理将不再告诉他们"该怎么做",而更多的是通过"确定下限"来告诉他们"不该做什么"。

基于上述考虑,社交媒体传播伦理可以从个人、社会和国家三个层面构建"六个尊重":微观的个人层面,社交媒体传播伦理要求尊重客观事实、尊重知识产权;中观的社会层面,社交媒体传播伦理要求尊重个人隐私、尊重社会公益;宏观的国家层面,社交媒体传播伦理要求尊重司法公正、尊重国家利益。

第一，尊重客观事实。社交媒体传播伦理要求在新媒体传播中"不传谣"。新媒体中的新闻传播追求"无事不报、无报不快"，一个新闻事件出来，往往是以最快速度报道、转发、传播，而且越是反常的内容越传播得快，成为一种"病毒式传播"，甚至加上情绪化的评论，带来新媒体的谣言满天飞。这种"快传播"行为忽视了最根本的"事实第一性、新闻第二性"新闻本源理念，忽视了任何新闻传播都需要建构在事实的基础上，也忽视了真正的新闻传播影响力是源于真实性。在新媒体中传播新闻，每个网民都是"总编室"和"把关人"，每一次新闻传播都是对传播者自我信誉的展示，要对新闻源和事实进行判断。在基于理性判断的前提下进行传播，才能真正让自己成为有公信力的"新媒体人"。

第二，尊重知识产权。社交媒体传播伦理要求在新媒体传播中"不抹名"。新媒体中的新闻传播大多内容非原创，或来自于传统媒体记者采写，或来自于UGC，这种现象源于新闻采写专业性和信息源有限性的门槛，也源于许多个人或机构传播者都热衷于做平台。当前新媒体新闻传播的一个突出现象是：渠道过剩，内容不足。新闻内容作为新媒体传播中的核心资源，凝结了原创者的劳动在其中，是应该予以充分尊重的。这种尊重体现在新闻作品的署名权上，即凡转发新闻内容一定要注明作者及其代表机构名称；也体现在新闻作品的收益权上，即如果点击率带来传播平台的收益，应该与内容提供者进行分享。

第三，尊重个人隐私。社交媒体传播伦理要求在新媒体传播中"不传私"。在传统媒体新闻报道中，涉及不愿透露本人身份的新闻当事人，会一律进行掩饰处理；而在新媒体的新闻传播中，由于传播者获取视频信息更加便捷，传播后的追惩性不强，随手拍的内容发出来往往涉嫌侵犯个人隐私。要维护良好的新媒体新闻传播秩序，对个人隐私的尊重应该成为道德底线和行为共识，"己所不欲，勿施于人"，这是尊重他人，也是保护自己，更是为了共建良好的新媒体新闻传播秩序。在进行新闻生产与传播的过程中，要处理好公民隐私权和知情权的关系，不可为一时轰动损害他人的合法权益。

第四，尊重社会公益。社交媒体传播伦理要求在新媒体传播中"不害群"。新闻既是公共品，也是商品。前者体现在新闻的社会服务功能上，后者体现在新闻的市场信息价值上。在传统媒体中，新闻的公共品属性很强，新闻媒体的商业价值是通过媒体影响力来体现的。而在新媒体的新闻传播中，新闻的商品属性被放大，一旦忽视了新闻的公共品属性，只强调经济效益，就会出现低俗新闻、"有偿新闻""有偿不闻"，导致新闻传播的社会效益受损。从新闻传播的社会职能上看，新媒体一样要坚守社会效益优先的原则，将经济效益与社会效益有机结合在一起。这既是遵守新闻业基本原则的要求，也是建设更具公信力新媒体的要求。

第五，尊重司法公正。社交媒体传播伦理要求在新媒体传播中"不越位"。新媒体中的新闻传播彰显了个体的声音，形成扁平化的传播体系，这种声音和传播体系在对许多涉及司法的社会事件进行评述时，会形成强大的舆论力量，造成"未审先判""舆论审判"。在公检法尚未给当事人确定相关事实和量刑时,新媒体中的新闻讨论已经给予定性和定案,这对整个社会的司法公正会带来负面影响。新媒体中的新闻传播者在涉及司法内容时,可以充分关注,但要避免成为道德法官,应坚持"讲事实、慎定论"的原则,这是对司法体系的尊重和维护,也是理性传播与成熟传播的重要标志。

第六,尊重国家利益。社交媒体传播伦理要求在新媒体传播中做到"不害国"。当今世界的新媒体舞台上,支持中国的正面声音在传播,诋毁中国的负面声音也不时出现。这种负面声音中,不乏恶意地丑化中国形象的谣言制造者。对此类新闻,新媒体中的传播者要有清醒的辨别力和牢固的思想定力,坚决不传播。国家利益不是抽象的,在新媒体的新闻传播中,具体表现在鲜明的国家立场上,表现在自觉维护国家尊严的行动上。

"六个尊重",继承了传统媒体时代新闻伦理的核心价值,同时结合了新媒体时代"全民新闻"的特点。在全民新闻时代,硬性行业约束发挥作用有限,更有效果的是基于道德自觉的"软性约束",让社交媒体传播伦理的核心内涵内化为一种价值观,渗透到所有"社交媒体用户"的行为中去。

三、社交媒体传播伦理的传播与形成

诚然,要形成这种社交媒体传播伦理,需要依靠长期的媒介素养训练和社会环境熏陶。我们要科学地介入伦理形成的不同阶段,从个体、社会和国家三个层面进行不同叙事主体的综合讨论,来对社交媒体传播伦理的构建提出建议。

(一)加强新闻伦理理论研究,形成伦理文化

要形成新媒体传播环境中的新型新闻伦理,首要的任务是从理论上予以清晰阐释。当前对新媒体的研究,更重视从技术、产业的视角入手,以阐释其传播规律与重大影响为重点,对社会适应新媒体时代的变化进行调整,但对新媒体的社会与文化视角、新媒体传播行为的规范、新媒体传播效果的评价还关注不够。

1. 加强新闻伦理研究

高校以及各类研究机构深入研究其传播规律,提出完整、系统的伦理理论体系。传统媒体新闻传播的新闻伦理已经遇到了严峻挑战。在2016年美国大选结束后,哈佛尼曼新闻实验室总监在一篇文章中即谈道:"如今的媒体生态,每一天都在让裂痕进一步扩大。主流的媒体形态日渐衰落;个性化的社交信息流在茁壮成长,在这里独创的信息流在迅速传播;而空心化的媒体产业正在远离社交人群,正如膨胀的宇宙中,不同的星系正在彼此远离那样。"传统媒体虽说面临衰弱的危机,然而其巨大的影响力仍然不容置疑,仍需重视。对于这种新的传播格局及其影响,政府要密切关注,设置相关课题,引导相关研究。

2. 培育伦理文化

社交媒体传播伦理主体不仅是新闻从业者,更是数量急剧膨胀中的社交媒体用户。

以网络空间社区为依托,以新媒体传播特征为对象,以社交媒体用户为主体,形成明确的伦理主体和伦理意识。社交媒体用户是传统新闻伦理鞭长莫及的一个群体,他们的出现一方面加剧了传统新闻伦理的解体;另一方面,也成为社交媒体传播伦理产生的土壤。网络空间的意见领袖建设尤为重要。意见领袖凭借其专业知识、思想高度和跨越群体的优势,对他的追随者产生显著的影响。以意见领袖为先驱,驱动社交媒体传播伦理文化逐渐形成,不断影响处于这种文化内部和边缘的行为,形成良性循环,社交媒体传播伦理就得以普及开来。

(二)加强新闻伦理组织建设,形成伦理约束

社交媒体传播伦理的核心不再是自上而下的规制,而是由下而上的自律,这就需要相应的行业共同体组织建设和行为共识建设来保证这一自我约束的实现。

1. 建立行业共同体组织

这类社会组织需要综合考虑当下的媒介格局,延展覆盖的群体范围,同时具备代表性和影响力。例如,中国有关部门目前已经成立了"新闻道德委员会",但目前面对的主要是职业新闻人群体,下一步还需要对非职业新闻人群体也建立相应的组织,形成基于网络空间的行为共同体。这类组织的覆盖面要大,真正覆盖到新媒体的各个群体,也要在新媒体业内真正有代表性、广泛性和影响力,能够调动政界、学界、业界与社会公众的积极性共同参与。

2. 建立舆论约束体系

一套完整的新闻伦理建构,离不开一个良好的约束体系。政府要鼓励和引导学界、业界、社会公众等各类多元化社会系统对新闻传播进行积极的、主动的舆论评议,久而久之营造一个良好的舆论氛围,进而对网络空间信息的发布者和传播者形成软性的社会监督和责任管理。这虽然无法做到对个体的硬性责任追究,但可以营造出一个良好的具有道德约束能力的舆论场域,很大程度上可以抑制伦理失范。

(三)加强新闻伦理素养培养,形成伦理能力

在网络空间的伦理行为引导上,不仅需要外部引导与约束,更需要的是能力建设。让更多的网络传播者明白行为边界,提升新闻伦理能力。

1. 加强新闻伦理教育

从中、小学到高校,形成完整的媒介教育链条。阿兰·德波顿[①]认为:"只有当受众对于自己的需要有高度成熟和全面的认知,个人化新闻较当今编辑制度的优越性才会得到体现。"儿童和青少年是接受新技术影响最深刻的一个人群,也是最容易接受新闻伦理观

---

① 英国作家,1969年出生于瑞士苏黎世,毕业于英国剑桥大学。著有小说《爱情笔记》《爱上浪漫》《亲吻与诉说》及散文作品《拥抱逝水年华》《哲学的慰藉》《旅行的艺术》《身份的焦虑》等。

的年龄阶段。在中、小学义务教育阶段中，建立媒介教育的相应课程理论体系，是目前缺失但却十分重要的。在高校的新闻人才培养中，要加大新闻伦理课程的设置，注重新闻人才伦理能力的培养。

2. 建设新媒体中的新闻伦理讨论平台

充分发挥新媒体的传播效力，发动各个方面的网络意见领袖和学界、业界代表人物共同发声讨论网络空间的新闻伦理问题，积极建设微博、微信与客户端中的新闻伦理传播平台，构建起浓郁的"网络空间行为共同体"意识，就会迅速在新媒体中形成强大而持续的自我引导力量，提升网络空间社交媒体用户的伦理能力。

"现代社交媒体使任何人都能轻而易举地迅速与他人分享信息，因此使普通人获得了集体议程设置的力量，而这种力量过去只掌握在大出版公司和广播公司手中。确定这一新媒体环境的影响及其长期的后果是人类目前集体进行的一场巨大实验"。这一实验中的重要内容是新的新闻伦理的形成。社交媒体传播伦理对传统新闻伦理的批判性继承需要日积月累，但也有可能利用一些重要契机在短时间内迅速推进。当一种符合新媒体传播环境健康而有效的社交媒体传播伦理成功构建起来，它将有效地规范全民的新闻传播行为，引导新兴新闻舆论场，形成融媒体新闻业的规范，成为推动社会稳定与进步的重要力量。

第三节 数字时代新闻伦理的最大挑战

进入数字时代的新闻传播活动中，人工智能、算法推送、数字编辑等技术愈发成为新闻生产的重要手段，社交媒体、搜索类媒体、聚合类媒体等新媒体愈发成为新闻分发的主导渠道，这些非传统型、非专业的新闻媒体和新闻记者带来新闻数量的大幅度上升，但新闻质量却没有保障，以至于出现了"信息越来越多，真相越来越少"的状况。

从当前全球新闻业和新闻研究的现状来看，新闻推送技术化、新闻获取社交化、新闻形态视听化和新闻消费快餐化这几大转变趋势，都纷纷指向了一个当下全球新闻活动面临的突出问题——"高质量新闻"（Quality Journalism）的缺失。而这也正是当前新闻传播中后真相（Post-Truth）流行、信息沟（Information Gap）扩大、政治观点极化（Polarization）出现、民粹主义（Populism）抬头等诸多问题产生的重要原因，因而成为数字时代新闻传播面临的最大伦理挑战。

一、新闻推送技术化与新闻质量下降

新闻为公众描绘世界的图景。这一图景的真实性、丰富性是公众认知世界的基本要求。算法推介、人工智能等技术的不断发展，让"算法"（Algorithms）成为新闻推送中的主导力量，在新闻媒体业得到广泛运用。媒体或新闻平台服务商通过数据挖掘算法追踪用

户在"物联网"上的行为数据,① 通过分类算法对受众进行个人定位和分组分类,② 并推荐给他们"定制"的新闻消息。同时,机器学习算法也被用于撰写新闻消息。

米特尔施塔特在《算法的伦理》(*The Ethics of Algorithms*)一文中表示,操作参数由开发人员指定,并由用户根据想要的结果进行配置,这些结果优先于其他的因素,比如,价值观和道德要求。③ 因此,在算法推介技术的基础上形成的"个性化新闻推介系统"(Personalized News Recommender System)也带来了伦理和道德的挑战。④⑤

陈昌凤和师文在《个性化新闻推荐算法的技术解读与价值探讨》一文中,将其个性化新闻推介的伦理问题概括为三点:内容上取悦并迎合读者,形成"信息茧房",失去教化和引导功能;操作上剥夺读者阅读选择权,可能造成媒体代理权过度,甚至机器异化;时间上追求热点和速度,解释力不足,有引发数字媒体时代"黄色新闻潮"的风险。⑥ 宋建武的文章《智能推送为何易陷入"内容下降的螺旋"——智能推送技术的认识误区》中也强调,推荐算法容易忽视信息的重要性,反而以信息的趣味性为衡量标准,会导致推荐内容过于娱乐化,甚至走向低俗。⑦

牛津大学路透新闻研究所(Reuters Institute for the Study of Journalism)2018 年的报告《时代的到来:欧洲数字新闻媒体的发展》(*Coming of Age:Developments in Digital-Born News Media in Europe*)中认为,算法推介是数字新闻媒体向更加成熟的分销模式转型的体现,同时该报告将脸书(Facebook)的算法改革作为核心案例,认为合适的算法可以起到一定的减少极端意见和误导性信息传布的作用。⑧ 而该研究所时隔几个月最新发布的《2019 数字新闻报告》(*Digital News Report* 2019)则基于对各国新闻业最新的调查研究,对新闻生产和传播中"算法"的使用,提出了更多的批判性观点,表示了对它

---

① Portmess L and Tower S. Data barns, ambient intelligence and cloud computing:The tacit epistemology and linguistic representation of Big Data[J]. Ethics and Information Technology,2014,17(1):1-9.
② Floridi L. Big data and their epistemological challenge[J]. Philosophy & Technology,2012,25(4):435-437.
③ Mittelstadt, B. D., Allo, P., Taddeo, M., Wachter, S., & Floridi, L. The ethics of algorithms:Mapping the debate. Big Data & Society. 2016,https://doi.org/10.1177/2053951716679679.
④ Gu, W., Dong, S. & Chen, M. Personalized news recommendation based on articles chain building. Neural Comput & Applic,2016,27:1263. https://doi.org/10.1007/s00521-015-1932-x.
⑤ Liu J, Dolan P, Pedersen ER. Personalized news recommendation based on click behavior. Proceedings of the 15th international conference on Intelligent user interfaces[J]. ACM,2010:31-40.
⑥ 陈昌凤、师文. 智能算法运用于新闻策展的技术逻辑与伦理风险[J]. 新闻界,2019(1).
⑦ 宋建武. 智能推送为何易陷入"内容下降的螺旋"——智能推送技术的认识误区[J]. 人民论坛,2018(11).
⑧ Tom Nicholls, Nabeelah Shabbir, Lucas Graves, and Rasmus Kleis Nielsen. Coming of Age:Developments in Digital-Born News Media in Europe. Digital News Project, Reuters Institute for the Study of Journalism, 2018. http://www.digitalnewsreport.org/publications/2018/coming-age-developments-digital-born-news-media-europe/.

可能造成受众教化能力降低、信息多样性不足或政治群体分化的担忧。①

根据《2019 数字新闻报告》对于荷兰大选的研究表明，YouTube 等媒体对于政治观念极化有"铺路"作用，因为随着用户观看更多某一政治偏向的视频，相关推荐也会变得更加极端。② 2019 年 3 月荷兰政府发起了一场名为"保持好奇，保持批判"的运动，向公众普及"算法""过滤器"等新闻推送技术，以期提高公众的新闻媒介素养，减少一些政治观点极化现象。荷兰政府推行的这项"全民教育"运动，从荷兰省级选举持续到欧洲议会选举。③

迎合受众的算法推送新闻，也被称为"新闻馈送算法"（News Feed Algorithm），早期是脸书公司的工程师们在实践中使用的一套方法，德维托将此概念化。④ 处在基于"新闻馈送算法"的媒介环境中，受众接受到的信息倾向和领域是有限的，在主题、偏好、观念、立场上，往往接收到的是自己较为同意的、喜欢的内容。长期不断在"算法"下接受新闻信息，会不断加固受众原来持有的观点，可能在某些问题上变得"顽固"甚至"激进"。这在一定程度上造成了社会群体观念"极化"现象的不断发展。

利施卡对此概念的实证研究表明，社交媒体、智能媒体环境下的新闻生产，比起传统的新闻，更加强调情感因素和吸引人眼球的故事元素，以符合用户偏好和"新闻馈送算法"的逻辑。因此，新闻生产的过程越来越受到用户参与的驱动，而逐渐放弃传统的高质量新闻标准和新闻品牌的做法——为用户参与设定界限，不是每个人都可以参与其中，而只有部分水平足够的读者可以通过写信、写评论等方式参与，在真正理解的基础上，进行理性而"有营养"的讨论。算法推介下全球新闻生产的价值追求，逐渐从生产"足够优质"的新闻转变为"足够讨喜"的新闻，一方面，失去了新闻产品告知信息、教化公众，对社会传递多元文化和观点的公共属性；另一方面，也失去了对于"讲对事实、讲清道理、讲好故事"的高质量新闻的追求。⑤

二、新闻获取社交化与新闻质量下降

随着社交媒体的日趋普及与渗透，公众的新闻获取渠道发生了显著转型，即从"大众媒体"转向"社交媒体"，并且逐渐从"公开社交"转向"私密社交"。这两个重要转向，使得社交媒体，特别是小圈子的社交媒体传播，成为当前新闻获取的重要渠道。在现实中，不

---

① Reuters Institute Digital News Report 2019. Reuters Institute for the Study of Journalism. https://reutersinstitute.politics.ox.ac.uk/sites/default/files/2019-06/DNR_2019_FINAL_1.pdf.

② Hassan Bahara, Annieke Kranenberg, Dimitri Tokmetzis. Hoe YouTube rechtse radicalisering in de hand werkt. https://www.volkskrant.nl/kijkverder/v/2019/hoe-youtube-rechtse-radicalisering-in-de-hand-werkt/.

③ Reuters Institute Digital News Report 2019. Reuters Institute for the Study of Journalism. p. 96. https://reutersinstitute.politics.ox.ac.uk/sites/default/files/2019-06/DNR_2019_FINAL_1.pdf.

④ DeVito MA. From editors to algorithms[J]. Digital Journalism. 2017,5(6)：753-773.

⑤ Lischka, Juliane A. Logics in Social Media News Making：How Social Media Editors Marry the Facebook Logic with Journalistic Standards[J]. Journalism，July 2018.

同社交媒体平台上"私密信息群组"(private messaging groups)日趋火热,也使得人们传播和获取新闻消息、参与和讨论公共事务的"公共领域"变得越来越"私密化"。

牛津大学路透新闻研究所的报告显示,人们花在相对开放的网络上的时间越来越少,花在私人信息应用上的时间越来越多,比如,WhatsApp、脸书、Messenger、Viber、Telegram等。更多的人通过群组分享新闻、讨论新闻。这一方面促进了网络政治参与模式转型,提升了政治参与度,另一方面又会造成缺少审核的虚假新闻、错误信息、仇恨言论的大量传播。①

该研究所的另一份研究报告《2019年新闻、媒体和技术趋势与预测》(*Journalism, Media, and Technology Trends and Predictions* 2019),还将类似的小群组和私人社交分为两个层次:"封闭或半封闭的社交网络"(closed or semi-closed networks),例如,脸书和WhatsApp的群组;"网络结社团体"(conspiracy community),例如,Reddit论坛、YouTube频道。报告指出,误导性信息的传播,往往经历从匿名网站到封闭或半封闭的社交网络,再到网络结社团体,再到社交媒体,最后到专业媒体的几个阶段,传播范围和效能不断扩大,从一个可能毫无凭据的"小道消息"转变升级成为公众议程。②

数字时代新闻传播的改变不仅影响了新闻活动本身,也在一定程度上助推了全球政治生态发生深刻变化,使得民粹主义和政治极化成为当下国际政治环境的新趋势,也成为新闻业需要慎重反思的伦理问题。

有趣的是,小群组的"新闻社交",不一定意味着"熟人社交"。根据《2019年新闻、媒体和技术趋势与预测》,脸书等平台小群组的用户,几乎都存在加入的群聊中有"陌生人"的情况。在此基础上甚至出现了所谓的"对话新闻"(Dialogue Journalism),比如,美国一家名为Spaceship的公司,它们的业务就是主持一些秘密的脸书群组,邀请陌生人之间分享和讨论时事话题。

不难想象,这样的新闻获得方式,容易被不同的利益团体所利用,无论是政治竞选还是商业广告,甚至会让错误的、不良的或非法的信息有机可乘,以至于形成"愤怒团体"(angry group)、"仇恨团体"(hate group)、"阴谋团体"(conspiracy group)等对社会稳定与公民福祉产生威胁的群体或组织。③

在新闻获取社交化的趋势下,新闻从"作品"变成"产品",最重要的"功能"在于"博人

---

① Reuters Institute Digital News Report 2019. Reuters Institute for the Study of Journalism. p. 38. https://reutersinstitute.politics.ox.ac.uk/sites/default/files/2019-06/DNR_2019_FINAL_1.pdf.

② Newman, E. Journalism, Media, and Technology Trends and Predictions 2019, Reuters Institute for the Study of Journalism. p. 14. http://www.digitalnewsreport.org/publications/2019/journalism-media-technology-trends-predictions-2019/.

③ Reuters Institute Digital News Report 2019. Reuters Institute for the Study of Journalism. p. 40. https://reutersinstitute.politics.ox.ac.uk/sites/default/files/2019-06/DNR_2019_FINAL_1.pdf.

眼球",为社交媒体平台带来流量,而基于真实性、专业性等的新闻质量则被忽视。高质量新闻的缺失,使得新闻业丢失了自身公共服务能力,同时低质量新闻的大量出现还成为一些个人或团体实现自己私利的工具和利器,造成了群体的不断分化,甚至导致社会的撕裂。

作为全球最大社交媒体之一的脸书,起初面对"假新闻"太多、媒体责任不够等的指责,坚持"技术公司"的立场,对假新闻抱有"暧昧"态度以保持广告收入,直到屡屡受到美国、欧盟质疑才推出"新闻标签"业务,并投入大量资金获取主流新闻机构版权,以解决其平台上假新闻泛滥的问题。[①] 脸书的变化已成为拥有"平台"权力并意识到"平台"义务的社交媒体的突出表现。作为数字时代新闻业的重要组成部分,各种平台类媒体已不能无视新闻作为公共物品的伦理要求,不能回避自身肩负的新闻伦理要求。

三、新闻形态视听化与新闻质量下降

以 5G 为代表的数字技术进一步推动了新闻产品的多媒体化,新闻形态逐渐出现"视听化"的趋势。牛津大学路透新闻研究所用"视听化转向"(Pivot to Audio)来形容这一改变。

"播客"(Podcast)是数字广播技术的一种,现在常作为一个嵌在网页中的音频而存在。早在 2004 年的 MP3 时代,播客就已出现,而近年来由于传播方式不断简化,越来越被用作接收新闻消息。随着年轻群体大规模使用播客,《卫报》(*The Guardian*)、《华盛顿邮报》(*The Washington Post*)、《经济学人》(*The Economist*)和《金融时报》(*Financial Times*)等媒体纷纷在过去的一年内开设了官方播客账户,它们把使用播客的年轻群体称为"播客一代"(The Podcast Generation)。在韩国的调查显示,受访人群中之前一个月内使用过播客的甚至占到了 53%。[②]

中国的新媒体"短视频"新闻也是新闻形态视听化的一个典型案例。在微博、抖音、快手等多个社交媒体平台上,众多媒体都开设了自己的视听公众号。央视《新闻联播》开拓了一个新媒体环节"主播说联播",用竖屏手机短视频的方式,录制当日新闻主播在节目后的短评。这些视频比起电视播出的《新闻联播》,更加轻快且亲切,语言也更多使用了俗语、歇后语等"接地气"的方式,取得了很好的传播效果,受众互动参与度较高。

视听化的新闻产品具有"短平快"的特征,与传统新闻相比的确更加容易接受、容易传播,但它也造成人们的阅读新闻方式逐渐碎片化、浅层化,只追求感官的刺激、简单易懂的

[①] Christin Schmidt. Facebook is reportedly interested in licensing publishers' content for its News tab this fall. Nieman Lab, Nieman Foundation at Harvard. https://www.niemanlab.org/2019/08/facebook-is-reportedly-interested-in-licensing-publishers-content-for-its-news-tab-this-fall/.

[②] Reuters Institute Digital News Report 2019. Reuters Institute for the Study of Journalism. p. 28. https://reutersinstitute.politics.ox.ac.uk/sites/default/files/2019-06/DNR_2019_FINAL_1.pdf.

内容,而不再深究其背后的真相或道理。制作精良的、专业的高质量新闻,由于时效性差和成本偏高,逐渐失去市场优势,取而代之的是内容简短、说理简单、情感饱满、视听冲击的新闻内容。特别让人忧虑的是,大量非专业的"草根记者""全民记者"都通过视听手段录制新闻片段进行传播,这对高质量新闻的生产会带来消极的影响。

与视听化叠加出现的移动化媒介形态更加剧了新闻阅读习惯的改变,阅读新闻时间越来越短,视听刺激要求越来越强,与此同时,对新闻内容的真实性、全面性、客观性要求在降低,对新闻画面、声音乃至新闻播报者的表现技巧要求越来越高,对使用技术的先进与炫酷的要求越来越高。接收与接受新闻的判断维度越来越依据感性维度,而理性维度则愈发后置,这种受众的选择趋势会极大地影响新闻生产行为,即便对传统专业媒体机构来说,被裹挟在这种大潮中,也不得不实现"短平快""炫酷美"的转型。

四、新闻消费快餐化与新闻质量下降

牛津大学路透新闻研究所《2019数字新闻报告》显示,新闻在线订阅和付费阅读模式的持续增长,让人们对于信息的平等、信息的质量和媒体的公共属性产生担忧。媒体在自己的网站建起"付费墙"(paywall),在未付费的用户面前挡住网站的信息内容,要求订阅才能查看。而"老牌"媒体,如《华盛顿邮报》和《华尔街日报》本土版,全年订阅价格都在2万元人民币以上。此种经营模式,在愿意为新闻付费的群体和无能力或者不愿意付费的群体中,造成的"信息鸿沟"(information gap)不断扩大,加大了公众的信息"贫富差距"。

愿意付费的群体能够获得高质量的信息,而不愿付费或无力付费的群体则会更加倾向于使用"抓人眼球"的免费新闻消息,忽视其质量与可信度。"消费新闻"业态的不断发展,是否会导致数字时代的新闻媒体成为拉大社会财富和知识差距的又一"罪魁祸首",公共新闻媒体服务社会发展的属性是否能够得到保障,都成为需要关注的伦理问题。①

《2019数字新闻报告》中还注意到,为了保持时效性,抓住受众,当前的新闻,尤其是基于社交媒体的报道,追赶"爆炸新闻"(breaking news)的能力提升得特别迅速,但"解释新闻"(explaining news)的能力和投入却不足。这与新闻机构自身精英化发展趋势有关,全球各大有影响力的新闻媒体,其记者和编辑大多受过较高水平的教育,或者对某些专业领域有持续关注,他们的表述可能无法考虑到教育水平不足的大多数受众群体,造成了信息的进一步"不平等"。解释能力的不足,也使得"事实第一,新闻第二"的原则难以贯彻。② 事件往往是复杂多变的,如何将它更加真实的面目呈现给广大读者,真正做好"观察者"和"记录者"的角色,都需要解释新闻的能力,而不仅仅是追赶速度。

---

① Reuters Institute Digital News Report 2019. Reuters Institute for the Study of Journalism. pp. 34-36. https://reutersinstitute.politics.ox.ac.uk/sites/default/files/2019-06/DNR_2019_FINAL_1.pdf.

② 胡钰.确立新媒体传播的伦理规范[N].人民日报,2016-03-02.

哈佛大学尼曼新闻实验室 2019 年 3 月的一篇有关媒体可信度（media credibility）的伦理报告也指出，新闻记者理应通过避免过于简单化的叙事，发布更多解释性而不是误导性的信息来提高自身的可信度，从而更好地服务社会公众。①

从全球范围看，值得关注的一个趋势是，传统专业媒体愈发受到大众的冷落，而一些个体或非机构媒体却愈发受到大众的关注，获得了极大的传播能力，成为新闻消费的依赖对象。2019 年，在"通俄门"事件中受到美国多家媒体的负面报道后，美国总统特朗普发布了一系列推文，攻击包括 CNN、《纽约时报》（New York Times）等在内的美国媒体，称它们的内容是"假新闻"，并称《纽约时报》是"人民的敌人"（the Enemy of the American People）。而特朗普之所以敢如此与传统媒体对抗，得益于其个人自媒体的强大传播力。

表 6-3　特朗普与美国主流新闻媒体推特粉丝的数量比较

人物/组织	推 特 账 号	粉丝数量 （截至 2019 年 8 月 10 日）
特朗普 Donald J. Trump	@realDonaldTrump	62 889 462
《华盛顿邮报》（The Washington Post）	@washingtonpost	13 989 760
《纽约时报》（The New York Times）	@nytimes	43 865 679
美国有线电视新闻网络 CNN	@CNN	42 490 332
美联社 The Associated Press	@AP	13 448 593

将特朗普的推特和几家美国主要的媒体机构进行比较的话，可以发现，特朗普的个人社交媒体影响能力已经远远超过几家具有悠久历史的专业媒体，他个人的粉丝数量，甚至超过《华盛顿邮报》和《纽约时报》的总和（见表 6-3）。在一定程度上，特朗普的个人推特比专业的、有品牌的新闻媒体更具备传播能力，这不得不让人反思特朗普所说的"人民的敌人"的真正内涵。

这一现象表明：数字传播环境下的新闻消费逐渐进入快餐化时代，受众阅读的基本需求是只需媒体告诉发生了什么，而不需要也没有意愿向媒体付费以得知更深层次的内容。在这种新闻消费习惯下，公众会转而从社交媒体中、从免费信息中、从自己关注的信源中获得更多的解释。"快餐式"的新闻品，获取免费、快捷，同时添加各种"情绪"的调味料，口味好、可饱腹，但却无营养，甚至造成各种"信息健康问题"和"认知失衡问题"。

进入数字时代的新闻传播活动愈发活跃，愈发成为个人行为的依赖，也愈发成为社会发展的动力。值得注意的是，这种动力不仅有正面的作用，也可能有负面的作用，前者让

---

① Bailey, I J. "BuzzFeed, Michael Cohen, and Media Credibility", Nieman Reports, Nieman Foundation at Harvard. 2019. https://niemanreports.org/articles/buzzfeed-michael-cohen-and-media-credibility/.

社会更加包容、和谐、进步,后者让社会更加撕裂、焦虑、倒退。新闻业肩负着提供信息、教化公众、服务社会的公共责任,新闻伦理的最大责任是推动社会更加美好。而现在,新闻活动中最大的挑战是从生产者、传播者到消费者都逐渐失去了对高质量新闻的追求,在个性化信息技术日新月异的硬环境支持下,在追求个体言论绝对自由"公理"的软环境推动下,新闻的专业性受到了前所未有的挑战,新闻专业队伍持续流失,新闻专业操守逐渐被淡忘,新闻专业质量不断出现滑坡。而对大众来说,沉溺于低质量信息海洋中,或乐而不知,或无力改变。

数字时代是新闻传播大繁荣的时代,也是新闻传播大混乱的时代。在这样一个"极好"传播与"极坏"传播并存的时代里,新闻伦理成为保障新闻责任的核心要求,而高质量新闻则成为保障新闻伦理的核心要求。

第四节 向上向善的网络秩序

网络传播的法治与治理,最后达到的目的就是建设成"向上向善"的互联网秩序。一个"向上向善"的网络秩序,一方面,有利于产生正面的效益,促进社会进步,形成团结友善的生活环境;另一方面,可以反过来推动法治的不断稳固和完善,形成一个良性的循环。

那么,什么是"向上向善"的网络秩序呢?为什么我们需要打造这样一个网络秩序?我们又如何可以构建这样的一个网络秩序呢?

一、何为"向上向善"?

要讨论什么是向上向善的网络秩序,就必须要理解"向上向善"的具体含义,即一个"向上向善"的网络秩序应当满足什么样的条件和要求。

一个向上向善的网络秩序,必须要满足以下条件:足以产生正面的政治效益、经济效益、文化效益和社会效益。在满足这四个条件的情况下,网络秩序的建设才可以被认可,不然我们所说的"向上向善"只能是自欺欺人的把戏罢了。

(一)产生正面的政治效益

让互联网秩序产生积极向上的正面政治效益,巩固良政善治,是"向上向善"的根本要求。

中国走中国特色的社会主义道路,坚持中国共产党领导下的多党民主协商制度,这点与西方奉行资本主义和多党代议制民主有着本质的不同。政治制度是一个国家治理哲学的体现,也往往是一个国家政治文化的具体体现。如果这个政治制度是被本国人民所认同,且乐于支持和拥护的,那么这个政治制度还可以反映本国民众的价值观和精神文明状况。

中西方由政治制度和意识形态造成的差异,在互联网的大范围普及下,被不断放大,尤其是原有的负面影响被不断扩大、复制与加深。目前网络空间内,对政治安全和社会稳定造成最大威胁的因素就来自于各类错误的政治思潮。制造各类虚假信息对中国共产党领袖进行诽谤,传播"坊间传言"对中共中央重要政治举措进行错误解读,散布各种各样反党、反政府言论等行径,极容易对普通网民,尤其是青年网民造成错误引导,形成错误判断,不少人甚至信以为真,对中国共产党与政府造成了严重的形象损害,后果严重。

因此,互联网治理需要树立政治意识、大局意识,确保形成良好的网络秩序,以产生正面的政治效益,抑制错误的政治思潮。在网络治理层面,需要引导民众进行理性、明智的民主政治讨论,这也是人民群众网络"参政议政"的重要举措之一。对于重大的社会议题,尤其是事关政治安全和人民福祉的敏感社会议题,一定要表明立场,坚定态度,在网络空间内形成正义、民主、透明的讨论氛围,且促进相关的子议题产生。

(二)产生积极的经济效益

让互联网秩序产生积极向上的正面经济效益,是"向上向善"的基础要求。

如果说是军事需求催生了互联网,是科技创造了互联网,那么,维持互联网继续发展壮大下去的一定是人的需求,而人的需求会催生经济效益。互联网带来的巨大商机令无数人的创业梦得以成真,使得诸如腾讯、阿里、百度等一系列依托互联网技术的企业成长为具有国际影响力的互联网公司。这也促使社会资源源源不断地涌入互联网领域,促进了互联网行业的疯狂生长。

当前,中国互联网的发展遇到了前所未有的大好时机,同时也面临着前所未有的风险和潜在威胁。根据中国互联网络信息中心 2020 年 4 月 28 日发布的第 45 次《中国互联网络发展状况统计报告》显示,截至 2020 年 3 月,中国网民规模达 9.04 亿,较 2018 年年底增长 7 508 万,互联网普及率达 64.5%,较 2018 年年底提升 4.9 个百分点。其中,网民通过手机接入互联网的比例达到 99.3%,人均每天上网时间超过 4 小时。已经成为了名副其实的互联网大国。如此大的网络市场,正是诸多互联网企业做大做强的宝贵土壤,同样也有沦为居心不轨者牟取暴利的工具的风险。

网络诈骗就是互联网"失序"对经济活动产生负面影响的表现之一。一小部分不法分子在互联网技术可以带来的巨大经济利益刺激下,不惜铤而走险,制造网络诈骗以牟取暴利,产生了极为恶劣的社会影响。由于全球化的不断加深,此类网络诈骗案件还呈现出跨国犯罪的趋势。2011 年 9 月 28 日,广东省警方联手台湾警方,成功摧毁了两个特大跨国、跨两岸电信诈骗犯罪集团,抓获犯罪嫌疑人 828 名,总涉案金额高达 2.2 亿元人民币,后称"9·28 特大跨国电信诈骗案"。2017 年,玉溪市公安机关成功破获通海县"8·20"冒充公检法人员特大跨国网络电信诈骗系列案件,抓获犯罪嫌疑人 30 名,冻结资金 1 100 余万元,扣押价值 100 余万元的赃物。

要杜绝此类现象,营造向上向善的互联网秩序,就是要让互联网秩序对经济活动产生监督和制约的作用,在严格的规束下令其产生正面的经济效益,而不是负面的。让互联网秩序产生正面的经济效益,一方面,要充分发挥网民的规模优势,准确捕捉时下网民的需求热点,引导互联网企业积极参与、积极创新,将网民的规模优势转化为市场优势;另一方面,要加大对网络经济违法犯罪行为的打击力度,整顿网络空间,防微杜渐,积极预防网络诈骗、网络黑客非法窃取信息等方面的问题。值得注意的是,农村也是未来市场拓展的重要阵地。虽然目前农村网民规模与城镇网民规模的差距依然较大,但未来农村互联网的基础设施建设迟早会追平城市,届时"农村+互联网"定能产生一种全新的经济效益模式,因此农村互联网发展的前景不容小觑。

(三)产生正面的文化效益

让互联网秩序产生积极向上的正面文化效益,是"向上向善"的历史需求。

文化竞争力是一个国家和民族长久屹立于世界之林的真正支柱。美国得以一度称霸世界,靠的不仅仅是坚船利炮、导弹卫星,还有麦当劳、美职篮、迪士尼和好莱坞。在文化上建立优势,令全球人民从内心去认同美国的价值观和文化理念,是美国寄希望于称霸世界的重要武器。

中华民族传统文化博大精深、源远流长,是世界认识中国的重要窗口。互联网的出现,深刻地变革了跨文化的传播方式,极大地缩短了信息交互的时空距离,打通了世界各国文化和文明相互沟通、相互借鉴的快捷通道。昔有玄奘法师十几年西天取经,沟通华夏文明与印度文明。而今文明之间的沟通只需要轻轻敲击键盘,两个身处不同文明的青年相互沟通已经实现了"零时差、零距离"。

在这样的背景之下,推送中华优秀文化"走出去"具备巨大的时代优势,同样也面临着不同文明的冲击和挑战。充分利用互联网,让世界各国优秀文化"走进来",减少糟粕文化的侵蚀;同时,更要让中华优秀文化"走出去",挖掘具备广泛认同基础的文化核心,才可以让互联网产生正面的文化效益。以中华优秀文化为载体,讲好中国故事,需要政府和民间共同努力。我们不仅要保留传统的文化交流方式,还要注重运用网络平台,形成世界人民喜闻乐见的文化传播模式。

(四)产生正面的社会效益

让互联网秩序产生积极向上的正面社会效益,是"向上向善"的必然要求。

互联网发展初期,网络舆论场常常处于无序的状态,假新闻和谣言满天飞,能产生正面社会效益的事件屈指可数。鉴于媒体数量的飞速增长,尤其是微博、微信使得无数自媒体账号或平台迅速崛起,新闻产生的速度也呈爆炸式增加。然而我们看到,在这些浩如烟海的新闻和信息中,存在着不少的信息垃圾和"信息毒药"。虚假信息、色情暴力、反党、反社会等负面信息搭乘这次信息爆发的快车,迅速传播开来。在这个层面上,我们也看到了大众媒体作为信息载体和中枢的社会责任缺失:为了追求利益、博人眼球,不惜以社会公德或者他人利益为代价,进而造成社会舆论场的混乱,误导人们,扭曲真相。

向上向善的互联网秩序,必须要对社会舆论进行引导和管理,发挥互联网强大的社会动员功能,使其产生正面效益。不仅要及时关注网络上的热点舆情事件,及时发布事实,驱散谣言,更要通过网络发言秩序的管理和设计,动员社会成员一起建设良好的网络发言秩序,渐渐形成良好的网络社群亚文化,再通过这种文化影响更多的人,进而形成良好的舆论场氛围,产生和放大正面的社会效益。

二、网络秩序的威胁因素

当下建设网络秩序过程中存在的威胁主要来自三个方面,分别是市场化逻辑侵蚀、过度娱乐化和以国内外负面思潮为代表的其他因素。

(一)市场化逻辑的侵蚀

随着改革开放的深入,市场化的商业逻辑逐渐渗透到社会的方方面面。在互联网领域,内容生产和传播的过程也被市场化逻辑的负面影响在不同程度上所侵蚀。

内容生产方面,不少自媒体,甚至一些主流媒体,迫于生存和发展的压力,不得不向市场低头,以商业化利益作为内容生产的首要导向。这里必须纠正的一点是,商业利益与社会效益二者并不是水火不容,而是可以和谐共生,可以找到平衡点的。因此媒体拿生存压力作为借口向市场化逻辑"缴械投降",为了迎合受众进行突破底线的内容生产和内容的二次传播,虽然暂时赢得了生存的空间,但长远来看,失去了其作为内容生产者的社会责任担当,失去了存在的意义和理由。在以市场化逻辑为主要导向的媒体中,新闻从业者如果能站稳立场,为政治的公共性发声,抑制市场化逻辑的侵蚀,固然是好事。然而,我们目前所看到的现象却更多的是没有足够的新闻从业者愿意站出来为公众发声,反而更多地向市场链条的上游靠近,使得这样的"侵蚀"越陷越深。

(二)娱乐至死的倾向

网络空间过度娱乐化,或者说将一切事物进行"泛娱乐化",是目前威胁互联网秩序构建的非常重要的因素之一。"娱乐至死"的理念最早由尼尔·波兹曼提出,他指出,现实社会(主要以美国社会为例)的一切公众话语日渐以娱乐的方式出现,并成为一种文化精神,"我们的政治、宗教、新闻、体育、教育和商业都心甘情愿地成为娱乐的附庸"。

娱乐需求是人类生存发展的"刚需品",然而娱乐不应当成为人们生存发展的主要追求。自从博客、微博、微信等平台成为明星大V的聚集地,网络上对明星(包括草根网红)的滥追滥捧,已经到了无以复加的程度。不仅明星生孩子、出轨、怀孕长期霸占微博热搜排行榜首,而且各类网络直播平台上的内容更是乌烟瘴气,诸如直播"吃玻璃",直播美女吃火锅等"搏出位""秀下限"的内容比比皆是,不胜枚举。这种趋势所产生的直接恶果就是成百上千的青少年去做"网红"梦,成天想着的不是如何提升自己、追求自身价值,而是如何吸引他人眼球,靠成为"网红"去一夜暴富,这是何其危险的思想发展趋向!

营造向上向善的网络秩序,不仅需要各级政府部门强化管理,加强规范,更需要社会各界的文化自觉,呵护好我们共有的精神家园,尤其呵护好极容易被互联网所影响的年轻一代。

(三)国内外负面思潮等其他因素

正如本书第三章所提及的,目前国内新自由主义、消费主义文化等思潮沉渣泛起,利用互联网平台的放大效应不断扩大自身的危害性和破坏性,给互联网秩序带来了诸多不稳定因素。

此外,国际反华势力、互联网霸权、恐怖主义等其他国际因素也容易成为中国建设互联网体系的阻碍因素。如西方国家不断利用互联网和社交媒体,在中东大搞"颜色革命",推翻了诸如伊拉克、突尼斯等国的政权,公然支持反对派上台执政。ISIS等国际恐怖主义组织对中国的互联网发起过多次袭击,篡改诸多中国高校的官方网站,散布恐怖信息,造成极度恶劣的社会影响。

三、网上网下构建同心圆

2016年4月19日,习近平同志在北京主持召开网络安全和信息化工作座谈会时提出:"凝聚共识工作不容易做,大家要共同努力。为了实现我们的目标,网上网下要形成同心圆。"[①]建设好网上网下的"同心圆",是打造向上向善网络秩序的主要手段,可以团结社会各界的力量,调动各方面资源,来完成这一宏大的叙事。

(一)党和政府:深入群众,积极融入

党和政府要坚持"为人民服务",走好"网上群众路线"。

"天地之大,黎元为先。"习近平同志指出,网信事业要发展,必须贯彻以人民为中心的发展思想。不光是线下要走群众路线,互联网也是党践行群众路线的重要阵地。习近平同志说:"各级党政机关和领导干部要学会通过网络走群众路线,经常上网看看,潜潜水、聊聊天、发发声,了解群众所思所愿,收集好想法好建议,积极回应网民关切、解疑释惑。"[②]

1. 提高对互联网重要性的认识,及时转变观念

当今时代,互联网已成为群众意见表达的最大平台,也是了解真实民意的最佳平台。

---

① 习近平.网上网下要形成同心圆[N/OL].搜狐新闻,2017-04-18.[2017-09-30].http://news.sohu.com/20170418/n489139698.shtml.

② 人民日报社评.领导干部要学会通过网络走群众路线——二论学习习近平在网络安全和信息化工作座谈会重要讲话[N/OL].新华网,2016-04-22.[2017-09-30].http://news.xinhuanet.com/politics/2016-04/22/c_128920268.htm.

服务的主体都上了网,那党和政府就绝不能处于"离线"状态。习近平同志指出:"网民来自老百姓,老百姓上了网,民意也就上了网。群众在哪儿,我们的领导干部就要到哪儿去,不然怎么联系群众呢?"①不少党政机关的领导干部或由于年龄较大,或由于思想保守,不懂网也不会上网,认为上网只是年轻人的事,因而对上网存有偏见,对网络民意不屑一顾。到了新媒体时代,他们开始逐渐明白,靠信访、走访了解到的民意实在太有限,而且极大程度上存在片面性的问题,无法满足决策需要的民意基础,既不可能真正知民情,也不可能真正懂民意。习近平同志指出:"善于运用网络了解民意、开展工作,是新形势下领导干部做好工作的基本功。各级干部特别是领导干部一定要不断提高这项本领。"②只有懂网、知网,才能用网,以此了解民众最新的思想动态,了解某个社会热点问题网上呈现的民意如何。

2. 善用网络,了解民意,科学决策

为人民服务是政府的工作宗旨,让群众满意是中国共产党做好一切工作的价值取向和根本标准。因此善用网络,可以最为充分地了解到群众内心真实的想法,有利于践行党和政府的工作宗旨,检验党和政府的工作成果。正如习近平同志强调的:"不是说只能有一个声音、一个调子,而是说不能搬弄是非、颠倒黑白、造谣生事、违法犯罪,不能超越了宪法法律界限。"③

党员干部在对待网络舆论时,要有包容的心态和耐心的倾听,通过互联网这个大平台,实现党和政府与广大群众充分沟通的目标,积极寻求社会最大公约数。正如习近平同志所指出的:"要多一些包容和耐心,对建设性意见要及时吸纳,对困难要及时帮助,对不了解情况的要及时宣介,对模糊认识要及时廓清,对怨气怨言要及时化解,对错误看法要及时引导和纠正,让互联网成为我们同群众交流、沟通的新平台,成为了解群众、贴近群众、为群众排忧解难的新途径,成为发扬人民民主、接受人民监督的新渠道。"④

---

① 人民日报社评. 领导干部要学会通过网络走群众路线——二论学习习近平在网络安全和信息化工作座谈会重要讲话[N/OL],新华网,2016-04-22.[2017-09-30]. http://news.xinhuanet.com/politics/2016/04/22/c_128920268.htm.

② 人民日报社评. 领导干部要学会通过网络走群众路线——二论学习习近平在网络安全和信息化工作座谈会重要讲话[N/OL],新华网,2016-04-22.[2017-09-30]. http://news.xinhuanet.com/politics/2016/04/22/c_128920268.htm.

③ 人民日报社评. 领导干部要学会通过网络走群众路线——二论学习习近平在网络安全和信息化工作座谈会重要讲话[N/OL],新华网,2016-04-22.[2017-09-30]. http://news.xinhuanet.com/politics/2016/04/22/c_128920268.htm.

④ 人民日报社评. 领导干部要学会通过网络走群众路线——二论学习习近平在网络安全和信息化工作座谈会重要讲话[N/OL],新华网,2016-04-22.[2017-09-30]. http://news.xinhuanet.com/politics/2016/04/22/c_128920268.htm.

（二）企业：做大做强，树立榜样

作为互联网同心圆中的中坚力量，互联网企业应当落实双管双责①，不断做大做强。同时，遵守社会道德伦理，自主创新，树立正面形象。互联网企业树立正面形象，对国家、行业和人民而言，都影响深远。

1. 做大做强

互联网行业的状态取决于行业内各大企业的发展状况，若一个国家主要的互联网企业积贫积弱，在国际上毫无地位，则这个国家的互联网行业在国际上就没有地位，这个国家在国际互联网治理体系中就没有话语权。而企业的发展状况则有赖于企业能否做大做强，做出影响。互联网企业不断强大自身，对于国家互联网产业的发展，乃至国家在国际互联网治理体系中的话语权和地位有着格外重要的意义。

2. 树立榜样

互联网企业在做大做强后，一定要遵循社会的道德伦理规则，勿以善小而不为，勿以恶小而为之，同时，要提高自主创新能力，赢得民众支持。互联网企业带给人们的形象认知，直接关系到人们对整个国家互联网产业的认知。倘若一个国家主要的互联网企业只知道一味追求商业利益，而置民众的生命财产安全于不顾，那么这个国家的网民就会对本国的互联网行业失去信心，转而选择支持他国的互联网公司。当下的众多平台型企业，尤其是新闻集成类平台媒体，更需要遵纪守法，尊重公序良俗，营造正面、积极的舆论氛围。

（三）媒体：一身正气，传播能量

作为同心圆中连接各个圆的桥梁，媒体承担着信息生产和信息传播的重要职能。媒体需要坚持党性和人民性的统一，增强阵地意识，坚持马克思主义新闻观的指导，一身正气，传播正能量。

1. 坚持党性和人民性的统一

党性原则是新闻舆论工作的最高准则。坚持党性原则，最根本的是坚持党对新闻舆论工作的领导。无论是什么性质的媒体、同党和政府相关部门的关系是什么，党管媒体的原则和制度都不能变。党性是人民性存在的政治基础，没有党性，人民性就失去了讨论的意义。

2. 增强阵地意识

党和政府主办的媒体是党和政府凝聚共识的阵地，必须成为党和人民的喉舌。各类新媒体都要置于党的领导下，确保党对媒体的主导权、管理权。当今时代，新媒体无论是从规模、实力，还是影响力方面，都在全面超越传统媒体，成为新闻舆论的主阵地。新媒体

---

① "双管双责"机制，即党员接受组织关系所在党支部和登记活动党支部双重管理、履行岗位工作和群众工作双重职责。

是宣传阵地中的重要部分,不能脱离党的领导,更不能成为"法外之地"。

3. 坚持马克思主义新闻观的指导

随着时代的发展,尤其是互联网技术的发展,大众媒体如今呈现出多元、高速的发展趋势,带来巨大经济利益的同时,如何防治其带来的负面社会效应也成了一大难题。而要解决这一难题,马克思主义新闻观将是我们必将依赖的理论武器。当下我们的大众媒体享有言论和出版自由,然而这并不意味着大众媒体可以为所欲为。大众媒体在享有自由的同时,必须要承担与之相匹配的社会责任。其产生的社会能量越大,则越需要加以引导,避免对社会产生危害。

根据马克思主义新闻观,同时结合事实论证,我们认为,大众媒体在当下必须肩负起以下四点社会责任。

(1)实事求是,信源可靠,报道真人真事,不以经济利益驱使而扭曲事实误导群众;(2)客观真实,多方求证,不带主观臆测,不以个人情感使报道内容有所偏颇,而应均衡各方观点,尽力维持中立客观;(3)树立正确的新闻价值取向,以社会主义价值观为核心,多生产高质量新闻,以优质内容赢得市场认可;(4)注重关怀,以人为本,尤其是党报,不光要成为党的喉舌,更应成为人民喉舌,维护党和人民的利益,而非哗众取宠、人云亦云。

只有当我们的大众媒体真正担起这些社会责任的时候,我们的新闻行业才能得到健康有序的发展,我们的新闻才能真正做到维护社会正义、传递社会能量、把握时代脉搏、了解国计民生。

(四)公民:培养理性,提高素养

作为公民个体,需要积极提高自身的媒介素养,提升媒介储备,培养理性思考、理性发言的习惯。

1. 培养理性,提高自身的媒介素养

公民需要不断提升自己的媒介素养,不盲目听信没有确定信源的消息,对不客观、情绪化的表达保持自己的意见,在发表相关言论的时候确保自己所说的信息属实,不信谣,不传谣。公民应当避免在网络中刻意宣泄自己在现实生活中累积的负面情绪,要清楚地意识到网络空间也是一个公共空间,自己的一言一行都会产生相应的结果,也会对他人产生不同程度的影响。负责地使用互联网,遇到具有争议性事件时理性思考,遇到情绪化表达时理性发言,养成良好的发言习惯。

2. 提升媒介储备

所谓媒介储备,就是指个人平时最常使用的获取信息的媒体总和。公民应当避免从单一渠道获取信息,防止"偏听则暗",要不断拓展自己的媒介储备,从多个渠道获取信息,一方面,可以更全面地了解事件全貌;另一方面,也可以以此鉴别一些新闻到底是真是假,做到"兼听则明"。

中国的传统老话说得好,"得道多助,失道寡助""人心齐,泰山移"。只要网上网下同心协力,传播正能量、唱响主旋律、凝聚民众心、画好同心圆,那么任何困难都会向我们低头。习近平同志指出:"什么是同心圆?就是在党的领导下,动员全国各族人民,调动各方面积极性,共同为实现中华民族伟大复兴的中国梦而奋斗。"①党和政府形成意识,走好"网上群众路线";企业将自身建设好,树立社会榜样;媒体坚持党性和人民性的统一,传播正能量;公民提高媒介素养,理性发言——一步一步稳扎稳打,同心圆的形成就指日可待。

思 考 题

1. 中国目前关于网络传播的政策法规体系有哪些不够完备之处?
2. 如何理解新媒体传播语境中的网络传播伦理?
3. 如何理解数字时代新闻传播伦理面临的最大挑战?
4. 如何构建"向上向善"的网络秩序?

 延伸阅读

1. 孟威. 媒介伦理的道德论据[M]. 北京,经济管理出版社,2012.
2. 陈绚. 新闻传播伦理与法规教程(新编 21 世纪新闻传播学系列教材)[M]. 北京,中国人民大学出版社,2016.
3. 李伦. 网络传播伦理[M]. 长沙,湖南师范大学出版社,2007.
4. 胡钰. 确立新媒体传播的伦理规范[P]. 人民日报,2016-03-02.
5. 中华人民共和国网络安全法. 2016 年 11 月 7 日发布.

---

① 习近平. 网上网下要形成同心圆[N/OL],搜狐新闻,2017-04-18. [2017-09-30]. http://news.sohu.com/20170418/n489139698.shtml.

第七章 网络空间的治理观念与体系

导读：对于中国互联网治理体系的认知应当置于世界历史发展的大背景中，应当结合对中外不同的历史发展阶段的思考。本章首先解构了当下世界互联网治理体系背后的权力逻辑，提出建设富有中国特色互联网治理体系的重要性，而后通过对如何构建网络命运共同体和建设网络空间新生态这两个问题的分析和思考，提出了新时代网络空间舆论治理观。

习近平同志在第二届世界互联网大会中提出了"一个目标、两大支点"，并提出"国际社会应该在相互尊重、相互信任的基础上，加强对话合作，推动互联网全球治理体系变革"这一个目标，以及"共同构建和平、安全、开放、合作的网络空间，建立多边、民主、透明的全球互联网治理体系"这两个支点，①为国际互联网空间建设这一重要命题给出了"中国方案"，勾勒出了一个"全球共治互联网"的宏伟蓝图。

第一节 变革的互联网治理体系

互联网从简单的一项技术，逐渐发展成为对社会、经济、政治、文化等各方面具有巨大影响力的重要媒介，用了不到30年的时间。而且随着这种影响力不断深入，直至未来完全内化到所有人的生活方式中之后，互联网将成为信息时代的"水、电和空气"——人们将感受不到互联网的存在，然而一旦失去了互联网，生产、生活将受到极大的影响。习近平同志曾在多个场合强调人类进入互联网时代的重要意义，并指出互联网是世界潮流，对此，中国要顺势有为，建设网络强国。

鉴于互联网建设具备的长远战略意义和重要性，"互联网治理体系"作为一个重要命题被提了出来。习近平同志指出："国际社会要本着相互尊重和相互信任的原则，通过积极有效的国际合作，共同构建和平、安全、开放、合作的网络空间，建立多边、民主、透明的国际互联网治理体系。"②变革已有的传统互联网治理体系，与诸多新兴的互联网国家一道，打造一个全新的、合作共赢且行之有

---

① 新华社．习近平在第二届世界互联网大会开幕式上的讲话[N/OL]，新华网，2015-12-16．[2017-09-30]，http://news.xinhuanet.com/politics/2015-12/16/c_1117481089.htm.

② 人民网．习主席首提国际互联网治理的"中国主张"[N/OL]，新华网，2014-07-18．[2017-09-30]，http://news.xinhuanet.com/world/2014-07/18/c_126771066.htm? prolongation=1.

效的互联网治理体系,已经成为中国未来发展所必须要完成的一个历史任务。

一、传统的单边治理体系

(一) 美国占据传统互联网治理体系核心

原有的互联网治理体系以美国为核心。互联网技术发端于1969年美军的阿帕网(ARPA),故而美国是最早成熟掌握互联网技术的国家,并在此过程中形成了研究与开发优势,这为美国主导互联网治理体系打下了技术的基础。

20世纪90年代初,互联网技术日臻成熟。技术普及的过程中,互联网的商业化如影随形。互联网技术带来信息传播上的巨大改变和商业化带来的巨大利润,让美国深刻认识到,掌握互联网治理体系主导地位至关重要。

事实上,美国政府通过控制互联网地址和域名分配,在互联网的国际治理体系中一直占据主导地位。由于技术先发优势,互联网地址和域名的分配起初是加州大学洛杉矶分校负责的。随着互联网的应用面越来越广,美国互联网地址域名管理局(IANA)接管了这一工作。美国互联网地址域名管理局归美国政府所管辖,这就意味着,原本具有全球性影响的一项技术变成了美国的"私有财产",任何国家和个人要想申请一个互联网地址和域名,必须要得到美国政府的首肯,这让国际社会怨声四起。

1998年,美国政府显然是迫于来自国际社会的反对声,美国商务部电信信息管理局(NTIA)为了"征询"各界对互联网治理体系的意见,发布了"改进互联网域名地址技术管理"的公告,紧接着将互联网地址和域名分配的管理权交给社会非营利组织"互联网名称与数字地址分配机构"(ICANN)。通过这一"改革",美国官方的形象看似从国际互联网治理体系中退出了,然而实际控制权仍在美国政府手中。

美国政府通过与ICANN签订合同,规定美国商务部有权有责对世界各国或相关方面的请求进行监督。比如,当ICANN收到某个国家有关其国家顶级域名的申请时,它需要首先向美国商务部汇报,得到美国商务部批准后才可以作出分配和修改。同时,美国政府向ICANN提供资金支持,每隔两年或三年续签一次备忘录,使得美国得以在背后控制全球互联网的发展。

ICANN的标志

(二) 单边治理体系的弊端与危害

一方面,美国在互联网治理体系中决定权过大,随时可对各国的信息安全造成威胁。要知道,ICANN总部设在美国,但不是一个国际组织,而且与美国政府只是"雇佣关系"。如果ICANN不能继续履行其与美国政府的合同,随时可被美国政府解雇。而一旦ICANN的职能被终止,美国商务部电信信息管理局将接管其所有职能。届时将又回到美国单边正式接管治理体系的地步,这显然是不能被国际社会所接受的。当所有国家的网络域名都掌握在美国一家手中,美国随时可以对利益冲突的国家施行"网络制裁",这将对国际网络安全格局形成重大威胁。

另一方面,互联网的单边治理体系几乎扼杀了国际社会参与决策过程的可能性,极大地抑制了世界其他国家参与决策的积极性,不利于治理体系自身的发展与进化。国际互联网治理体系同其他国际体系一样,都需要各国的积极参与和共同建设。如果互联网治理体系只是美国的"一言堂",发现问题无法得到高效地解决,提出需求得不到应有的满足,那么各国都只能是刀俎鱼肉,整个体系将失去活力。

只有做到"多边参与、民主协商、信息透明",互联网治理体系才能及时发现和解决问题,及时回应各方需求,这个体系才能得到健康稳定的发展和延续,真正行之有效地服务于世界各国。

(三)改革的黎明

美国单边主导的互联网治理体系主导了互联网技术从诞生到现在将近半个世纪。在该体系下,世界各国几乎无法参与互联网治理的决策过程。

2016年10月1日,美国商务部电信信息管理局决定正式将互联网域名管理权完全移交给"互联网名称与数字地址分配机构",不再要求其向美国商务部电信信息管理局汇报。美国唱"独角戏"的互联网治理格局,眼下似乎已经迎来了"改革的黎明"。

然而稍加分析就可知道,这个变化并没有带来实际的积极意义。作为互联网技术核心的13个根服务器还是掌握在西方国家手里。若要破除旧体系,还需要世界各国共同努力,才能共同构建出一个共建共享的新体系。

二、未果的尝试:世界新闻与传播新秩序

对既有互联网治理体系进行变革的尝试并非未尝肇始,半个世纪之前,广大第三世界国家就曾尝试过联合在一起,反抗美、苏两极争霸的国际信息传播格局。然而这场轰轰烈烈的"世界新闻新秩序"运动却最终惨淡收场,未能取得最终的胜利。

(一)世界新闻与传播新秩序

早在美、苏冷战时期,在印度总理尼赫鲁、南斯拉夫总统铁托、埃及总统纳赛尔等人共同倡议下,"不结盟运动"于1961年9月正式成立。"不结盟运动"虽然是一个松散的国际组织,但却象征着第三世界团结起来应对美、苏两极争霸格局挑战的决心。

20世纪70年代,以不结盟国家为核心的第三世界国家意识到国际新闻和信息传播结构对发展的重要意义,尝试着构建一个世界新闻新秩序(New International Information Order,简称NIIO),旨在改变这种"由北向南"单向传播的格局。随后,"传播"作为一个全新的政治概念被引入,旨在强调各国平等地交换新闻与信息,将原有的概念发展为世界新

闻与传播新秩序（New World Information and Communication Order，简称 NWICO）。

世界新闻与传播新秩序的倡导者们开始在联合国教科文组织大会上频频发声，抨击西方四大通讯社对第三世界国家"充满偏见和不负责任"的报道，甚至罔顾事实，强行在民众心中塑造第三世界国家负面的形象。他们抨击美国等西方国家通过倾销它们的主流价值观而侵占第三世界国家的民族文化，形成一种"新殖民主义"，或者叫"可乐殖民主义"，为跨国企业和寡头公司的"入侵"创造思想和文化基础。随着抗争的深入，世界新闻与传播新秩序的影响力也在不断扩大。

世界新闻与传播新秩序抗争的过程经历了以下几个阶段（见表 7-1）。

表 7-1 世界新闻与传播新秩序抗争的几个阶段

时间阶段	斗争结果
1970 年联合国教科文组织第 16 届大会	若干第三世界国家明确提出了新闻媒介分布不均衡的问题，主张构建更加公正、公平的国际新闻与信息交换系统，第一次酝酿了世界新闻与传播新秩序的问题
1973 年第 4 次不结盟国家首脑会议	指出世界上绝大多数国家都已沦为西方少数国家传播信息的消极接受者，单向传播成为一种大趋势
1976 年不结盟国家传播问题讨论会	首次提出"世界新闻新秩序"，象征着一个全新的抗争性符号诞生，向传统新闻秩序发起挑战
1978 年联合国教科文组织第 20 届大会	通过了《大众传播媒介致力于加强和平和国际了解，促进人权和反对种族主义、种族隔离和战争煽动的基本原则宣言》。
1978 年第 33 届联合国大会	通过 33/115 号决议，指出需要"在新闻自由流通及更广泛、更均衡地传播新闻的基础上，为加强和平和国际了解而建立新的更公正和更有效的世界新闻和传播新秩序"，并决定成立"联合国新闻政策和活动审查委员会"
1979 年第 34 届联合国大会	通过的 34/182 号决议将该委员会改称为"新闻委员会"，规定其职责为审查联合国的新闻政策和活动及促进上述目标的实现（1984 年中国被委任为该委员会新的成员国）
1980 年联合国教科文组织第 21 届大会	通过《多种声音，一个世界：交流与社会，今天与明天》[又称"麦克布莱德报告（The McBride Report）]，在许多方面反映了广大发展中国家对平等、公平的传播结构的立场、观点与合理要求
1981 年 5 月法国塔卢瓦尔会议	以发达国家为主的 20 多个国家通过《塔卢瓦尔宣言》，重申"新闻自由"的重要性；美国要求教科文组织停止为世界新闻新秩序起草标准，否则美国将停止承担为教科文组织提供经费的义务
1983 年联合国教科文组织第 22 届大会	制定了 1985—1989 年建立世界新闻与传播新秩序的中期计划，建立世界新闻新秩序的斗争在联合国范围内赢得广泛支持
1984 年	美国宣布退出联合国教科文组织，联合国教科文组织决定暂停有关世界新闻与传播新秩序的争论
1986 年	英国和新加坡宣布退出联合国教科文组织（UNESCO），该组织决定暂停有关世界新闻与传播新秩序的争论
2003 年 10 月 1 日	美国重返教科文组织

悲哀的是，世界新闻与传播新秩序运动自 20 世纪 70 年代初酝酿成熟，到 80 年代中后期宣告失败，抗争了十几年，大量第三世界的抗争者投身其中，却迫于美国强大的政治压力，不得不吞下失败的苦果。不过，这场运动所强调的理念，一直为后来者提供了指引的方向。

（二）失败原因

毫无疑问，世界新闻与传播新秩序运动失败的直接原因是美国及英国、新加坡等其追随者退出联合国教科文组织。由于联合国教科文组织的经济来源是其成员国按照经济发展水平进行比例配置来提供，一旦这些经济发达的西方国家退出，教科文组织的组织经费将损失严重，马上就面临职能压缩的窘境。这使得联合国教科文组织不得不重新审视世界新闻与传播新秩序运动的可行性与成本，作出妥协，并尽力恳请美国等西方国家回归联合国教科文组织。

究其背后的根本原因，就是国际关系力量比过于悬殊。当时以印度、南斯拉夫、埃及等第三世界国家为主的世界新闻与传播新秩序运动力量，内部并不是铁板一块，而且这些国家都处在经济发展的初级阶段，即使联合起来，也未必有能力与美国等西方国家相对抗。联合国教科文组织是按照国家经济发展水平来制定资金捐献的，当主要资助国美国退出，所产生的资金漏洞十分巨大，且第三世界国家都不是很情愿来填补之，这直接从根本上动摇了联合国教科文组织作为第三世界"联合作战平台"的基础，那么后面的失败也就顺理成章了。

当时的国际政治环境也是不可忽视的原因之一。第三世界国家联合起来对抗西方传统传播秩序的重要政治支撑是苏联领导的共产主义国家阵营。当苏联式微，不再是世界新闻与传播新秩序运动的有力靠山，那么第三世界国家在联合国教科文组织中的斗争将四面楚歌，面临国际丛林法则的残酷考验。当苏联解体、"冷战"结束，美国占据了制度上的绝对优势，联合国教科文组织内部的国家力量对比也彻底倒向以美国为首的西方国家，世界新闻与传播新秩序运动失去了最后一丝斗争的希望。

最后，世界新闻与传播新秩序运动无法争取到更多潜在支持者的信服，原因也在于自身理念的不够完善。这个运动只是传达出"颠覆"和"重构"这类斗争色彩浓郁，且不够友好的信号，对国际传播的规律认识不够深入，其理念甚至都无法彻底说服大多数第三世界国家在教科文组织内部投票支持它们。一方面，无法说服潜在支持者；另一方面，世界新闻与传播新秩序运动也无法对西方的回击作出有效应答。世界新闻与传播新秩序运动抨击西方的新闻生产和传播模式受到商业化逻辑的严重腐化，美、英等西方国家则攻击这些第三世界国家内部有着"独裁、反自由"的新闻审查制度，政府过多的干预严重破坏了新闻的客观真实性。而世界新闻与传播新秩序运动无法对这些攻击作出有力的分析和回应，反而陷入西方设下的"道德陷阱"。

面对这些原因，世界新闻与传播新秩序运动的支持者无法就其痛处对症下药，反而在内部出现越来越多的分歧,没有一个强有力的组织者可以将已经趋于崩坏的局面重新统一起来,最后这个运动只能吞下失败的苦果,不欢而散。

(三) 经验与启示

世界新闻与传播新秩序运动的失败,内外因都值得总结。那么,中国作为第三世界国家的重要代表之一,可以从中汲取很多教训,帮助今后改变旧的互联网治理体系。

首先,推动一个体系进行变革,必须要有一个强有力的核心国家作为中坚力量,承担主要的责任和义务,不然就会像世界新闻与传播新秩序运动一样群龙无首,散沙一盘,任人摆布。

其次,这个核心国家必须具备可以与旧秩序相抗衡的相应实力。在国际话语体系中,国家话语权与国家经济实力几乎成正比。新旧秩序两个阵营的核心国家实力相差过大,相应的国际话语权也会高下显著,新秩序的构建者所推行的话语很有可能被"主流"话语体系所湮没,久而久之处于相当被动的境地。

此外,寻找志同道合的合作伙伴始终是必由之路。一个好汉三个帮,任何重大的国际关系变革都无法由单个国家单打独斗完成。习近平同志在第三届世界互联网大会开幕式上的讲话中指出:"利用好、发展好、治理好互联网必须深化网络空间国际合作。"①有重要的合作伙伴不仅可以在国际上形成声援之势,更能够着实加强己方实力,从而招徕更多的支持者。

最后,新秩序或新体系的理念需要经得起时间的考验,需要具备相较于旧秩序或旧体系绝对的理论优势和充分的信服力,以解决新秩序或新体系成立的合法性问题,同时可以起到团结伙伴国家、增强抗争信心的作用。

当前,在美国打造的互联网单边治理体系已经面临变革之际,中国如何成为引领新体系的新引擎呢?一方面,中国目前作为第二大世界经济体的身份是具备这样的实力来成为新型互联网治理体系的"核心国家"的;另一方面,中国有基础、有能力去团结一批深受当下不公正互联网治理体系之苦的国家。

当中国真正以大国的姿态崛起,并屹立于世界民族之林的时候,且中国可以"得道多助",提出具有理论建设性和理论共识的高度理论化理论,定能够得到世界上绝大多数国家的支持和拥护。届时旧的互联网治理体系将落入式微的语境之中,进而构建一个崭新的、理想的互联网治理体系。

三、"四项原则""五点主张"打造"新型互联网治理体系"

2015年12月16日,在第二届世界互联网大会上,习近平同志发表主旨演讲提到:

---

① 习近平:在第三届世界互联网大会开幕式上的视频讲话[N/OL].新华网,2016-11-16.[2017-09-30] http://news.xinhuanet.com/politics/2016-11/16/c_1119925133.htm.

"网络空间是人类共同的活动空间,网络空间前途命运应由世界各国共同掌握。各国应该加强沟通、扩大共识、深化合作,共同构建网络空间命运共同体。"这是"网络空间命运共同体"这一概念首次被提出。继而在 2016 年 11 月 16 日举办的第三届世界互联网大会也将"携手共建网络空间命运共同体"定为了主题。

对于"网络空间命运共同体"这一概念,习近平同志提出"四项原则"和"五点主张",得到了国际各界的积极响应。

(一)四项原则

"四项原则"包括尊重网络主权、维护和平安全、促进开放合作、构建良好秩序,是专门为互联网体系变革所设计、向外界发出清晰的信号,表现出中国对于推动国际网络空间秩序合理化的信心和决心。以下为习近平同志在第二届世界互联网大会上对"四项原则"作出的解释。

(1)尊重网络主权。《联合国宪章》确立的主权平等原则是当代国际关系的基本准则,覆盖国与国交往各个领域,其原则和精神也应该适用于网络空间。我们应该尊重各国自主选择网络发展道路、网络管理模式、互联网公共政策和平等参与国际网络空间治理的权利,不搞网络霸权,不干涉他国内政,不从事、纵容或支持危害他国国家安全的网络活动。

(2)维护和平安全。一个安全、稳定、繁荣的网络空间,对各国乃至世界都具有重大意义。在现实空间,战火硝烟仍未散去,恐怖主义阴霾难除,违法犯罪时有发生。网络空间不应成为各国角力的战场,更不能成为违法犯罪的温床。各国应该共同努力,防范和反对利用网络空间进行的恐怖、淫秽、贩毒、洗钱、赌博等犯罪活动。不论是商业窃密,还是对政府网络发起黑客攻击,都应该根据相关法律和国际公约予以坚决打击。维护网络安全不应有双重标准,不能一个国家安全而其他国家不安全,一部分国家安全而另一部分国家不安全,更不能以牺牲别国安全谋求自身所谓的绝对安全。

(3)促进开放合作。"天下兼相爱则治,交相恶则乱"。完善全球互联网治理体系,维护网络空间秩序,必须坚持同舟共济、互信互利的理念,摈弃零和博弈、赢者通吃的旧观念。各国应该推进互联网领域开放合作,丰富开放内涵,提高开放水平,搭建更多沟通合作平台,创造更多利益契合点、合作增长点、共赢新亮点,推动彼此在网络空间优势互补、共同发展,让更多国家和人民搭乘信息时代的快车共享互联网发展成果。

(4)构建良好秩序。网络空间同现实社会一样,既要提倡自由,也要保持秩序。自由是秩序的目的,秩序是自由的保障。我们既要尊重网民交流思想、表达意愿的权利,也要依法构建良好的网络秩序,这有利于保障广大网民合法权益。网络空间不是"法外之地"。网络空间是虚拟的,但运用网络空间的主体是现实的,大家都应该遵守法律,明确各方权利义务。要坚持依法治网、依法办网、依法上网,让互联网在法治轨道上健康运行。同时,要加强网络伦理、网络文明建设，发挥道德教化引导作用，用人类文明优秀成果滋养网络空间，修复网络生态。

- 尊重网络主权是基本要求。强调网络空间建设中的主权问题是习近平同志此次提出"四项原则"中的首项，意义非凡。尊重网络主权是我们建设新型互联网治理体系的基本要求，只有实现了这一点，所有国家才能处在平等的位置进行对话，互联网治理体系的"治理"功能才能得到尊重和执行。

- 维护和平安全是根本保障。当今世界时刻面临着信息安全的重大风险。2015年12月，乌克兰国家电力部门被境外黑客攻陷，造成全国范围内的大面积停电，严重影响了国民的生产生活；2016年4月，近5 000万土耳其公民信息被黑客窃取，包含姓名、身份证号、住址、家庭关系等一系列核心信息与公民隐私；2016年6月，俄罗斯最大社交网站vk.com被黑，超过1.7亿个用户的账号和密码被窃。尤为甚者，美国宣布其国家网络部队已具备实战能力，而其他国家并无相应的实力与之抗衡。失去了网络安全，就失去了互联网发展的根本保障，那么互联网治理体系就只能是风中火烛，随时有被颠覆的危险。

- 促进开放合作是应有之义。保守地"关起门来搞建设"已经成为过去式，互联网时代呼唤开放合作的姿态。2016年11月16日，习近平同志在第三届世界互联网大会开幕式上的视频讲话中指出："互联网发展是无国界、无边界的，利用好、发展好、治理好互联网必须深化网络空间国际合作，携手构建网络空间命运共同体。"做国际合作的良好伙伴，赢得更多志同道合伙伴国家的支持，将更有利于减少国际互联网治理体系改革的推行成本。不光要"自己说"，更要让伙伴国家帮着"一起说"。

- 构建良好秩序是最终目的。互联网治理体系的改革和重新构建，最终的目的都是构建一个良好的网络秩序，让法制和伦理相交融充分地充斥其中。让明确的法制法规划清秩序的底线，告诉每个国家和个人"不能做什么"；让先进的伦理观念拓宽秩序的上限，引导每个国家和个人"应该做什么"，全面营造一个可以让内部元素积极发挥作用的治理体系，最终形成良好的互联网秩序，每个国家和个人都可以从中获得最大的幸福。

（二）五点主张

那么，如何才能构建网络空间命运共同体呢？针对这一问题，习近平同志在第二届世界互联网大会上高屋建瓴地提出了以下"五点主张"。

（1）加快全球网络基础设施建设，促进互联互通。网络的本质在于互联，信息的价值在于互通。只有加强信息基础设施建设，铺就信息畅通之路，不断缩小不同国家、地区、人群间的信息鸿沟，才能让信息资源充分涌流。中国正在实施"宽带中国"战略，预计到2020年，中国宽带网络将基本覆盖所有行政村，打通网络基础设施"最后一公里"，让更多人用上互联网。中国愿同各方一道，加大资金投入，加强技术支持，共同推动全球网络基础设施建设，让更多发展中国家和人民共享互联网带来的发展机遇。

（2）打造网上文化交流共享平台，促进交流互鉴。文化因交流而多彩，文明因互鉴而丰富。互联网是传播人类优秀文化、弘扬正能量的重要载体。中国愿通过互联网架设国际交流桥梁，推动世界优秀文化交流互鉴，推动各国人民情感交流、心灵沟通。我们愿同各国一道，发挥互联网传播平台优势，让各国人民了解中华优秀文化，让中国人民了解各国优秀文化，共同推动网络文化繁荣发展，丰富人们精神世界，促进人类文明进步。

（3）推动网络经济创新发展，促进共同繁荣。当前，世界经济复苏艰难曲折，中国经济也面临着一定下行压力。解决这些问题，关键在于坚持创新驱动发展，开拓发展新境界。中国正在实施"互联网＋"行动计划，推进"数字中国"建设，发展分享经济，支持基于互联网的各类创新，提高发展质量和效益。中国互联网蓬勃发展，为各国企业和创业者提供了广阔的市场空间。中国开放的大门永远不会关上，利用外资的政策不会变，对外商投资企业合法权益的保障不会变，为各国企业在华投资兴业提供更好服务的方向不会变。只要遵守中国法律，我们热情欢迎各国企业和创业者在华投资兴业。我们愿意同各国加强合作，通过发展跨境电子商务、建设信息经济示范区等，促进世界范围内投资和贸易发展，推动全球数字经济发展。

（4）保障网络安全，促进有序发展。安全和发展是一体之两翼、驱动之双轮。安全是发展的保障，发展是安全的目的。网络安全是全球性挑战，没有哪个国家能够置身事外、独善其身，维护网络安全是国际社会的共同责任。各国应该携手努力，共同遏制信息技术滥用，反对网络监听和网络攻击，反对网络空间军备竞赛。中国愿同各国一道，加强对话交流，有效管控分歧，推动制订各方普遍接受的网络空间国际规则，制订网络空间国际反恐公约，健全打击网络犯罪司法协助机制，共同维护网络空间和平安全。

（5）构建互联网治理体系，促进公平正义。国际网络空间治理，应该坚持多边参与、多方参与，由大家商量着办，发挥政府、国际组织、互联网企业、技术社群、民间机构、公民个人等各个主体作用，不搞单边主义，不搞一方主导或由几方凑在一起说了算。各国应该加强沟通交流，完善网络空间对话协商机制，研究制订全球互联网治理规则，使全球互联网治理体系更加公正合理，更加平衡地反映大多数国家意愿和利益。举办世界互联网大会，就是希望搭建全球互联网共享共治的一个平台，共同推动互联网健康发展。

这五点主张从基础设施、文化交流、经济创新、网络安全和治理体系建设五个方面入手，对构建一个网络空间命运共同体所需要经历的方方面面进行了整体总结和阐述。从中我们也大致可以归纳出网络空间命运共同体理想状态下"应然"的状态，即所有国家和个人可以被保障最基础的互联互通，网络文化上交流互鉴，网络经济上共同繁荣，网络安全有序发展，互联网治理体系可以保障公平正义。

我们有理由相信，未来，随着国际政治经济格局的不断变化和发展，互联网治理体系终将迎来变革,而一个符合全人类利益诉求的"人类命运共同体"终将被建立,一个契合网络发展时代特点的"网络空间命运共同体"也终将被建立——中国将在其中扮演十分核心而重要的角色。要做到这一点,就必须坚持习近平同志所提出的"四项原则"与"五点主张",虽然任重而道远,但必须兢兢业业、坚持不懈。

第二节 构建网络空间命运共同体

一、概念阐释与演化

(一)命运共同体

中国发展要走自己的道路,但中国发展也无法脱离世界发展的大环境,需要与世界同呼吸、共命运。正如习近平同志所指出的,"要树立世界眼光,更好地把国内发展与对外开放统一起来,把中国发展与世界发展联系起来,把中国人民利益同各国人民共同利益结合起来"①。

正是出于这种"统一"和"普遍联系"的哲学思考,在"共同体"的思想基础上,以习近平同志为核心的党中央领导集体提出了"命运共同体",或"人类命运共同体"的概念,强调这个共同体是全人类范围的,是所有人所共享和共有的一种概念。它强调全球人民可以共享共同的一种或多种价值观和文化理念,而非一味强调利害关系;在这个"人类命运共同体"中,没有一个绝对的共识去压抑成员的个性,没有一个绝对强大的个体去压迫其他成员的生存空间。党的十八大报告提出的"要倡导人类命运共同体意识,在追求本国利益时兼顾他国合理关切,在谋求本国发展中促进各国共同发展",很好地印证了这一点。

对此,《人民日报》评论道:"从'你中有我、我中有你'的判断,到'人类只有一个地球'的感言;从'牢固树立命运共同体意识'的号召,到'让命运共同体意识在周边国家落地生根'的部署;从'共筑亚太梦想'的呼吁,到'迈向亚洲命运共同体'的方案,十八大以来,习近平同志对命运共同体的不断阐释,把握人类利益和价值的通约性,在国与国关系中寻找最大公约数,这是智者的思虑,也是时代的命题。"②

"命运共同体"思想已是指导中国处理国际事务、开展外交活动的重要指导思想。习近平同志在各种场合多次提到"命运共同体"。他出席20国集团领导人第十一次峰会(即2016年杭州G20峰会)时曾经这样解释道:"这个世界,各国相互联系、相互依存的程度

---

① 习近平主持中共中央政治局集体学习——绝不做损人利己以邻为壑的事情[N/OL]. 人民日报海外版,2013-01-30. [2017-09-30]. http://paper.people.com.cn/rmrbhwb/html/2013-01/30/content_1192886.htm.

② 国纪平. 为世界许诺一个更好的未来——论迈向人类命运共同体[N/OL]. 新华网,2015-05-17. [2017-09-30]. http://news.xinhuanet.com/politics/2015-05/17/c_1115310552.htm.

空前加深,人类生活在同一个地球,生活在历史和现实交汇的同一个时空里,越来越成为你中有我、我中有你的命运共同体。"①

这段话从中传达出两个基本的含义:一是当今世界各国存在差异性;二是各个国家和地区是相互依存的。因此,"命运共同体"就是指在这个时代中,各个有差异的民族国家所组成的命运攸关、利益相连、相互依存的集合体。

根据中央对于这方面的一系列论述,我们可以从差异观和统一观两方面对"命运共同体"思想的基本内容进行整理和归纳。

首先,强调和承认世界的多样性、差异性,是"命运共同体"思想的立足点。正因为当今世界各个国家有着诸多的差异,才有必要强调"共同体"的重要性。"世界上有200多个国家和地区,2 500多个民族和多种宗教。如果只有一种生活方式,只有一种语言,只有一种音乐,只有一种服饰,那是不可想象的。"②习近平同志曾经这样说道。

"命运共同体"思想差异观的具体理念包括以下内容。

(1) 友好尊重原则。首先,要尊重客观世界存在的多样性,和而不同。世界上一共有220多个国家,包括近200个主权国家,每个国家的发展历史和传统文明都迥乎不同。正如每个人都有着不同的指纹,每个国家也有着属于它们自己的"发展指纹"。习近平同志指出:"世界上没有放之四海而皆准的发展模式,各方应该尊重世界文明多样性和发展模式多样化。"③尊重每个国家不同的发展状况和发展模式,是形成命运共同体的基本前提。其次,要尊重每个国家自主选择的权利。既然每个国家有着不同的发展路径和历史阶段,那么什么道路、什么模式最适合它们,这些国家自己应该是最清楚的,应该由它们自行选择,其他国家无权进行干涉。只有充分尊重每个国家自主选择的权利,"命运共同体"才有可能建立在一个友好、平等的基础之上,才可以称得上是"共同体"。

(2) 民主协商原则。在命运共同体内,每个成员国都是平等、互相尊重的。当这个共同体需要进行讨论、作出决策的时候,尤其是在作出一些决定世界或区域未来发展等重大议题的时候,应当充分考虑到每个成员国和利益相关方的意见,奉行民主协商的原则,让世界命运必须由各国人民共同掌握。奉行民主协商原则,一方面,可以减少共同体决策的片面性和不科学性;另一方面,可以让决策为大多数国家所信服,进而减少政策推行的成本。故而坚持民主协商原则,是构建命运共同体的基本要求。

(3) 坚持"中国主张"。无论在任何一个国际组织,或是处在命运共同体中,中国都是

---

① 习近平对世界如是说[N/OL]. 人民日报(海外版). 2015-11-23. [2017-09-30]. http://theory.people.com.cn/n/2015/1123/c40531-27843728-3.html.
② 习近平在联合国教科文组织总部的演讲[N/OL]. 新华网, 2014-03-28. [2017-09-30]. http://news.xinhuanet.com/politics/2014-03/28/c_119982831.htm.
③ 习近平在坦桑尼亚尼雷尔国际会议中心的演讲[N/OL]. 新华网, 2013-03-25. [2017-09-30]. http://www.gov.cn/ldhd/2013-03/25/content_2362201.htm.

一个独立而具有特色的民族国家,有着自己的意识形态和利益诉求。作为命运共同体中的重要一员,中国虽然谋求稳定和发展,但绝不以牺牲其他国家和成员的利益为代价。正所谓"己所不欲,勿施于人"。中国强烈渴望世界和平,并将坚持永不称霸的主张。中国就此曾多次公开向国际社会宣示,中国反对各种形式的霸权主义和强权政治,不干涉别国内政,自己也永远不称霸,永远不搞扩张。此外,中国更有坚定维护本国利益的信念和决心,中国将坚定不移地维护自己的主权、安全、发展利益,任何国家都不要指望我们会吞下损害中国主权、安全、发展利益的苦果。

命运共同体的重要理念不仅体现在尊重差异性,更体现在追求统一性。世界各国之所以能将彼此联结在一起,成为命运共同体,关键就在于各国之间具有共同的利益诉求,即寻求长远发展、维护世界和平。而且,各国之间形成一种整体利益,存在着荣辱与共、利益相连的"连带效应"。

这种"连带效应"是以各国发展的共同未来为寄托的。如果命运共同体无法给予个体国家一个可预期的、稳定的未来,那么统一性就无从形成,这个命运共同体的建立基础就会"地动山摇"。习近平同志指出:"一个强劲增长的世界经济来源于各国共同增长。各国要树立命运共同体意识,真正认清'一荣俱荣、一损俱损'的连带效应,在竞争中合作,在合作中共赢。在追求本国利益时兼顾别国利益,在寻求自身发展时兼顾别国发展。"①他还形象地说道:"国家无论大小、强弱、贫富,都应该做和平的维护者和促进者,不能这边搭台、那边拆台,而应该相互补台、好戏连台。"②

"命运共同体"的差异观和统一观互为补充,协调一致。认识到国与国之间的差异,尊重这种客观存在的差异,坚持民主协商与"中国主张",是中国作为"人类命运共同体"重要成员所应有的态度。同样地,认识到世界各国都有共同的利益诉求,都有一种整体利益,都有一个共享的未来,那么"命运共同体"才有建立的基础。两者协调一致,才是中国参与建设人类命运共同体所应秉持的态度。

小贴士

对外传播的语境转换。自从"人类命运共同体"作为一个全新的概念被提出,它的对外宣传就成为了一个瞩目的问题。这个词的英文翻译,究竟应该被翻译成什么?翻译成什么才不会造成歧义?怎么翻译才能被其他语境的人们所容易接受?这些都是摆在外宣工作者面前的问题。不同的社会文化语境下,相同的语义通过不同的话语组织形式,会产

---

① 习近平在二十国集团领导人第十次峰会第一阶段会议上的讲话[N/OL]. 新华网, 2015-11-16. [2017-09-30]. http://news.xinhuanet.com/politics/2015-11/16/c_1117147101.htm.

② 习近平主席在博鳌亚洲论坛 2013 年年会上的主旨演讲[N/OL]. 新华网, 2015-11-16. [2017-09-30]. http://cpc.people.com.cn/n/2013/0407/c64094-21045989.html.

生不同的意义。正如见面问候一句"吃过饭了吗",在中国的语境中再平常不过,在欧美国家里则有多管闲事之嫌。

在充分了解国外语境的情况下做好对外传播活动,将这个词翻译好,可以促进"命运共同体"这个概念更好地为其他国家所接受;但如果翻译后仍存在语境歧义,只有我们理解但外国人不理解,那么这种翻译反而会"帮倒忙"。

2015年3月28日,习近平同志在海南博鳌亚洲论坛2015年年会上提到"人类命运共同体",在当时被翻译为"A Community of Common Destiny for all Mankind",字面意义即为"人类共同命运的共同体"。然而这个翻译存在严重的语境歧义。据清华大学史安斌教授介绍,大多数西方国家信仰基督教,对"命运"destiny这一概念有着特殊的解读。在西方富有宗教色彩的语境中,destiny一词还具有"天数、天命、神意"的含义,而且只有上帝才可以决定一个人的destiny。显然在这样的语境中,简单地将"人类命运共同体"直译为"A Community of Common Destiny for all Mankind"是非常不合适的做法。这会让西方国家的人民不由地觉得中国的野心过于庞大,甚至要试图成为他们的"上帝"——这显然与"人类命运共同体"的初衷背道而驰。

旋即中国意识到了这个问题,于是在2016年更改了翻译名称,将原有的说法改为了"A Community of Shared Future for Mankind",直译之就是"人类共享未来的共同体",不见了"命运"的字样。"共享的未来"本来就有时间的跨度含义在里头,长远看来就与中国语境下"命运"这一概念十分接近。

以上述的概念翻译分歧为例可以得知,打造全方位的对外传播格局,对构建"人类命运共同体"这一核心概念而言,有着重要的传播功效和促进意义。任何一个微小的细节,都可能对最后的效果产生重要的影响。

(二)网络空间命运共同体

2015年12月16日,第二届世界互联网大会上,习近平同志首次提出"网络空间命运共同体"这一概念。继而在2016年11月16日举办的第三届互联网大会上,中国也将"携手共建网络空间命运共同体"定为主题。"构建网络空间命运共同体"已经成为中国未来在国际互联网治理舞台上的主打理念。

"网络空间命运共同体"相较于"人类命运共同体",强调在互联网空间的范畴,是后者在一个特定领域中的深化和发展。提出"网络空间命运共同体"的概念,不仅是"人类命运共同体"在网络空间的具体阐释,更为全球互联网治理提供了重要理念载体。

互联网技术的发展给当今世界带来了巨大的改变,正如本章第一节内容所述,国际互联网治理成为一个重要的时代命题。"网络空间命运共同体"不仅契合了这一重要的时代发展特点,而且融合了"命运共同体"这一重要发展理念,既基于时代,又高于时代。提出"网络空间命运共同体",是"顺势之为",向外界展示了中国作为建设"人类命运共同体"的重要一员，所要改革传统国际互联网治理体系的决心，也展示了与世界各国团结友爱、携手共治的恂恂善意和大国风范。

二、网络空间为何需要命运共同体

"网络空间命运共同体"作为指导中国进行国际互联网治理体系改革的重要理念，其提出具有深刻的时代意义，肩负着重要的时代使命。为什么网络空间需要命运共同体呢？这个问题可以通过以下两个步骤来进行解答：一是在网络空间场域内建设命运共同体的必要性，即"命运共同体"为什么这么"具有指导意义"；二是在网络空间场域内建设命运共同体的重要性，即"命运共同体"在互联网领域可以有怎样的延伸。

（一）"命运共同体"思想的重要意义

首先，战略层面，"命运共同体"思想一经提出，便成为我们国家开展外交活动、处理国与国关系最基本的主张。"命运共同体"传达出来的"求同存异""和谐统一"等理念完美继承了中华人民共和国成立以来优良的外交传统，同时，体现了传统文化中"天下大同"的大一统理念，不仅对我们国家进行国际交往、处理国际事务、建构国际新秩序等行动形成重要思想指导，而且，对于建设网络空间、改革全球互联网治理体系来说尤其重要。

其次，理念层面，"命运共同体"思想是中国实现和平发展、建设和谐世界的重要理念基础。中国之所以坚定不移地走和平发展的道路，是植根于优秀的中华传统文化之中的"文化基因"使然，这也是"命运共同体"思想的文化根基。就如"己所不欲，勿施于人"的中华传统理念说的那样，中国即使强大了，也绝不称霸。中国一直追求的是与世界上其他国家共同繁荣，创造一个人类"大同"的和谐世界。而"命运共同体"思想正是这一理念的具体表达，是中国未来团结其他国家，实现和平发展、建设和谐世界的重要理念基础。

最后，实践层面，"命运共同体"思想包含新的理念和准则，对网络治理具有很强的实践指导意义。网络空间目前整体处于"技术有序、治理无序"的状态，因而推行"命运共同体"思想，不仅有助于缓解和解决当今日趋严重的全球性互联网安全问题，减少由于互联网治理体系由一国把持而造成的治理低效和互联网霸权现象，而且不仅有利于世界有序的互联网秩序形成，还能令中国有机会成为新兴互联网治理力量的重要组成部分，从而为中国的互联网发展赢得伙伴创造有利的外部环境。

总而言之，从战略、理念和实践三个层面出发来看，"命运共同体"思想不仅在中国的对外关系处理中扮演着重要的指导角色，是中国实现和平发展的重要理念基础，而且出于其极强的实践指导意义，"命运共同体"思想可以对网络空间的跨国治理提供宝贵的视角和准则。在这个层面上我们可以说，世界网络空间目前十分需要"命运共同体"来助推其自身的改革。

（二）构建人类命运共同体的合理延伸

一个可以被自然接受的逻辑是，构建"网络空间命运共同体"是人们在构建人类命运共同体时于互联网领域的合理延伸。换句话说,人们在现实世界中努力构建人类命运共同体,那么在由网络空间的虚拟世界中,构建"网络空间命运共同体"也可以被当成一种合理的推断,引发人们的思考。

曾经提出"地球村"这一设想的加拿大学者麦克卢汉在《理解媒介:论人的延伸》一书中断言,"媒介是人类的延伸"。麦克卢汉旨在说明的一点是,"媒介是人感觉能力的延伸或扩展"。正如文字是人类视觉的延伸,广播是人类听觉的延伸,电视是人类视觉(和听觉)的延伸,互联网是人类视觉、听觉和思维的全方位延伸。

互联网着实深刻地影响到我们每一个个体,尤其是在当下这个时代和即将到来的未来。我们不能因为互联网空间是一个虚拟的空间而对之放任不管,或者认为现实的规则对这一虚拟空间形成不了约束——这些都是虚无主义立场的观点,我们要仔细加以甄别。网络空间虽然是一个虚拟的环境,然而形成网络空间主体的毕竟还是互联网用户个人,他们都是实实在在的个体。从这个层面上来说,网络空间命运共同体的主体仍然是人,不过范围应用在广大的互联网用户身上。当然,不可排除的一种情况是,当互联网覆盖到这个世界的每一个角落,每一个人都将自觉或不自觉地成为"网民",在这种情况下,对网络空间和互联网治理体系进行建设和规制则显得格外重要。

第三节 形成网络空间新生态

区别于基于自然世界的自然生态和基于现实社会的社会生态,基于网络空间的网络生态已经成为当今世界的第三种生态。在一个完整的生态体系中,系统内的所有参与者共同建设,共同享有,都是命运共同体。习近平同志提出"网络空间命运共同体这一重要理念,体现了清晰的网络生态观,也体现了网络空间发展的规律"[1]。他指出,网络空间需要做到"天朗气清、生态良好,符合人民利益。"

在 2019 年第六届世界互联网大会开幕式上,习近平同志表示:"应当牢牢把握发展机遇,积极应对风险挑战,把网络空间建设成为造福全人类的发展共同体、安全共同体、利益共同体。要坚持平等互利、包容互信、团结互助、交流互鉴,大力发展数字经济、释放数字红利,有力维护网络空间安全秩序,让互联网成为促进变革创新、实现互利互惠的合作共赢之网。"[2]

故而,从网络生态观的角度入手,分析网络空间新生态的多样性、共享与治理及其不

---

[1] 习近平在第二届世界互联网大会开幕式上的讲话[N/OL]. 新华网,2015-12-16. http://news.xinhuanet.com/politics/2015-12/16/c_1117481089.htm.

[2] 习近平在第六届世界互联网大会开幕式上的讲话[N/OL]. 新华网,2019-10-20. http://www.xinhuanet.com/politics/2019-10/20/c_1125128123.htm.

断进化所需要满足的条件,可以准确地把握"网络空间命运共同体"的着眼点与着力点,可以有效地推动网络空间建设"天朗气清"的新生态。

一、网络空间新生态的多样性

多样性是网络空间生命力和包容性之所系,也是网络空间得以自我净化和自我进化的必要条件。

生物多样性是体现一个自然生态良好的基本特征。在一个良好的自然生态中,不能只有一棵大树,而要有一片森林,还要有花草与动物。一个越多样、越复杂的生态系统,其包容性和自我净化能力就越强,自我进化的潜力就越大,呈现出来的生命力就越加旺盛。同样,在建设多样化的网络空间新生态中,不能只有少数参与者存在或主导,而是要实现多主体参与、平等性参与、自律性参与。

多主体参与意味着网络空间是包容性空间。任何国家、企业、组织、个人,不论其物质条件、社会身份如何,都有使用互联网的权利。这就要求在建设互联网的进程中,要考虑多数人的网络权利,创造条件让更多的人接入互联网,防止现实社会里的财富差异带来网络空间里的数字鸿沟。当前全球的互联网普及率不到50%,其中发达国家的互联网普及率超过80%,最不发达国家的这一比例只有23.5%。在这一进程中,发达国家有责任帮助落后国家,富裕群体有责任帮助贫穷群体。只有当更多的人群参与到网络空间中,不断提升网络空间的参与多样性,才能形成良好的网络空间新生态基础力量。

平等性参与是网络空间运行的特殊规律。在以虚拟身份进行的互联网交往中,平等性是突出特征。尽管在现实社会中每个参与主体的社会属性差异很大,但在网络空间中,大家以一个ID或昵称来交往,渴望的是平等交流。在这一空间中,任何颐指气使都会遭到网民集体诟病,现实社会里的精英话语权在网络空间中面对"沉默的大多数"则会失效,后者往往会有巨大的、隐形的共同力量,成为"投票的大多数"。事实上,少数群体、少数人希冀在网络空间中以现实中的优势地位延续在现实中的优势话语权,是不符合网络空间特征的,是很难实现的。在一个良好的网络空间新生态中,需要的是平等的姿态与坦诚的语态。

自律性参与是网络空间健康发展的根本要求。如同自然世界的参与者都有活动边界、现实社会的参与者都有道德规范一样,虚拟的网络空间里也要有自己的伦理规范。网络空间的参与者要最大限度地多样,但每个参与主体的行为边界也要最大限度地明确。这是网络空间内部在运行中自发生成的行为伦理,也是网民群体自我约束的规范标准。有了这种伦理规范,网络空间才能保持繁荣而有序地发展。值得关注的是,现在各种新媒体联盟都是从产业发展的角度在推动,因而需要从网络伦理建设的角度成立相应的组织。这类组织的覆盖面要大,要真正覆盖到网络传播中的各个群体,也要在业内有代表性、广泛性和影响力,能够调动业界、学界与公众的积极性共同参与。

二、网络空间新生态的共享与治理

共享,是网络空间新生态的基本形态;治理,是维持该基本形态的基础和手段。

共享与竞争一样,都是自然生态存在的基本形态。在共享的基础上实现共同受益,是体现一个自然生态良好的基本特征。在一个良好的自然生态中,不能只存在竞争,也需要共享,也不能只从少数动物或植物上受益。在良好的网络空间新生态中,不能只是少数国家、少数企业、少数人受益,而是要实现普遍受益、共同受益。在乌镇第三届世界互联网大会上,与会者讨论很多的一个词就是"普惠"。这种"普惠"的共享生态不能依靠网络空间发展自发形成,而是需要全球范围内的共同治理才能建立。加强治理是网络空间发展到现阶段提出的突出需求,唯有共治,才有平等的对话,才能实现共享。为此,中国提出国际社会应在相互尊重、相互信任的基础上加强对话合作,推动互联网全球治理体系变革。

要进行有效治理,建设网络空间的共享生态,就要做到系统治理、规律治理、全球治理,综合运用这三种治理观念。

要实现系统治理,就要从整体上把握网络空间发展的问题,从战略架构、规则制订、前瞻防范等方面入手,进行系统性处理。中国提出的"共同构建网络命运共同体"设想及五点主张,就是从网络基础设施建设、网上文化交流、网络经济创新发展、保障网络安全、构建互联网治理体系等方面提出了系统性的解决方案。

要实现规律治理,则需要尊重并运用网络空间的生态规律,形成崭新的治理体系。网络空间不同于现实社会,有其特殊的运行规律。从网络用户的联接方式上看,网络社会改变了现实生活中个体的自我认知及人际关系的构建机制,形成了主客相对分离的"多重人际格局",个体被赋予了极大的自主和自由。[①] 从网络舆论的引导上看,就不能用简单的压服和灌输,而要在对话与事实的基础上把握时、度、效。当前《人民日报》、新华社等中央媒体在新媒体和媒介融合上投入很大气力,将传统媒体公信力与网络空间的表达方式、传播规律结合起来,影响力与日俱增。这种参与对于网络空间去除虚假新闻、建设共享生态很有价值。可以设想,如果有越来越多的政府、权威媒体、社会组织等积极投入网络空间治理,遵循网络空间的规律,网络空间的"天朗气清"新生态就指日可待。

要实现全球治理,就要尊重各国的利益诉求,构建平等对话的共治机制。互联网的发展是全球性发展,让世界变成了地球村,互联网的问题是全球性问题。因此,对网络空间进行治理,必须在全球范围内协同治理、共同响应。当前,网络空间中存在的恐怖主义、极端主义等社会思潮和行为煽动,都成为全球必须共同面对的问题,必须共同处理。任何一个国家如果把自己封闭起来,不与其他国家合作面对网络空间问题,该国家网络空间中的

---

① 陈曦,李钢,贺景. 网络社会对中国传统社会关系的重构[J]. 北京邮电大学学报(社会科学版),2016,18(05):8-13.

问题就不会得到有效解决。

三、网络空间新生态进化的四大需求

持续进化是体现一个自然生态良好的基本特征。在一个良好的自然生态中,格局不是固化的,而是不断变化的。同样,在良好的网络空间新生态中,也不能让现有参与主体的格局保持静止,而是要通过技术创新与商业应用、社会应用紧密结合的融合创新推动自我持续进化。

要实现网络空间新生态的持续良性进化,就必须要满足以下四个需求:发展的需求、经济的需求、社会的需求和安全的需求。

(一)发展的需求

发展的需求是网络空间新生态进化的根本动力。网络空间进化的关键驱动力是技术创新,但要看到,比这种技术动力更根本的是人类发展的需求,而这种发展的需求来源于人类渴望沟通的本能。比如,最早的互联网就是源于美国国防系统研究者互相沟通的需求,由局域网发展而来;社交媒体的产生则来自于人类进行自由的、便捷的社交活动的本性。因此,在推动网络空间的生态进化时,不能搞唯技术论甚至技术至上主义,而是要时刻密切关注人类不断变化的发展需求。坚持融合创新的原则,即基于人们最根本的需要,提出技术创新的路径,从而顺应人类历史发展的潮流。

(二)经济的需求

网络空间新生态的发展离不开对经济需求的满足。在人类两次工业革命带来机器、能源极大丰富的今天,信息已经成为新的经济资源,网络空间里的大数据成为重中之重的核心资源。互联网是以人为中心的技术,从人信互联到人人互联,再到人物互联,已经把整个世界联系在一起。有预测显示,到2020年将有200亿到500亿物联网设备接入,物联网将把诸如汽车、安保摄像头、家庭豆浆机等终端设备都联接在一起。这时的产业升级、经济结构调整都将离不开互联网,这也正是"互联网+"在中国乃至全球兴盛的重要原因。可以预见,经济发展对互联网的需求会越来越普遍和强烈,由此带来网络空间的进化速度也会越来越快。

(三)社会的需求

与经济需求相比,社会需求后来居上,对网络空间进化发挥的作用也越来越大。与此同时,在社区运行、养老服务、公共教育、文化交流等社会发展方面,对互联网的依赖也会越来越大,这是提升人类生活品质的重要领域,将会成为网络空间进化越来越强大的需求力量。在2016年乌镇第三届世界互联网大会上,会展方展示了代表未来趋势的15项"黑科技",其中包括量子通信技术、混合现实全息眼镜、深度神经网络处理器、晶体管密度增强技术等,让人眼花缭乱。然而IBM的Watson认知计算系统救治了一位日本病人的故事却格外令人印象深刻,同样的还有清华教授提出的从互联网本质来看待和创新教育范式的提议。这说明网络技术进步的根本动力是不断更迭的社会形态,网络空间进化的源头正是强大的社会需求。

(四)安全的需求

不论是中国的14亿人口还是全球的70多亿人口,现在的社会运行越来越进入复杂性状态,如何保证公共安全、防控社会风险成为突出的难题。实践中,互联网快速发展、给人类生产生活带来深刻变化的同时,也带来了威胁与创伤。2015年12月,乌克兰电力部门遭到网络攻击,造成全国超过一半地区大面积停电;2016年4月,土耳其近5 000万公民姓名、身份证号、父母名字、住址等一系列敏感信息泄露;6月,俄罗斯最大社交网站被黑,1.7亿个用户信息外泄;10月,美国东海岸网络遭遇攻击,导致大范围网络瘫痪。更为严重的是,美国率先宣布其网络部队已初步具备实战能力,这在国际社会开启了一个恶劣的危险先例……在防控社会风险方面,互联网无疑会发挥不可替代的重大作用。事实上,互联网已经成为社会治理的有效工具。要建设网络空间新生态,就必须要在安全需求的层次上加以保障。

建设良好的网络空间进化生态要求网络空间保持开放、包容和多样性,密切关注发展的根本需求,与经济社会发展紧密互动,对各种经济社会需求实时响应,力争使网络生态与自然生态、社会生态形成"三位一体"的格局。如此,就会形成健康、积极的进化机制,让网络空间成为人类进步的利器,成为人类命运共同体的重要组成。

"网络空间命运共同体"的提出是在"人类命运共同体"重大命题下延伸出来的一个重要命题,这是中国为人类网络空间可持续发展提供的"中国概念""中国方案",体现了中国的大国担当与理论原创。认真阐释好、落实好、推广好这一理念,将成为中国为世界作出的重要贡献。

第四节 新时代网络空间治理观

互联网进入中国仅20多年,但比任何技术手段对社会的影响都更为深刻。事实上,当代社会已经进入网络化社会与全媒体时代,网络化链接、数字化内容与智能化应用使得社会的存在状态呈现网络化存在特征。网络空间与现实空间并存,其影响力特别是舆论影响力与日俱增,网上信息左右网下行为日益明显。网络舆论对整个社会舆论发挥了集体议题设置作用、认识框架形成作用、行为选择引导作用,网络舆论治理成为当代国家治理能力现代化的重要内容。2018年8月21日至22日,习近平同志在出席全国宣传思想工作会议时指出:"我们必须科学认识网络传播规律,提高用网治网水平,使互联网这个最大变量变成事业发展的最大增量。"这一要求是网络时代的新挑战,应从规律层面把握网络空间的存在实质,从观念层面探索网络空间舆论治理的崭新思路,推动互联网成为中国进步发展的最大增量。

一、网络空间的存在实质

根据中国互联网络信息中心发布的第 45 次《中国互联网络发展状况统计报告》显示,截至 2020 年 3 月,中国网民规模达 9.04 亿,较 2018 年年底增长 7 508 万,互联网普及率达 64.5%,较 2018 年年底提升 4.9 个百分点。其中,网民通过手机接入互联网的比例达到 99.3%,人均每天上网时间超过 4 小时。

网民覆盖的高普及率、网民数量的高增长以及网民使用的高依赖度,展现了一幅网络空间的"三高"鲜活图景。手机几乎成为人体的"新器官",无线网几乎成为社会的"新空气"。马克思在 19 世纪中叶曾把报纸比作"社会舆论的纸币",进入 21 世纪,网络则成为"社会舆论的信用卡"。这一新空间的形成有其深刻的原因,既体现了人类社会性存在的本质特征,也体现了资本在推动技术变革与应用中的强大力量。

(一)作为信息平台的网络空间

互联网的兴起源于异地信息传输、海量信息传输,从军事领域到学术领域、商业领域,再到全社会,其信息平台功能日趋扩大与稳定,以至成为当代公众获取新闻和各类信息的主渠道。从信息平台的存在实质分析网络空间的影响力,任何传统新闻媒体不进入网络空间,就无法获得大的传播力。而更具颠覆性的是:任何搜索类、聚合类、社交类网络公司都具有媒体属性,尽管多数网络公司宣称自己只是科技公司;任何网络用户都具有记者属性,尽管公众认为自己的信息传播只是个人行为。从根本上看,由于互联网的出现,集中式的信息传播行为已经让位于分散式的信息传播行为。

(二)作为社交平台的网络空间

英国学者汤姆·斯丹迪奇在《从莎草纸到互联网——社交媒体 2000 年》一书中回顾了人类历史上出现的手写媒体、印刷媒体、电子媒体等各种媒体,认为这些媒体都具有社交属性,互联网的出现只是让媒体的社交功能进一步凸显。书中提到:"流行几世纪之久,基于分享、抄送和个人推荐的社交形式的媒体如今借互联网的东风强势回归。""确定这一新的媒体环境的影响及其长期的后果是人类目前集体进行的一场巨大实验。"[1]截至 2018 年 12 月,微信朋友圈、QQ 空间用户、微博使用率分别为 83.4%、58.8%和 42.3%,从网络用户在微博、微信中的活跃程度看,特别是从大众对微信"朋友圈"的依赖程度看,网络空间的社交平台属性非常清晰,其社交黏性也是强大的。

作为商业平台的网络空间。互联网的商业应用是网络空间能够持续发展的关键原

---

[1] 汤姆·斯丹迪奇. 从莎草纸到互联网——社交媒体 2000 年[M]. 林华译,北京:中信出版社,2015,349.

因。从网络购物、网上外卖到网络理财、网上支付,中国的大型互联网公司发展迅猛,逐渐成长为具有全球影响力的公司。截至2018年12月,中国网络购物用户规模达6.10亿,网络支付用户规模达6.00亿,网上外卖用户规模达4.06亿,购买互联网理财产品的网民规模达1.51亿,更重要的是,都保持了10%以上的高速年增长率。网络空间的盈利性促使大量的资本进入这一领域,建设网络基础设施,开发新的网络应用,而商业力量无疑成为建设网络空间的主力军。

作为娱乐平台的网络空间。网络信息呈现的多媒体形态、网络使用的个性化和交互性传播,使得网络空间成为良好的娱乐载体。从网络音乐、网络文学、网络游戏再到网络直播、网络短视频,网络空间的各种娱乐应用层出不穷,而且会迅速成为"爆款"并形成大规模用户群体。截至2018年12月,中国网络视频用户规模达6.12亿,网络音乐用户规模达5.76亿,网络游戏用户规模达4.84亿,网络文学用户规模达4.32亿。电视媒体曾经是最具娱乐功能的媒体,但其上的综艺节目、电视剧等也越来越被网络综艺、网剧等所替代。而短视频内容也向个性化、优质化内容发展,其线下的带动力、转化力日且趋显现。

认清网络空间的存在实质,对网络传播行为的引导与约束就有了基本依据,既不能盲目作为,也不能无所作为。事实上,作为虚拟世界的网络传播有其特殊性,但在网络空间的舆论治理中,现实世界的规则依然有着普遍性的作用,关键是要树立有针对性的、适应网络传播规律的新观念。

二、网络舆论治理的真实观

判断网络空间的舆论质量,首要标准是信息的真实性。在网络空间特别是社交媒体成为传播新闻的主要渠道后,最突出的问题是:信息越来越多,真相越来越难以获得,以至于"后真相时代"成为一个全球性的热词。

在新闻理论与实践中,真实是新闻的生命,对于网络舆论治理,这一原则依然是核心规律。没有真实性的网络空间,虚假信息泛滥,误导公众的认识与行为,一方面会对现实社会造成危害,让社会心理变得焦虑与浮躁;另一方面,也会对网络空间造成危害,让网络信息的吸引力、公信力越来越弱,使得网络空间无法承载信息平台的功能。

网络舆论治理要在全体网络用户的真实观上下功夫,以"传播真实信息"作为网络媒介素养的首要内容。为确保在网络空间中传播真实信息,要处理好两对关系:一个是观点与事实的关系,前者是主观的认识、情绪,后者是客观的存在,在传播中要将两者进行区分,特别是不能将想象作为事实来传播,避免网络空间中出现"情绪比真相跑得更快"的问题;另一个是局部真实与整体真实的关系,前者是微观真实、现象真实,后者是整体真实、本质真实,在传播中既不能以偏概全、以点代面,也不能以本质真实的名义进行"客里空"式的报道。

进入全媒体时代,中央新闻媒体等传统党媒、主流媒体积极推动媒体融合发展,坚持移动优先策略,发展各种聚合式、互动式、体验式新闻信息服务,如《人民日报》上线的"人民号"平台已吸引数千家党政机关、高校、优质自媒体和名人入驻,极大地提升了网络舆论真实性的水平,也引领了网络舆论真实观的形成。

三、网络舆论治理的责任观

网络空间的结构是扁平化的,网络传播的主体是全民性的。这些特点决定了网络舆论治理要坚持"我为人人、人人为我"的原则,培养网络使用行为中的责任意识。在网络传播中,匿名不应成为滥用自由的保护,有序则应成为自我约束的共识。事实上,自由而负责的网络传播行为,符合所有网络空间参与者的切身利益。

近代新闻业兴起以来,新闻界就将自己视作推动社会进步的重要力量,要求获得最大限度的自由表达权,但这种自由表达权的滥用,又使得社会不得不对新闻界的行为进行约束。这种约束既包括以法律形式体现的制约,又包括以新闻界自身进行反思而提出的行业自律或新闻伦理要求。事实上,即便在西方资本主义社会,新闻界的专业性也不是以无条件、无边界的自由言论作为依托。在20世纪40年代,美国新闻自由委员会所作的《一个自由而负责的新闻界》报告中明确提出了"表达自由作为精神权利不是无条件的"论断,建立"可问责的新闻界与负责任的共同体"的目标。[1]值得注意的是,在当代西方网络舆论中,传播虚假与仇恨的信息已经让社会发展付出了巨大成本,引起了学界、业界的反思。

中国近代新闻学第一人徐宝璜先生在1918年完成的《新闻学》一书中就提出了新闻的"提供道德"职责,"新闻纸应立在社会之前,导其入正常之途径"[2]。在网络舆论治理中,要以培养、调动网络用户"立在社会之前"的责任意识为重要着力点,形成自发地维护网络空间舆论生态的共识,切实加强网络传播行业自治组织的建设,强化行业内部的自我约束,加强网络舆论中意见领袖、大型媒体机构的建设,同时,明确网络传播行为的法治边界,依法处理各种错误行为。

在网络空间中培养责任意识主要体现在三个方面:一是基于事实进行传播,对于未经核实的信息不要传播;二是基于伦理进行传播,对于违背社会公德、侵犯个人隐私等的信息不要传播;三是基于法治进行传播,对于违反宪法和各项法律的信息不要传播。值得说明的是,对于作为商业平台的网络空间来说,要求网络传播行为体现社会责任也是保障网络商业行为规范健康的坚实支撑。

四、网络舆论治理的生态观

网络传播中的海量参与主体使得网络空间的舆论呈现天然的多样性,这种多样性构

---

[1] 胡钰. 新闻理论经典著作选读[M]. 北京:清华大学出版社,2016,231-243.
[2] 徐宝璜. 新闻学[M]. 北京:中国人民大学出版社,1994,8.

成了不同于传统媒体舆论生态的网络舆论生态。建设好这一特殊舆论生态,需要遵循舆论形成发展的基本规律。中国著名的新闻学学者甘惜分先生在20世纪80年代曾经提出"多声一向论"的新闻理论,即社会主义中国的媒体,在坚持社会主义方向下,应从各自不同特点反映人民多种声音、多种意见、多种建议、多种来自不同渠道的信息。这一理论在网络舆论生态中依然有着指导意义。

在网络空间中建设良好舆论生态,要把握好三个原则:一是多样性原则。在坚持正确方向的条件下,允许在网络空间中存在多种声音,具有"无害的多样性"的生态是充满生机的。二是平等性原则。对于网络空间中出现的不同声音乃至错误意见,以平等的姿态进行交流沟通,或是以实名身份进行认真对话,或是以匿名身份进行幽默消解,切忌生硬地"打板子""抓辫子"。三是积极性原则。坚持以积极的姿态参与网络舆论生态建设,避免在网络空间"不屑说""不会说"的问题,以积极的导向作为根本目标引导各种声音,避免在纷繁的舆论中"不作为""乱作为"。

在网络舆论生态建设中要理解好"正面宣传"的内涵。为什么要提正面宣传?正面宣传为主,不是为了某个人,也不是为了某个机构、某个组织的小利益,而是为了推动社会进步的大利益。新闻舆论工作的力量来自于党性和人民性的统一。不能简单地把正面宣传理解为只能报好的东西,在理解"正面宣传为主"时,应该打开思路——所有推动社会进步的报道,都应该视为正面宣传。或者说,只要发挥正面力量的报道,都是正面宣传。正面力量跟正面内容是完全不同的,一个是效果维度,一个是内容维度。新闻史上有许多经典案例:所谓正话反说,所谓"小骂大帮忙",实际上都是正面报道。积极的舆论监督,建设性的批评报道,都是属于正面的力量。

自然界的良好生态会形成自我净化、发展机制,网络空间的舆论生态建设好,也会逐渐形成自我净化、发展机制,理性、积极的声音将成为主导力量。事实上,从作为社交平台的网络空间看,这种自我净化、发展机制已经表现得越来越普遍,在"朋友圈"中传播消极、虚假信息的人逐渐会被大家屏蔽。这种自我净化、发展的状态是网络舆论治理的最佳目标。

五、网络舆论治理的青年观

青年人对互联网有着天然的接近性,自称为网络空间的"原住民",把其他中老年人称为网络空间的"移民",尽管有夸大成分,但在一定程度上反映了网络空间的青年属性。这从作为娱乐平台的网络空间看更加突出,不论是各种直播平台还是短视频平台,之所以能够流行,都是以青年人的使用、推崇为主要动力。

网络空间的活跃主体是青年人,网络舆论的建设主体也理应是青年人。网络语言、网络传播习惯不是由外而内、由上而下形成的,而是网络用户自发地、自下而上地形成的,要掌握这些语言与习惯,需要长时间地亲近网络、使用网络,培养母语般的网络意识与行为。

在网络舆论治理中发挥青年作用,具体表现在:一方面,培养青年意识,在网络空间建设中主动与青年人沟通,掌握青年人的习性与需求,特别是掌握以轻松心态、娱乐姿态进行真诚沟通交流的能力;另一方面,信任青年力量,充分发挥青年人在网络舆论治理中的生力军作用,放手让青年人负责,创造条件和资源帮助青年人实现自己的网络蓝图。笔者所在高校的许多新闻类微信公众号,既具有正确的导向,又具有极强的传播力,经常获得"10万+"的点击量,而这些公众号的负责人都是"90后"乃至"95后",撰写文章的也是同样年轻的青年人。这些内容既抓住了当下青年人关注的热点,又以轻松、幽默、炫酷、有情怀的方式来表达。对于网络舆论治理来说,既要在具体网络舆论内容上着力,更要在培养、使用能够治理网络舆论的青年人上用力,后者会产生更具基础性、持续性的作用。

作为全新的舆论场,网络空间的舆论治理是一个崭新的挑战,因而需要创新的观念。这些新观念既源于又不完全同于现实空间的舆论引导,是基于网络空间的存在实质和网络传播的基本规律提出的,整体来看,对于网络舆论治理来说也是带有根本性的观念变革。从实践中看,技术应用与法治思维在网络舆论治理中的运用都取决于观念变革。新观念带来新行为,新行为带来新力量,如此,网络空间会越来越清朗,互联网也会越来越成为中国事业发展的最大增量。

思 考 题

1. 什么是互联网治理的"四项原则"和"五点主张"?
2. 如何理解"网络空间命运共同体"的内涵?为何需要强调这一概念?
3. 如何形成网络空间新生态?有哪些具体的措施?
4. 什么是正确的网络舆论治理观?它主要分为哪几个方面?

延伸阅读

1. 罗昕,支庭荣. 互联网治理蓝皮书:中国网络社会治理研究报告[M]. 北京:社会科学文献出版社,2018.
2. [美]本尼迪克特·安德森. 想象的共同体:民族主义的起源与散布[M]. 上海:上海人民出版社,2016.
3. [美]米尔顿·穆勒. 从根上治理互联网:互联网治理与网络空间的驯化[M]. 北京:电子工业出版社,2019.
4. 胡钰. 新闻理论经典著作选读[M]. 北京:清华大学出版社,2016.